Klartext

Düsseldorfer Schriften zur Neueren Landesgeschichte
und zur Geschichte Nordrhein-Westfalens

begründet von Peter Hüttenberger

Band 33

Redaktionsanschrift: Historisches Seminar VI, Heinrich-Heine-Universität
Universitätsstraße 1, D-4000 Düsseldorf 1

Franziska Wein

Deutschlands Strom – Frankreichs Grenze

Geschichte und Propaganda am Rhein 1919 – 1930

D 61

Umschlag: Franziska Wein

CIP-Titelaufnahme der Deutschen Bibliothek

Wein, Franziska:
Deutschlands Strom – Frankreichs Grenze : Geschichte und Propaganda am Rhein 1919 – 1930 / Franziska Wein. - 1. Aufl. - Essen : Klartext-Verl., 1992
(Düsseldorfer Schriften zur neueren Landesgeschichte und zur Geschichte Nordrhein-Westfalens ; Bd. 33)
Zugl.: Düsseldorf, Univ., Diss., 1991
ISBN 3-88474-371-6
NE : GT

1. Auflage Juni 1992
Ausstattung und Satz: Klartext Verlag
Druck: Fuck, Koblenz

ISBN 3-88474-371-6

Meinen Eltern

Vorwort

Ernst Moritz Arndt hat auf dem Höhepunkt der Befreiungskriege festgehalten, daß der Rhein „Teutschlands Strom, aber nicht Teutschlands Gränze" sei. Zwanzig Jahre zuvor hatte Danton behauptet, der Rhein sei Frankreichs natürliche Grenze nach Osten hin. Das sind die Grundpositionen eines Streits, der die Beziehungen zwischen Deutschland und Frankreich noch bis weit ins 20. Jahrhundert hinein belastete. Die im Versailler Friedensvertrag vereinbarte interalliierte Rheinlandbesetzung entfachte den alten Grenzstreit aufs neue. Franzosen und Deutsche lieferten sich einen propagandistischen Schlagabtausch, in dem bewußt historische Argumente ins Feld geführt wurden. Die französische und deutsche Geschichtspropaganda in der besetzten Rheinprovinz sind Gegenstand meiner Dissertation, deren um ein Glossar erweiterte Originalfassung hier nun vorliegt.

Herr Professor Dr. Hansgeorg Molitor hat das spannende Projekt angeregt und umsichtig betreut. Seiner wohlwollenden Begleitung über lange Jahre gilt denn auch mein erster Dank. Sodann danke ich Herrn Professor Dr. Gerd Krumeich, der die Entstehung der Arbeit mit Interesse verfolgt und mancherlei Hinweise gegeben hat. Das Cusanuswerk hat das Projekt durch ein großzügiges Promotionsstipendium gefördert. Danken möchte ich auch Frau Dr. Gabriele Berardi, Frau Birgit Welbers und Frau Dr. Edeltraud Werner, die bei der technischen Herstellung des Manuskriptes und bei der mühevollen Arbeit des Korrekturlesens bereitwillig und tatkräftig geholfen haben.

Düsseldorf, im Januar 1992 — Franziska Wein

Inhalt

Einleitung

Geschichtspropaganda ist nicht nur ein interessantes Detail des deutsch-französischen Streits um den Rhein. Zu allen Zeiten haben Politiker unterschiedlicher Provenienz und Observanz nicht nur aus historischem Bewußtsein heraus gehandelt, sondern auch bewußt historiographisches Wissen mobilisiert, um ihre Optionen, Entscheidungen und Taten zu rechtfertigen. Die Geschichte der praktischen Anwendung historiographischer Erkenntnisse in der Politik ist ein zu weites Feld, um im Rahmen der vorliegenden Arbeit umfassend dargestellt werden zu können. Zur Einführung mögen daher folgende Hinweise genügen: Wer die europäische Geschichte nach aussagekräftigen Beispielen für die Instrumentalisierung von Geschichtswissen durchforstet, wird die wichtige Rolle, welche der *mos maiorum* im öffentlichen Leben und später auch in der Historiographie der geschichtsbewußten Römer spielte, nicht übersehen können. Die Taten und Wertvorstellungen der Vorfahren galten den Römern nicht nur als echte oder vermeinte historische Fakten, vielmehr hatten sie den Rang einer Norm, an der die Leistungen lebender Amtsträger in Rom gemessen wurden; jeder römische Potentat, der etwas auf sich hielt, mußte sich daher dem *mos maiorum* gegenüber verpflichtet fühlen. Die Idee, daß ein Politiker sich mit der Geschichte vor allem unter dem Aspekt der praktischen Orientierung auseinandersetzen sollte, wurde in der Neuzeit wieder aufgegriffen. Ihr vielleicht bekanntester Verfechter, Niccolò Macchiavelli, empfahl jedem Herrscher, der seine Macht nicht nur erhalten, sondern noch ausbauen wollte, ein intensives Geschichtsstudium, damit er einen tieferen Einblick in das Wesen der Politik gewinne und bei Bedarf erfolgreiche historische Vorbilder kopiere[1]. Hinter der geforderten Aneignung der Historie standen, im Unterschied zur römischen Geschichte, nicht mehr moralische, sondern rein utilitaristische Erwägungen. Der hier zunächst skizzierten Art der Nutzung von Geschichtswissen lag die Vorstellung zugrunde, daß die Geschichte nichts anderes als eine Sammlung von *exempla* sei, welche die Nachwelt lediglich nachahmen oder verwerfen müsse. Auch wenn wir heute diese Auffassung über das Wesen der Geschichte nicht mehr teilen, so sind wir im allgemeinen doch noch der Meinung, daß wir aus der Geschichte lernen können – und müssen, zumal dann, wenn es sich um gravierende Fehler und so beispiellose Katastrophen wie Auschwitz oder Hiroshima handelt[2]. So wirkt der alte Topos *historia magistra vitae* bis

1 Vgl. dazu das Vorwort seiner *Discorsi.* Eine zuverlässige Edition der Werke Macchiavellis hat zuletzt H. Münkler (Hg.), *Niccolò Macchiavelli. Politische Schriften,* Frankfurt a.M. 1990, besorgt.

2 Es hat in der Tat den Anschein, als ob die Nachahmung positiver *exempla* aus der Geschichte, die F. Nietzsche in seiner kulturkritischen Schrift *Vom Nutzen und Nachteil der Historie für das Leben* (1874) die „monumentalische Art der Historie" genannt hat, mittlerweile völlig in den Hintergrund getreten ist. Hier wirkt sich das moderne historistische Geschichtsverständnis aus. Nietzsche formulierte sein Unbehagen folgendermaßen: »Und doch – um an dem gleichen Beispiel sofort noch etwas Neues zu lernen – wie fließend und schwebend, wie ungenau wäre jene Vergleichung! Wieviel des Verschiedenen muß, wenn sie jene kräftigende Wirkung tun soll, dabei übersehen, wie gewaltsam

in unsere Tage fort[3]. Es zeigt sich indessen, daß die Mobilisierung von Geschichtswissen in der Politik nicht an das zyklische Geschichtsbild gebunden ist, welches dem Exempla-Denken zugrunde liegt; die konkurrierende Auffassung, derzufolge die Geschichte linear verläuft und sich auf ein vorherbestimmtes Ziel zubewegt, hat auf ihre Weise die Instrumentalisierung historiographischen Wissens begünstigt. Abstammungslegenden aus dem Mittelalter stellen ein gutes Beispiel dar. Es handelt sich um fiktive Stammbäume, die, wenngleich nicht in direkter genealogischer Linie, sondern in der Regel über eine intermediäre Verbindung, die Abkunft eines lebenden Herrschers von einem so illustren Stammvater wie Aeneas oder Noah suggerierten. Der Sinn der gelehrten Konstruktionen, die sich im allgemeinen kaum voneinander unterschieden, bestand darin, einem Potentaten den ihm zukommenden Platz in der Heilsgeschichte zuzuweisen und auf diesem Wege seinen Herrschaftsanspruch gegenüber seinesgleichen einerseits und den Untertanen andererseits zu legitimieren. Eine säkularisierte Variante heilsgeschichtlicher Herrschaftslegitimation kann in den von kommunistischen Regimen bis in die jüngste Zeit praktizierten Versuchen gesehen werden, ihre Daseinsberechtigung aus der Lehre des Historischen Materialismus abzuleiten. Die marxistische Geschichtspropaganda belegt besonders augenfällig, daß der moderne Kollektivsingular und geschichtsphilosophisch determinierte Begriff Geschichte sich zur Instrumentalisierung ebenso eignet wie die ältere Konzeption der Historie als Lehrmeisterin des Lebens[4].

Die ersten wissenschaftlichen Auseinandersetzungen mit der praktischen Anwendung historiographischen Wissens in der Politik sind hierzulande in den siebziger Jahren entstanden. Das war kein Zufall: Eine tiefgreifende Krise des historischen Bewußtseins in der westdeutschen Gesellschaft einerseits und der Siegeszug der Sozialwissenschaften an den Universitäten der Bundesrepublik andererseits führten zu immer drängenderen Fragen nach dem eigentlichen Sinn von Geschichtswissenschaft und Geschichtsunterricht. Das ebenso anregende wie unbequeme Legitimationsdefizit der historischen Profession ließ einige ihrer Vertreter die von Friedrich Nietzsche in seinem bereits erwähnten polemischen Essay *Vom Nutzen und Nachteil der Historie für das Leben* aufgeworfene Streitfrage nach der gesellschaftlichen Relevanz der Geschichtswissenschaften neu stellen und den Einsatz historischer Argumente im politi-

muß die Individualität des Vergangenen in eine allgemeine Form hineingezwängt ... werden! ... Immer wird die monumentale Historie das Ungleiche annähern, verallgemeinern und endlich gleichsetzen; immer wird sie die Verschiedenheit der Anlässe und Motive abschwächen, um auf Kosten der *causae* die *effectus* monumental, nämlich vorbildlich und nachahmungswürdig, hinzustellen: ...« – zitiert nach: Nietzsche, *Unzeitgemäße Betrachtungen*, Frankfurt a.M. 1981, S. 110. Anders verhält es sich jedoch mit den negativen *exempla* der Geschichte, von deren Singularität wir in vielen Fällen nicht so fest überzeugt sind und vor deren Wiederholung wir oft nachdrücklich warnen.

3 In diesem Sinne wäre R. Koselleck, *Historia Magistra Vitae. Über die Auflösung des Topos im Horizont neuzeitlich bewegter Geschichte*, in: *Natur und Geschichte*. Festschrift für K. Löwith, Stuttgart 1967, S. 196-219, zu modifizieren und zu ergänzen.

4 Vgl. dazu auch: A. Demandt, *Geschichte als Argument. Drei Formen politischen Zukunftsdenkens im Altertum*, Konstanz 1972, S. 60ff.; K.-G. Faber, *Zum Einsatz historischer Aussagen als politisches Argument*, in: *Historische Zeitschrift 221* (1975), S. 265-303, bes. S. 293ff.

schen Diskurs als fruchtbaren Forschungsgegenstand entdecken[5]. Eine Analyse ausgewählter Parlamentsreden[6] ergab, daß Staatsmänner und Abgeordnete – mochten sie den Nutzen der Geschichte für Politik und Gesellschaft zuweilen auch bestreiten – im Eifer des politischen Gefechts nicht selten reichen Gebrauch von der geschmähten Historie machen. Die Beobachtung, »daß die Praxis des Umgangs mit Geschichte seit dem Aufkommen des historistischen Wissenschaftsparadigmas jener Konzeption – Unverzichtbarkeit der Historie für das „Leben", aber zugleich Ungeeignetheit für eine Instrumentalisierung – so gut wie nie entsprochen hat«, daß »der Verwendungszusammenhang zwischen Geschichte und Politik« eben »ein permanenter«[7] ist, verursachte jedoch auch tiefes Unbehagen. Denn die ungenierte Verwendung historischer Argumente im politischen Diskurs schien in allzu vielen Fällen einem eklatanten Mißbrauch des Wissens gleichzukommen, welches die Historikerzunft erarbeitet. So führte die Auseinandersetzung mit der strategischen Anwendung von Geschichtswissen die Historiker dazu, nach angemessenen Formen des professionellen Umgangs mit der Instrumentalisierung historiographischen Wissens zu fragen. Während keinerlei Zweifel darüber bestanden, daß das kritische Potential der Geschichtswissenschaft die schlagkräftigste „Waffe" der Zunft gegen öffentlichen Mißbrauch der Historie sei, reichten die Möglichkeiten eines sinnvollen Einsatzes dieses Potentials von der Revision einseitiger Darstellungen historischen Geschehens im politischen Diskurs bis zur schonungslosen Beschreibung des Phänomens.

In der vorliegenden Arbeit zur französischen und deutschen Geschichtspropaganda während der Rheinlandbesetzung im Anschluß an den 1. Weltkrieg wird der an zweiter Stelle genannte Weg eingeschlagen. Aus folgenden Gründen: Eine Korrektur der „Irrtümer", die den Schöpfern der historischen Propaganda im besetzten Rheinland „unterlaufen" sind, ist wohl schon deshalb wenig sinnvoll, weil am Anfang aller Überlegungen, welche die Gestaltung der Propaganda begleiteten, nicht die historistische Frage stand, wie es eigentlich gewesen ist, sondern die Absicht, die Richtigkeit bestimmter politischer Ziele und Entscheidungen aus der Geschichte heraus zu beweisen. Die Geschichtspropaganda operiert apologetisch; sie dient nicht der wissenschaftlichen Erkenntnis und taugt ebensowenig zur Wahrheitsfindung[8]. Das auf

5 Der Zusammenhang zwischen der bildungspolitischen Diskussion der siebziger Jahre und der wissenschaftlichen Auseinandersetzung mit der Instrumentalisierung von Geschichtswissen ist besonders deutlich bei A. Demandt, a.a.O., S. 9f.; K.-G. Faber, a.a.O., S. 265f. und dessen Schüler W. Bach, *Geschichte als politisches Argument. Eine Untersuchung an ausgewählten Debatten des Deutschen Bundestages*, Stuttgart 1977, S. 11ff. Vgl. auch Th. Schieder, *Politisches Handeln aus historischem Bewußtsein*, in: *Historische Zeitschrift 220* (1975), S. 4-25.

6 K.-G. Fabers Untersuchung basiert auf Protokollen dreier großer Parlamentsdebatten aus den Jahren 1848, 1918 und 1972, in denen außenpolitische Entscheidungen von großer Tragweite anstanden; W. Bach analysiert herausragende außenpolitische Reden, die vor dem Deutschen Bundestag gehalten wurden. Faber und Bach interessieren sich in erster Linie für die theoretische Seite des Einsatzes von Geschichtswissen in der Politik: Sie fragen daher nach der Frequenz historischer Argumente in der politischen Rede, nach historischen Argumentationsfiguren und -typen, nicht aber nach Argumentationsinhalten.

7 K.-G. Faber, a.a.O., S. 266 und 268.

8 Daß die Instrumentalisierung historiographischen Wissens der Geschichtsschreibung

diesem Weg vermittelte Bild von historischen Ereignissen und Zusammenhängen kann den Ansprüchen der kritischen Geschichtswissenschaft nicht genügen und sollte daher auch nicht an ihrem Maßstab gemessen werden. Eine Revision im Kontext politischer Propaganda entstandener, ideologisch befangener Geschichtsbilder wird zudem dadurch erschwert, daß die Geschichtswissenschaft selbst standortgebunden ist, und daß ihre Ergebnisse folglich dem Wandel unterworfen sind.

Es spricht jedoch nichts gegen eine ideologiekritische Beschreibung des argumentativen Einsatzes von Geschichtswissen im französisch-deutschen Streit um den Rhein, die den Zusammenhang zwischen politischer Absicht und historischem Argument in das Zentrum der Darstellung rückt[9]. Das Thema der vorliegenden Arbeit bietet hier geradezu ideale Voraussetzungen: Das in Paris, Potsdam, Merseburg, Koblenz, Bonn, Brauweiler und Düsseldorf verstreute reichhaltige Archivmaterial zur Rheinlandbesetzung in der Zeit von 1919 bis 1930 enthält eine Fülle von Hinweisen auf die Entstehung der französischen und deutschen Geschichtspropaganda. So geben die in den Archives Nationales unter der Bestandsbezeichnung AJ[9] deponierten *Papiers Tirard*[10] überraschend klare Auskünfte über die Bedeutung der *propagande historique* für die französische Besatzungspolitik. Wer sich also der Mühe unterzieht, den provisorisch erschlossenen riesigen Bestand nach einschlägigen Belegen für eine konsequente Instrumentalisierung der Geschichte durch das *Haut Commissariat français* zu durchforsten, erfährt, wie die französische Militärverwaltung zur Geschichtspropaganda gekommen ist, weshalb sie sich die historischen Argumente für einen „französischen Rhein" aus der vorangegangenen Kriegszieldiskussion nur bedingt zueigen machte, und mit welcher Hartnäckigkeit und Umsicht sie sich um die Vermittlung der Geschichtspropaganda bemühte. Er entdeckt auch, daß die französischen Besatzungstruppen in das Programm der *pénétration pacifique* miteinbezogen werden mußten, daß sie auf diese Weise ebenfalls in den Genuß historischer Unterweisungen zur „wahren" Identität und Geschichte der Rheinlande gelangten und die besetzten Gebiete in dem tröstlichen Bewußtsein, an einer historischen Mission mitgewirkt zu haben, wieder verließen. Die aus dem Zentralen Staatsarchiv der ehemaligen DDR, dem Bundes- und dem Landeshauptarchiv in Koblenz, dem Politischen Archiv des Auswärtigen Amtes in Bonn, dem Archiv des Landschaftsverbandes Rheinland in Brauweiler und dem Düsseldorfer Hauptstaatsarchiv zusammengetragenen Archivalien legen ein beredtes Zeugnis dafür ab, daß die französische Geschichtspropaganda

mitunter jedoch bedeutende Impulse vermitteln kann, hat G. Krumeich, *Jeanne d'Arc in der Geschichte. Historiographie – Politik – Kultur*, Sigmaringen 1989, für das 19. Jahrhundert am Beispiel des Tauziehens zwischen den *deux France* um den Mythos Jeanne d'Arc und seinen Auswirkungen auf die historiographische Auseinandersetzung mit diesem Sujet gezeigt.

9 Dieser Zusammenhang wurde in den genannten Arbeiten von Faber und Bach nur am Rande thematisiert, da er für ihre theoretische Fragestellung irrelevant war.

10 Die wissenschaftliche Erschließung der *Papiers Tirard* steht erst am Anfang. Bisher haben lediglich K. Reimer, *Rheinlandfrage und Rheinlandbewegung (1918-1933)*. Frankfurt/Bern/Las Vegas 1979, und M. Süss, *Rheinhessen unter französischer Besatzung. Vom Waffenstillstand im November 1918 bis zum Ende der Separatistenunruhen 1924*, Stuttgart 1988, den Bestand eingesehen.

auf deutscher Seite als eine Herausforderung angenommen wurde, daß jedoch zahlreiche administrative und politische Hindernisse überwunden werden mußten, bevor eine Antwort zustandekam. Ein spektakulärer Erfolg gelang den um Konzepte und Kompetenzen im nationalen „Abwehrkampf" streitenden Behörden der Rheinprovinz, des Staates Preußen und des Reiches mit der Rheinischen Jahrtausendfeier im Jahre 1925.

Die Studie zur französischen und deutschen Geschichtspropaganda während der Rheinlandbesetzung im Anschluß an den 1. Weltkrieg wäre ohne eine Analyse der Argumentationsarsenale unvollständig. Neben die dominierenden „archivalischen" Teile der Arbeit treten daher methodisch anders geartete Kapitel, in denen auf der Basis von Textanalysen die Argumentationsinhalte erarbeitet werden. Die Textproben sind einschlägigen Erzeugnissen der französischen und deutschen Publizistik entnommen, die in den zwanziger Jahren im besetzten Rheinland erschienen ist. Während die Bewältigung des französischen Materials keinerlei Probleme bereitete – handelte es sich im wesentlichen doch nur um die Auswertung des *Rhin Illustré* und der *Revue Rhénane*, zwang die außerordentlich differenzierte rheinische Presselandschaft zu radikaler Beschränkung auf drei überregionale, die verschiedenen politischen Spektren repräsentierende Tageszeitungen: die *Kölnische Volkszeitung* als Zentrumsblatt, die nationalliberale *Kölnische Zeitung* und die sozialdemokratische *Rheinische Zeitung*. Fielen selbständig erschienene Broschüren auf französischer Seite quantitativ kaum ins Gewicht, so konnte die ungleich umfangreichere deutsche Rheinliteratur nicht in ihrer Gesamtheit berücksichtigt werden[11]. Es erschien mir sinnvoll, vor allem solche Autoren zu Wort kommen zu lassen, die als Verhandlungspartner der an der Gestaltung der Gegenpropaganda beteiligten deutschen Behörden „aktenkundig" sind. Als die Hürden der Materialerschließung genommen waren, zeigte es sich recht bald, daß sowohl das französische als auch das deutsche Argumentationsarsenal die Umstände ihrer Entstehung widerspiegeln. So hat die Frage nach Erfolgsgarantien für die Besatzungspolitik, welche das *Haut Commissariat français* permanent umtrieb, zu intensivem Nachdenken über die Opportunität dieser oder jener historischen Argumente geführt und die Auswahl derselben beeinflußt. Auf der anderen Seite litt die Gegenpropaganda nicht nur unter der Vielzahl der amtlichen Stellen, die am „Abwehrkampf" beteiligt waren; sie krankte auch daran, daß den provozierenden Thesen der französischen Geschichtspropaganda kein geschlossenes Bild von der Identität der Rheinlande entgegengesetzt werden konnte.

Die vorliegende Beschreibung der Instrumentalisierung von Geschichtswissen im französisch-deutschen Streit um die Rheingrenze in der Zeit von 1919 bis 1930 ist nicht zuletzt ein – auf das Gebiet der ehemaligen Preußischen Rheinprovinz bezogener – Beitrag zur Geschichte der Rheinlandbesetzung. Geschichtspropaganda war ein konstituierendes Element der französischen Kulturpolitik im besetzten Rheinland.

11 Einen ersten Eindruck von ihrer Fülle vermitteln G. Reismüller, J. Hofmann, *Zehn Jahre Rheinlandbesetzung. Beschreibendes Verzeichnis des Schrifttums über die Westfragen mit Einschluß des Saargebietes und Eupen-Malmedys*, Breslau 1929.

Während diese unter Historikern auf wachsendes Interesse stößt[12], ist die deutsche Reaktion auf das Programm der *pénétration pacifique* – soweit zu sehen ist – von der Forschung bisher noch nicht aufgegriffen worden. Das soll im Rahmen dieser Arbeit nachgeholt werden. Indem hier die Herausforderung durch die französische Propaganda und die deutsche Antwort einander gegenübergestellt werden, entsteht ein aufschlußreiches Bild von den Kräfteverhältnissen zwischen Franzosen und Deutschen in der besetzten Rheinprovinz.

12 Vgl. I. Voss, J. Voss, *Die „Revue Rhénane" als Instrument der französischen Kulturpolitik am Rhein (1920-1930)*, in: *Archiv für Kulturgeschichte 64* (1984), S. 503-551; G. Brunn, *Französische Kulturpolitik in den Rheinlanden nach 1918 und die Wiesbadener Kunstausstellung des Jahres 1921*, in: P. Hüttenberger, H. Molitor (Hg.), *Franzosen und Deutsche am Rhein 1789 - 1918 - 1945*, Essen 1989, S. 219-241. Die Verfasser der beiden Aufsätze haben die für die Erforschung der französischen Besatzungspolitik so wichtigen *Papiers Tirard* leider nicht eingesehen.

I. Die französische Herausforderung

A. Die Rheingrenze als Kriegsziel

Die Rheingrenze gehörte seit dem Ausbruch des 1. Weltkrieges zum Kanon der französischen Kriegsziele[1]. Die Pariser Kriegskabinette, die an einen gemeinsamen Beschluß der Entente vom 5. September 1914 gebunden und so lange zur Fortsetzung des Krieges verpflichtet waren, bis die Mittelmächte kapitulierten, verbanden mit der Vorstellung eines Siegfriedens nicht nur die Aussicht auf eine baldige Repatriierung Elsaß-Lothringens, sondern auch die Hoffnung, in Zukunft das gesamte linke Rheinufer französischer Kontrolle unterwerfen zu können. Wechselnde Konstellationen im Felde und taktische Zugeständnisse im Rahmen der Kriegsdiplomatie führten dazu, daß die französische Regierung über die elsässisch-lothringische Frage hinausgehende Kriegsziele nur in verklausulierter Form zu artikulieren vermochte. Ob sich die französische Regierung überhaupt auf eine politische Lösung für das Rheinland festgelegt hatte, ob sie eine Annexion des linken Rheinufers oder ein Protektorat über einen autonomen Rheinstaat bevorzugte, muß eine offene Frage bleiben; ein öffentliches Bekenntnis zu einem dieser Pläne hätte ihren Verhandlungsspielraum bei künftigen Waffenstillstands- und Friedensgesprächen jedenfalls unnötig eingeschränkt. Während sich das offizielle Paris daher eher zurückhaltend zu allfälligen Kriegs- und Friedenszielen äußerte, war die Diskussion der Kriegsziele in der Öffentlichkeit nicht dem Gebot diplomatischer Vorsicht unterworfen. Von kriegsbedingter Pressezensur nur geringfügig behindert, konnte sich die Kriegszieldiskussion in Frankreich frei entfalten. Die Rheingrenze fand als Kriegsziel eine breite Zustimmung in allen politischen Lagern; eine Mehrheit derjenigen, die sich in diesem Zusammenhang zu Wort meldeten, plädierte sogar für eine Annexion des linken Rheinufers[2]. Zu den

1 Darin ist sich die historische Forschung weitgehend einig. Vgl. P. Renouvin, *Die Kriegsziele der französischen Regierung*, in: *Geschichte in Wissenschaft und Unterricht 17* (1966), S. 123-158 (= deutsche Fassung des Aufsatzes *Les buts de guerre du gouvernement français 1914-1918*, in: *Revue historique 235* [1966], S. 1-38); W.A. McDougall, *France's Rhineland Diplomacy 1914-1924. The Last Bid for a Balance of Power in Europe*, Princeton 1978, S. 15ff.; G.-H. Soutou, *La France et les Marches de l'Est 1914-1919*, in: *Revue historique 260* (1978), S. 341-381; Ders., *L'Or et le Sang. Les buts de guerre économiques de la Première Guerre Mondiale*, Paris 1989, S. 171ff.; G. Steinmeyer, *Die Grundlagen der französischen Deutschlandpolitik*, Stuttgart 1979, S. 86ff.; H. Köhler, *Die französische Deutschlandpolitik 1918-1919*, Düsseldorf 1980, S. 189ff.; D. Stevenson, *French War Aims against Germany 1914-1919*, Oxford 1982. Allein J. Bariéty, *Les relations franco-allemandes après la Première Guerre Mondiale. 10 Novembre 1918-10 Janvier 1925. De l'exécution à la négociation*, Paris 1977, S. 27f., weicht von der *communis opinio* ab, indem er bezweifelt, daß die Rheingrenze ein Kriegsziel der französischen Regierungen zwischen 1914 und 1919 gewesen ist.

2 Vgl. G. Steinmeyer, a.a.O., S. 76ff., und W. A. McDougall, a.a.O., S. 16f.

Wortführern der Kampagne zählten so markante Einzelpersönlichkeiten vom Schlage eines Maurice Barrès[3] ebenso wie die *Ligue des Patriotes*, das *Comité Michelet*, die *Ligue de la guerre d'appui* und das *Comité de la rive gauche du Rhin*. Auch einflußreiche Militärs und Wirtschaftsverbände, etwa die *Fédération des Industriels et des Commerçants français* oder das *Comité des Forges*, unterstützten die Forderung nach einem französischen linken Rheinufer. Zwar läßt sich der Einfluß der öffentlichen Meinung auf konkrete Entscheidungen demokratisch gewählter Regierungen nicht bis ins einzelne bestimmen; man kann jedoch davon ausgehen, daß die in der Pariser Kriegspublizistik vorgebrachten Argumente für eine Verschiebung der französischen Ostgrenze an den Rhein von den verantwortlichen Politikern nicht nur gehört, sondern im wesentlichen auch geteilt wurden.

Das wichtigste Argument, das für die Rheingrenze als Kriegs- und Friedensziel sprach, war ein strategisches. Die Kontrolle über das linke Rheinufer sollte Frankreich vor künftigen Einfällen deutscher Armeen schützen, hatte es sich doch herausgestellt, daß dieses Gebiet den feindlichen Truppen im Vorfeld der gefürchteten *invasions germaniques* als Aufmarschplatz diente[4]. Die Fixierung auf den Rhein als Frankreichs strategischer Grenze im Osten ist jedoch nicht erst eine Folge der Ereignisse von 1870/71 und 1914; sie datiert bereits in die erste Hälfte des 19. Jahrhunderts[5]: schon Chateaubriand sah Sicherheit und Integrität des französischen Staatsgebietes an die Vorherrschaft über die Rheinlande geknüpft. Die traumatische Erfahrung des Jahres 1914, als innerhalb eines knappen halben Jahrhunderts zum zweiten Mal deutsche Truppen auf französischem Territorium standen, mußte die Vorstellung, daß Frankreich sich nur am Rhein wirksam verteidigen könne, erhärten und die Forderung nach ausreichenden „Garantien" gerechtfertigt erscheinen lassen.

Eine Ausdehnung der französischen Machtsphäre bis an den Rhein schien auch aus ökonomischen Gründen sinnvoll zu sein, ließen sich auf diese Weise doch zwei Dinge erreichen: Die Erschließung des Wirtschaftsraums Rheinland würde der französischen Schwerindustrie neue Rohstoff- und Absatzmärkte eröffnen und eine enge Verbindung zum Ruhrgebiet herstellen[6]. Dem Gewinn für Frankreichs Wirtschaft stünden empfindliche Verluste auf deutscher Seite gegenüber, die dem Reich schließlich die ökonomische Basis für einen weiteren Angriffskrieg entzögen. So gesehen, kann eine gewisse Affinität zwischen dem strategischen und dem wirtschaftlichen Argument für

3 Vgl. eine einschlägige Serie von Artikeln aus der Feder von M. Barrès in *L'Écho de Paris* des Jahres 1915. Nach dem Waffenstillstand widmete Barrès sich erneut der Rheinlandfrage. Seine wichtigsten Publikationen zu diesem Thema aus jener Zeit sind *L'Appel du Rhin. La France dans les pays rhénans*, Paris 1921, und *Le Génie du Rhin*, Paris 1921. Eine zusammenfassende Darstellung und Analyse des Rheinprogramms von M. Barrès bietet Z. Sternhell, *Maurice Barrès et le nationalisme français*, Paris 1985, S. 356ff.

4 Vgl. D. Stevenson, a.a.O., S. 201. Am Rande sei darauf hingewiesen, daß der Rhein aus deutscher Sicht nur sehr bedingt strategische Qualitäten aufwies. Vgl. dazu G. Krumeich, *Der Rhein als strategische Grenze*, in: P. Hüttenberger, H. Molitor (Hg.), *Franzosen und Deutsche am Rhein 1789 – 1918 – 1945*, Essen 1989, S. 67-79.

5 Vgl. K. Wenger, *Le Rhin, enjeu d'un siècle*, in: P. Ayçoberry, M. Ferro (Hg.), *Une histoire du Rhin*, Paris 1981, S. 255-291, hier: S. 262.

6 Vgl. G. Steinmeyer, a.a.O., S. 82ff.

ein französisches linkes Rheinufer nicht geleugnet werden[7]. Andererseits zeigt die ökonomische Begründung der Pariser Rheinlandpläne paradigmatisch, daß sowohl imperialistische Motive als auch sicherheits- und verteidigungspolitische Erwägungen für die Formulierung der Kriegsziele ausschlaggebend waren[8]. Neben den bereits genannten strategischen und ökonomischen Argumenten für ein von Frankreich kontrolliertes Rheinland mag sich das historische Argument[9] als Arabeske in der Kriegszieldiskussion ausnehmen. Es hat in der Tat den Anschein, als ob die entscheidenden militärischen und wirtschaftlichen Annexionsmotive durch den Einsatz historischer Argumente über weite Strecken lediglich paraphrasiert, in historischem Gewande präsentiert würden. Das historische Argument war indessen mehr als ein Accessoire; es diente der Konstruktion französischer Rechtsansprüche auf das linke Rheinufer und war daher eigentlich ein „juristisches". Eine Analyse repräsentativer Beispiele der historisch-politischen Kriegspublizistik zur Rheinfrage[10] empfiehlt sich nicht zuletzt auch deshalb, weil sich die spätere Geschichtspropaganda der französischen Militärverwaltung im Rheinland in signifikanter Weise von einschlägigen Vorgaben der Kriegszeit unterscheiden sollte.

Grundlage der historisch argumentierenden Kriegspropaganda für eine künftige Annexion des linken Rheinufers war die These, der Rhein sei Frankreichs »natürliche Grenze« nach Osten hin[11]. Danton hatte die Parole der *frontière naturelle* 1792 ausgegeben. Sie war ursprünglich ein Symbol revolutionärer Aggression. Seit den vierziger Jahren des 19. Jahrhunderts verbarg sich dahinter ein zunehmend defensiver Nationalismus, der sich gegen den aggressiven Nachbarn jenseits des umstrittenen Stroms richtete. Und in dieser Bedeutung spielte der Mythos vom Rhein als der natürlich gegebenen östlichen Grenze Frankreichs noch in der Kriegszieldiskussion eine Rolle. Im Grunde handelte es sich um ein geopolitisch motiviertes Argument mit ästhetischen Schattierungen: Unabänderliche geographische Gegebenheiten wiesen Frankreich als ein von natürlichen Grenzen umschriebenes Land aus, und der Rhein stehe dabei gleichwertig neben dem Ärmelkanal, dem Atlantik, den Pyrenäen, dem

7 Vgl. D. Stevenson, a.a.O., S. 201. Vgl. vor allem die Ausführungen bei G.-H. Soutou, *L'Or et le Sang*, a.a.O., S. 171ff.

8 Ob Frankreichs Kriegszielprogramm ein vergleichsweise moderates oder vielmehr ein imperialistisches war, soll hier nicht entschieden werden. Dazu bedarf es eines systematischen Vergleichs der Kriegsziele der in den Weltkrieg verwickelten Mächte. Eine umfassende komparatistische Darstellung liegt, soweit zu sehen ist, bisher nicht vor; G.-H. Soutou hat mit seiner bereits erwähnten *Thèse d'État* eine überzeugende Untersuchung der wirtschaftlichen Optionen der kriegführenden Nationen vorgelegt. Im übrigen sind wir auf länderspezifische Einzeluntersuchungen angewiesen: Neben den in Anm. 1 aufgeführten Titeln seien noch F. Fischer, *Griff nach der Weltmacht. Die Kriegszielpolitik des kaiserlichen Deutschland 1914/18*, Düsseldorf 1961, und V.H. Rothwell, *British War Aims and Peace Diplomacy 1914-1918*, Oxford 1971, genannt.

9 Vgl. dazu W. Kern, *Die Rheintheorie in der historisch-politischen Literatur Frankreichs im Ersten Weltkrieg*, Saarbrücken 1973.

10 Eine ausführliche, chronologisch geordnete Auflistung der historisch argumentierenden französischen Kriegspublizistik zur Rheinlandfrage befindet sich in: ebd., S. 599ff. Vgl. daneben auch W.A. McDougall, a.a.O., S. 390ff.

11 Zur Geschichte des politischen Mythos der *frontière naturelle* vgl. K. Wenger, a.a.O., S. 257ff.

Mittelmeer und den Alpen[12]. Man mag die geopolitisch inspirierte Idee der *frontière naturelle* als ein Argument *sui generis* werten; in Frankreich hat die Verbindung von Geographie und Geschichte jedoch eine lange Tradition[13]. Wie selbstverständlich der Verweis auf die geographischen Rahmenbedingungen der Geschichte auch für die Historiker war, die sich in der Kriegszieldiskussion engagierten, dokumentiert folgende Absichtserklärung in einem einschlägigen Produkt der Kriegspublizistik:

> On a souvent répété que le Rhin était la frontière naturelle de la France. Nous voudrions montrer qu'il est aussi la frontière légitime.[14]

Diesen Zeilen läßt sich ohne weiteres entnehmen, daß französische Historiker – anders als viele ihrer deutschen Kollegen – recht unbefangen mit geopolitischen Argumenten umgingen, da sie das Verhältnis der Geographie zur Geschichte im allgemeinen als ein subsidiäres definierten und davon ausgingen, daß jene den historischen Diskurs keineswegs überflüssig machten. Im Gegenteil, geographische Fakten vermochten Rechtsansprüche auf ein so begehrtes Territorium wie das linke Rheinufer offenbar nicht ausreichend zu stützen. Es bedurfte dazu in der Hauptsache historischer Belege. Was es mit dieser Kategorie historisch abgeleiteter Rechtsvorbehalte auf sich hatte, illustriert folgende Passage aus der bereits zitierten Broschüre der *Ligue des Patriotes*:

> Les droits d'une nation sur son territoire ne sont pas, comme le droit de propriété des particuliers, consignés dans des actes. Ils ont une source plus haute et plus reculée. Le territoire qui a appartenu à une nation de temps immémorial et pendant des siècles, qu'elle n'a perdu qu'à la suite de revers et de catastrophes, que la nature des choses lui assigne comme la tradition historique, et dont les habitants font corps avec les siens, est toujours son territoire, aucune prescription, aucun trait de temps n'a pu l'en dépouiller. Les traités même qu'elle a conclus – sous l'empire des nécessités présentes, parfois de la force brutale – ne sauraient être considérés que comme des arrangements temporaires ... qui sont impuissants comme toute oeuvre des hommes à changer l'histoire, à supprimer les causes et les faits acquis, à faire table rase des traditions, à modifier le sentiment héréditaire et unanime de tout un peuple.[15]

Befände sich diese Definition des „historischen Rechts" nicht in einer Schrift mit dem programmatischen Titel *Les droits historiques de la France sur la rive gauche du Rhin*, müßte man sich in der Tat fragen, ob Frankreich jene Nation ist, welcher das linke

12 Vgl. auch W. Kern, a.a.O., S. 336: »... zum anderen sind die ... französischen Kriegsziele das Ergebnis einer geistigen Schulung, die trotz des Renan'schen Nationalbegriffs Territorium und Staatsvolk zu einem klaren, überschaubaren Raum zur Deckung bringen wollte. Dem heimlichen Entsetzen vieler Franzosen über die gestaltlose, ständig expandierende Masse des deutschen Reiches entsprach der Stolz auf die abgezirkelte, in sich mannigfaltige Gliederung des französischen Staatskörpers, des *pré-carré*, von dem Vauban gesprochen hatte, oder des *hexagone*, etwas moderner ausgedrückt. Hier fließen ästhetische Kategorien in die Theorie, weil einige Autoren die Rheingrenze schon deshalb forderten, um am Rhein das französische Territorium harmonisch abzurunden.«

13 So hatte bereits Jean Bodin in seiner 1566 erschienenen Abhandlung *Methodus ad facilem historiarum cognitionem* den geographischen Grundlagen der Geschichte große Bedeutung zugemessen.

14 E. Darsy, *Les Droits historiques de la France sur la rive gauche du Rhin*, Petite Bibliothèque de la Ligue des Patriotes, Bd. 8, Paris 1919, S. 1.

15 Ebd., S. 1f.

Rheinufer bereits seit Menschengedenken zugeteilt scheint und die – allen Unbilden der Zeitläufte zum Trotz – an diesem Gebiet festgehalten haben will. So hatte schon E.M. Arndt im Jahre 1813 konstatiert: »Das Recht macht seine Ableitungen historisch, es muß sich auf den Besitz stützen; es erzählt also in kurzer Übersicht die Geschichten des Landes, das zwischen dem Rhein und dieser eben gezogenen Linie [i.e. der deutsch-französischen Sprachgrenze] liegt«[16] und dieser Erklärung eine historische Darstellung nachgeschoben, welche keinerlei Zweifel darüber aufkommen ließ, daß die Rheinlande schon immer zu Deutschland gehörten. Die Ausführungen Arndts waren den französischen Historikern und Publizisten, die sich in der Kriegszieldiskussion für eine Annexion des linken Rheinufers aussprachen, im allgemeinen bekannt und Anlaß zu heftiger Widerrede: Den Deutschen müsse schon allein deshalb der Rhein streitig gemacht werden, weil der Mythos vom deutschen Rhein erst in den Befreiungskriegen entstanden sei und ohne E.M. Arndts berühmte Schmähschrift vermutlich nie Einlaß in die politische Ideenwelt des Kriegsgegners gefunden hätte[17]. Der Rhein habe den Deutschen vor 1813 nichts bedeutet. Für die Franzosen stelle sich die Lage dagegen völlig anders dar. Frankreichs historischer Auftrag, sein Territorium bis an den Rhein auszudehnen, gründe sich auf die ursprünglich keltische Besiedlung und auf die durch den Limes gegen die Germanen über Jahrhunderte abgeschirmte Romanisierung des linken Rheinufers. Es sei gut belegt, daß »tout, dans ce pays, pendant des siècles et des siècles, fut gaulois ou gallo-romain. ... Non seulement tous les témoignages anciens nous l'affirment, mais les débris archéologiques qui sont dans les musées des villes rhénanes l'attestent.« Und »les Allemands ont beau graver au frontispice de leurs vastes musées antiques de Mayence et de Bonn les mots *Museum germanicum*: ils ne renferment pas un seul objet qui soit germanique«[18]. Die Franken hätten dann das gallo-römische Erbe übernommen, bewahrt und – ebenso wie die Römer – am Rhein verteidigt, bis »un absurde pacte de famille«[19], der Vertrag von Verdun, dieser Politik einen Rückschlag versetzt habe. Die Ereignisse des Jahres 843 seien zwar folgenreich gewesen; gleichwohl komme dem Teilungsvertrag nicht jene fundamentale Bedeutung zu, welche die deutsche Historiographie ihm gewöhnlich beimesse:

16 E.M. Arndt, *Der Rhein, Teutschlands Strom, aber nicht Teutschlands Gränze*, o.O., 1813, S. 15.

17 Vgl. F. Funck-Brentano, *La France sur le Rhin,* Petite Bibliothèque de la Ligue des Patriotes, Bd. 7, Paris 1919, S. 392: »Quant au *Rhin allemand*, c'est à peine qu'il venait de faire son apparition. Il commence à dessiner son cours dans les cervaux germaniques à l'époque où les Prussiens ... mettaient sur eux leur première emprise. Stiénon en attribue l'invention au pangermaniste Arndt qui écrivait à ce sujet, en 1813, une page dont chaque mot serait à souligner.«

18 E. Babelon, *La Rive Gauche du Rhin. Les Revendications Françaises dans l'Histoire*, hrsg. vom *Comité de la rive gauche du Rhin*, Paris 1917, S. 5. In dieser Broschüre faßt Babelon in kurzweiliger Form die Ergebnisse seiner umfangreichen, jedoch nicht weniger apologetisch anmutenden Studie *Le Rhin dans l'histoire*, Bd. 1: *L'Antiquité*, Bd. 2: *Les Francs de l'Est*, Paris 1916 und 1917, zusammen.

19 E. Darsy, a.a.O., S. 205.

> Les savants d'outre-Rhin affectent de donner à cet arrangement de famille un caractère politique et ils enseignent que le traité de Verdun a consacré définitivement les limites de la France et de l'Allemagne. ... Or, ce qu'on nomme pompeusement le *Traité de Verdun*, de même que tous les partages si nombreux qui le précédèrent et le suivirent, entre les princes carolingiens, n'a été en quoi que ce soit, un partage politique: ce fut un arrangement de famille purement censitaire et fiscal.[20]

Sobald jedoch die Kapetinger an die Macht gekommen seien und die französische Monarchie aus der Krise herausgeführt hätten, sei auch die Rheingrenze wieder in das Blickfeld der französischen Könige getreten[21]. Diese hätten beharrlich versucht, das verlorene Terrain diesseits des Rheins wiederzugewinnen; die größten Erfolge könnten dabei zweifellos Richelieu und Ludwig XIV. vorweisen. Vor allem Historiker des rechten Spektrums, davon einige aus dem weiteren Umfeld der royalistischen *Action française*[22], haben die Verdienste der Krone um die Revisionspolitik am Rhein hervorgehoben. Erst den Revolutionsarmeen sei es schließlich gelungen, das gesamte linke Rheinufer wieder in französischen Besitz zu überführen. Aber schon 1815 hätte die europäische Diplomatie Frankreich dieses Gebiet wieder abgenommen. Die in der Kriegszieldiskussion engagierten Historiker verurteilten im allgemeinen die Ergebnisse des Wiener Kongresses, die sie für die verheerenden deutschen Angriffe von 1870 und 1914 mittelbar verantwortlich machten. Das Okkupationstrauma[23] erklärt im übrigen ihre Behauptung, die Deutschen seien seit alters her nichts anderes als randalierende Räuber und ungehobelte Usurpatoren[24]. Was lag näher als die Schlußfolgerung, »... que les Allemands n'ont jamais été, sur la rive gauche, que des envahisseurs et des conquérants«[25]? Die französischen Ansprüche auf das linke Rheinufer schienen daher nicht nur historisch, sondern auch moralisch gerechtfertigt. Schließlich hätten die Franzosen als Erben der römischen Kultur und Initiatoren der Revolution von 1789 die westeuropäische Zivilisation am Rhein gegen die wilden Invasoren aus den germanischen Wäldern verteidigt:

20 E. Babelon, *La Rive Gauche du Rhin*, S. 10.

21 Vgl. auch ebd., S. 16ff.

22 Vgl. dazu S. Wilson, *Les Historiens d'«Action française»*, in: *Actes du deuxième colloque Maurras. Tendances et perspectives d'études maurrassiennes,* Études maurrassiennes, Bd. 2, Aix-en-Provence 1973, S. 195-202.

23 Vgl. dazu die neuere Darstellung M. Christadler, *Okkupationstrauma und Widerstandsmythos in Frankreich und Deutschland*, in: *Deutschland–Frankreich. Höhen und Tiefen einer Zweierbeziehung*, Ergebnisse eines dreitägigen Symposiums im Februar 1988 in Essen, hrsg. vom Deutsch-französischen Kulturzentrum Essen, Essen 1988, S. 40-57.

24 Vgl. G. Blondel, *La doctrine pangermaniste*, Paris 1919, S. 8: »L'arrivée des Germains dans l'Europe occidentale n'a pas seulement bouleversé le monde romain, elle a mis en lumière cette prédisposition au pillage qui, à toutes les époques de l'histoire, a été le trait caractéristique des Teutons.« Positive Deutschlandbilder vergangener Zeiten – etwa Montesquieus anerkennende Ausführungen zum *génie de la nation germanique* in seinem Hauptwerk *De l'esprit des lois* oder Madame de Staëls *De l'Allemagne* – wurden, wenn sie nicht vergessen waren, systematisch verdrängt. Vgl. M. Barrès, *Préface*, in: F. Funck-Brentano, a.a.O., S. XI: »Nous a-t-on assez rebattu les oreilles avec l'Allemagne de jadis, celle de Madame de Staël, rêveuse et poétique, avec laquelle il était si facile de s'entendre, si Bismarck n'était venu tout gâter.«

25 M. Barrès, *Préface*, in: E. Darsy, a.a.O., S. VII.

Aujourd'hui, comme à travers tous les siècles de l'histoire, nous assistons à cette lutte de deux éléments contraires, de deux principes de civilisation qui n'ont jamais pu s'accorder, le Romanisme et le Germanisme ou, plus exactement, parce que plus près de nous, le Teutonisme. L'un formé de culture gréco-latine, dont les peuples occidentaux sont imprégnés jusqu'à la moelle, l'autre engendré par la forêt germaine et sur lequel la culture gréco-latine a toujours demeuré un vernis superficiel. ... La limite géographique de ces deux types de civilisation, c'est le Rhin, aujourd'hui comme dans l'antiquité.[26]

Weder die Versicherung, Frankreichs Gebietsansprüche am Rhein seien historisch nachweisbar und daher auch rechtmäßig, noch die Behauptung, daß diese auch moralisch vertretbar seien, konnten verhindern, daß immer wieder Zweifel an der Annexionsforderung laut wurden. Wenngleich sich niemand dem Argument verschloß, daß Frankreich Sicherheitsgarantien brauche, um gegen künftige *invasions germaniques* gewappnet zu sein, so wehrte sich vor allem die pazifistische Linke gegen völkerrechtswidrige Annexionen. 1917 erreichte die Kritik an offensichtlich überzogenen Kriegszielforderungen ihren Höhepunkt – Wilsons 14-Punkte-Programm, in dem das Recht auf nationale Selbstbestimmung ausdrücklich hervorgehoben worden war, stärkte den Wortführern antiannektionistischer Kampagnen den Rücken. Diese Stimmen beeinflußten auch den Diskurs derjenigen, die nach wie vor an den Annexionsplänen festhielten und sie mit historischen Argumenten untermauerten. Die einen reagierten sichtlich verärgert und beharrten darauf, daß Frankreich die Rheinlande schon deshalb nicht „annektieren" könne, da diese Gebiete – wie bewiesen – ihm doch bereits gehörten[27]; andere versuchten, den Annexionsvorwurf *ad absurdum* zu führen, indem sie behaupteten, die Rheinländer hätten schon 1798 von dem angemahnten Selbstbestimmungsrecht Gebrauch gemacht und sich für einen Anschluß an Frankreich ausgesprochen. Das „Plebiszit" sei das über alle Zweifel erhabene Ergebnis der französischen Herrschaft über das linke Rheinufer zwischen 1794 und 1815. Die Geschichte der Französischen Revolution am Rhein war daher auch Gegenstand ausführlicher Erörterungen im Rahmen der Kriegszielpublizistik[28].

Hauptthema dieser Darstellungen waren die großen politischen und gesellschaftlichen Veränderungen, die mit der Herrschaft der Revolutionsgeneräle am Rhein in Verbindung gebracht wurden. Es sei unbestritten, daß »... dans cette période relative-

26 E. Babelon, *Le Rhin dans l'histoire*, Bd. 1: *L'Antiquité*, Paris 1916, S. VII.

27 Vgl. S. Coubé, *Alsace, Lorraine et France rhénane. Exposé sur les droits historiques de la France sur toute la rive gauche du Rhin*, Paris 1915, S. 5: »Foin des doctrines antimilitaristes, qui ne cessent de nous crier: Pas d'annexions! Eh bien, il ne faut pas s'annexer le bien d'autrui, mais on peut, on doit s'annexer son propre bien.« Vgl. auch M. Barrès, *Préface*, in: F. Funck-Brentano, a.a.O., S. XI: »Il est décevant de constater que les Français répugnent à la frontière du Rhin, parce qu'ils sont hantés par des formules *Pas d'annexions!* Comme si la reprise de la rive gauche était une annexion! ... C'est la reprise de ce qui nous appartient.«

28 In diesem Zusammenhang muß Ph. Sagnac, *Le Rhin Français pendant la Révolution et l'Empire*, Paris 1917, mit berücksichtigt werden, obgleich dieses Werk natürlich kein Produkt der Kriegspublizistik im engeren Sinne darstellt. Es sei jedoch darauf hingewiesen, daß es, aus dem Manuskript für eine öffentliche Vorlesung an der *Faculté des Lettres* der Universität Bordeaux 1915/16 erwachsen, durchaus als Beitrag zur Kriegszieldiskussion gedacht war.

ment courte, les Français accomplirent sur les bords du Rhin une oeuvre énorme, que les Allemands n'auraient jamais osé rêver.«[29] Zu den herkulischen Taten, welche die Franzosen am Rhein vollbracht hätten, zählten die Abschaffung des *ancien régime*, die territoriale und administrative Neuordnung der Rheinlande, die Einführung von Rechtsgleichheit und Religionsfreiheit sowie die Grundlegung einer liberalen Wirtschaftsordnung, die langfristig zu beträchtlichem Wohlstand geführt hätte. Die Reformen hätten einen gewaltigen Modernisierungsschub bewirkt und den Rheinlanden den Weg in die Zukunft gewiesen. Zwar sei diese Entwicklung im Jahre 1798 noch nicht weit fortgeschritten gewesen, da die Revolutionskriege, deren Leidtragende nicht zuletzt auch die Bewohner des linken Rheinufers gewesen seien, erst ein Jahr zuvor ein – vorläufiges – Ende gefunden hätten; dennoch habe die rheinische Bevölkerung 1798 ein klares Votum für eine Vereinigung mit Frankreich abgegeben:

> ... alors la Rive Gauche, après la chute de ses souverains et la disparition de l'ancien régime, a fait connaître sa volonté. Elle a émis son vote à un moment où elle était encore elle-même, sans que la domination française eût duré assez longtemps pour la modeler à notre image et la déterminer en quelque sorte par avance. ... Or, placée dans ces conjonctures, elle n'a proclamé que son passé; ses convenances, ses instincts naturels et ses inclinations lui commendaient d'aller vers nous. Elle a donc déclaré rompus tous les liens qui l'attachaient à la maison des Habsbourgs, ce Saint Empire dont l'Allemagne actuelle se prétend fallacieusement l'héritière. Elle s'est donnée solennellement à la France.[30]

Der Wert des historischen „Referendums“ lag offensichtlich darin, daß die Bevölkerung der Rheinlande sich, lediglich einer inneren Stimme folgend, weitgehend unbeeinflußt und freiwillig für einen Anschluß an das revolutionäre Frankreich entschieden und vom Selbstbestimmungsrecht der Völker vollwertigen Gebrauch gemacht zu haben schien. Es verwundert daher nicht, wenn die Reunionsadressen des Jahres 1798 als »un des documents les plus importants de l'histoire des pays rhénans«[31] apostrophiert und als völkerrechtlich relevant eingestuft wurden. Wem jedoch diese Hinweise auf die Geschichte der Französischen Revolution im Rheinland und das „Plebiszit“ des Jahres 1798 nicht ausreichten, der berief sich darüber hinaus auf jene »affinités électives«[32], die das Verhältnis von Franzosen und Rheinländern schon immer charak-

29 Ph. Sagnac, a.a.O., S. 351.

30 J. Rovère, *La Rive Gauche du Rhin de 1792 à 1814*, Petite Bibliothèque de la Ligue des Patriotes, Bd. 9, Paris 1919, S. 244. Rovère sah seine Aufgabe offenbar darin, die Ergebnisse der epochalen Studie Sagnacs zusammenzufassen und einem großen Publikum zugänglich zu machen. Vgl. ebd., S. 5f.: »L'ouvrage que j'apporte à mon tour est surtout destiné au grand public; j'ai cru qu'à côté du savant travail que je viens de nommer [i.e. Ph. Sagnac, a.a.O.], il y avait place pour un exposé plus court, pour un bref résumé qui présenterait dans ses lignes principales l'œuvre accomplie par nos ancêtres, sans surcharge de renvois et de notes, avec un minimum de citations indispensables.«

31 So Ph. Sagnac, a.a.O., S. 11. Sagnac relativierte seine Aussage jedoch dadurch, daß er die Reunionsadressen mit dem vorläufigen Ende der Revolutionskriege in Verbindung brachte und daraus den Schluß zog, die Bewohner des linken Rheinufers hätten nicht zuletzt deshalb den Anschluß an Frankreich gefordert, um in Zukunft dem unerfreulichen Besatzungsstatut zu entgehen. Vgl. ebd., S. 208.

32 O. Reclus, *Le Rhin français. Annexion de la Rive Gauche – Sa moralité, sa nécessité, ses avantages*, Paris o.J., S. 28.

terisierten. Die „Wahlverwandtschaft" der beiden Völker beruhe auf der hohen Anziehungskraft, welche die romanische Kultur und Zivilisation seit alters her auf die Bevölkerung des linken Rheinufers ausgeübt habe. Die germanischen Einschläge der rheinischen Kultur seien durch die jahrhundertealte Nachbarschaft zwischen Franzosen und Rhenanen gründlich neutralisiert worden, und die Rheinländer selbst seien im Grunde völlig assimiliert und in die westeuropäische Zivilisation integriert. Die Französische Revolution sei nicht der Katalysator, sondern lediglich ein Ferment dieser Entwicklung gewesen:

> C'est un phénomène moral qui rappelle une certaine réaction chimique; des acides violents, corrosifs ou toxiques, unis à un métal, à une base, perdent leur nocivité et forment un sel neutre, doué de nouvelles et précieuses propriétés. Ainsi, l'acide germanique ou même prussique de certains peuples, neutralisé par la base celtique ou le franc métal latin, a donné des races parfaites.
> Cette assimilation serait d'autant plus facile sur les populations ripuaires qu'elles ne sont pas de race gothique ou burgonde, mais de vieille souche gauloise sur laquelle s'est greffé le rameau franc. Elle s'est accomplie avec la plus grande aisance pendant l'occupation française de 1794 à 1815. Elle aura encore lieu quand nous aurons recouvré *nos limites naturelles.*[33]

Ob die Bewohner der Rheinlande nun durch eine historische Wahlentscheidung oder durch „Wahlverwandtschaft" an Frankreich gebunden schienen, war nicht entscheidend, wenn es darum ging, den Vorwurf, Paris wolle diese Gebiete gegen alle geltenden Normen des Völkerrechts kurzerhand annektieren, als widersinnig hinzustellen. Jedenfalls sahen die mehrheitlich annektionistisch gesinnten Rheinautoren der Kriegszeit es als erwiesen an, daß Frankreich seine Gebietsansprüche auf dem linken Rheinufer nicht nur historisch einwandfrei ableiten, sondern darüber hinaus der Zustimmung der rheinischen Bevölkerung sicher sein könne, die sich der französischen Nation auf die eine oder andere Weise ohnehin verbunden fühle. Wie sehr die engagierten Publizisten sich dabei von reinem Wunschdenken leiten ließen und wie wenig sie im Grunde damit rechneten, daß die Rheinländer den Franzosen nach dem Kriege einen enthusiastischen Empfang bereiten würden, zeigt die ebenso vage wie sarkastische Hoffnung, daß – selbst wenn die Begeisterung der einheimischen Bevölkerung für ein französisch beherrschtes Rheinland zu wünschen übrig lassen sollte – »... il n'y aura plus beaucoup de gloire à se dire Allemands«[34].

Zu einer Annexion der Rheinlande durch Frankreich sollte es jedoch nicht kommen. Die Franzosen gehörten zwar zu den Siegern des Weltkrieges, konnten den Sieg aber nicht nach ihren Vorstellungen auskosten, da sie über die elsässisch-lothringische Frage hinausgehende Gebietsansprüche auf dem linken Rheinufer in den Friedensverhandlungen nicht durchsetzen konnten und sich mit einer befristeten Besetzung der Rheinlande zufriedengeben mußten. Die Deutschen, die den Krieg verloren hatten und sich der Verantwortung für die ihnen zur Last gelegte europäische Katastrophe stellen mußten, wähnten sich jedoch im Felde unbesiegt und durch den Versailler Vertrag ebenso hart wie ungerecht bestraft und dachten – diesseits ebensowenig wie jenseits des Rheins – nicht entfernt daran, sich ihrer Nationalität zu schämen. Die

33 S. Coubé, a.a.O., S. 146f.
34 O. Reclus, a.a.O., S. 30f.

unerwartete Wendung der Dinge sollte Paris indessen nicht daran hindern, das alte Kriegsziel weiter zu verfolgen und die rheinische Bevölkerung durch eine geeignete Besatzungspolitik für seine Rheinlandpläne zu gewinnen. Auch in diesem Kontext spielte die Instrumentalisierung historiographischen Wissens eine wichtige Rolle. Inwieweit die französische Militärverwaltung in den Jahren der Rheinlandbesetzung dabei auf einschlägige historische Argumente der Kriegszieldiskussion zurückgriff und in welchem Maße spezifische Faktoren der Besatzungspolitik die Gestaltung der französischen Geschichtspropaganda am Rhein beeinflußten, wird Gegenstand der beiden folgenden Kapitel sein.

B. Geschichtspropaganda in der Strategie des *Haut Commissariat français*

Wer Frankreichs historische Propaganda am Rhein richtig verstehen und angemessen beurteilen will, muß sich mit den äußeren Rahmenbedingungen auseinandersetzen, die für ihre Entstehung und Gestaltung maßgebend waren. Propaganda war ein Instrument der französischen Besatzungspolitik im Rheinland und daher in die allgemeine Entwicklung der französischen Politik in ihren Besatzungszonen eingebunden. Die Geschichte der französischen Rheinlandbesetzung läßt sich in zwei Phasen gliedern: in die Zeit des Waffenstillstands und die eigentliche Periode der Besatzung, die gemäß den Bestimmungen des Versailler Vertrages und des separaten Rheinlandabkommens 1920 erfolgte. Dies kann auch an der Entstehungs- und Entwicklungsgeschichte der französischen Kulturpolitik am Rhein abgelesen werden, die in erheblichem Maße von historischer Propaganda getragen war. Bereits während des Waffenstillstands schuf die französische Besatzungsarmee ihre Verwaltungsorgane, die 1920 als eigenständige Abteilung in die alliierte Administration des besetzten Rheinlands übernommen wurden; ein in dieser Zeit erarbeitetes Konzept für politische Propaganda in den eigenen Besatzungszonen war nach dem Versailler Vertrag, der als Kompromiß zähneknirschend in Frankreich aufgenommen wurde, zunächst diskreditiert. Da Frankreich ungeachtet des enttäuschenden Abschlusses der Friedensverhandlungen an der Rheingrenze als Friedensziel festhielt, wurden Korrekturen an der Gangart, nicht aber an der Marschrichtung der politischen „Aufklärungsarbeit“ in den Besatzungszonen vorgenommen. Im Rahmen dieses modifizierten Programms für französische Kulturpolitik am Rhein kam der Instrumentalisierung historiographischen Wissens große Bedeutung zu. Die Geschichte der französischen Besatzungspolitik am Rhein nach dem 1. Weltkrieg kann daher wohl zu Recht als die Geschichte einer großen außenpolitischen Ambition Frankreichs gedeutet werden. Dies nachzuweisen, ist das Ziel der folgenden Darstellung, die vor allem die französische Kulturpolitik im besetzten Rheinland und ihre Hintergründigkeit zum Gegenstand hat[1].

1. Die Anfänge der französischen Besatzungspolitik

Unmittelbar nach der Unterzeichnung des Waffenstillstands am 11. November 1918 besetzten alliierte Truppen unter dem Oberbefehl des Marschalls Foch, der sich während des Krieges als Stratege große Verdienste in Frankreich erworben hatte und daher auch unter den anglo-amerikanischen Partnern der Entente hohes Ansehen genoß, das linke Rheinufer, das im Gegenzug von deutscher Seite geräumt werden

1 Als Quellen werden vor allem die sogenannten *Papiers Tirard* zugrundegelegt, die unter der Bestandsbezeichnung AJ^9 in den Archives Nationales (künftig: AN, AJ^9) in Paris aufbewahrt werden.

mußte. Foch bewegte sich durchaus im Rahmen seiner Befugnisse, als er bereits am 12. November Paul Tirard[2] damit beauftragte, einen Verwaltungsapparat zu errichten, der – unter Fochs Aufsicht – die ordnungsgemäße Durchführung der militärischen Besetzung des Rheinlands gewährleisten sollte. Tirard handelte schnell: Bereits am 22. November konnte der Arbeitsstab, für den Tirard hauptsächlich Generäle und Offiziere der französischen Streitkräfte im besetzten Gebiet angeworben hatte, seine Aufgaben in Angriff nehmen. Das Verwaltungs- und Kontrollorgan firmierte unter der Bezeichnung *Contrôle général de l'administration des territoires rhénans occupés* und verfügte neben dem zentralen Büro, das wie das Hauptquartier Fochs in Luxemburg eingerichtet war, über 72 Delegierte, die in den rheinischen Land- und Stadtkreisen die alliierte Besetzung beaufsichtigen sollten[3].

Es kann indessen kein Zweifel darüber bestehen, daß Foch sich nicht mit dem Kommando über die alliierten Besatzungstruppen begnügte, sondern – in Übereinstimmung mit der französischen Regierung – versuchte, für Frankreich handfeste politische Vorteile aus der Rheinlandbesetzung zu schlagen und einer erfolgreichen französischen „Ostpolitik" die Wege zu ebnen[4]. Von den anstehenden Friedensverhandlungen erhoffte sich Frankreich nämlich mehr als eine angemessene Entschädigung für die erlittenen Kriegsverluste; es wollte gestärkt aus den Auseinandersetzungen des Weltkrieges hervorgehen und gegen eine vergleichbare Katastrophe in Zukunft gewappnet sein[5]: „gagner la paix" lautete die Parole, mit der französische Politiker dieses Ziel nach der Unterzeichnung des Waffenstillstands unmißverständlich zum Ausdruck brachten. Den notwendigen Machtzuwachs versprach man sich nicht zuletzt auch von anglo-amerikanischen Konzessionen in der Rheinlandfrage. Um die französische Kriegszielforderung nach der Rheingrenze in den Friedensverhandlungen durchsetzen zu können, schienen eindringliche Hinweise auf französische Sicherheits-

2 Paul Tirard ist, historiographisch gesehen, »le grand oublié de la vie internationale des années 20«. Vgl. J. Bariéty, *Les relations franco-allemandes après la Première Guerre Mondiale. 10 Novembre 1918-10 Janvier 1925. De l'exécution à la négociation, Paris 1977* (künftig: J. Bariéty 1977), S. 34; K. Pabst, *Der Vertrag von Versailles und der deutsche Westen,* in: K. Düwell, W. Köllmann (Hg.), *Rheinland-Westfalen im Industriezeitalter,* Bd. 2 *Von der Reichsgründung bis zur Weimarer Republik,* Wuppertal 1984, S. 271-289, hier S. 277. Erst in jüngster Zeit wächst das Interesse an seiner Person. Vgl. H. Köhler, *Paul Tirard,* in: *Rheinische Lebensbilder,* Bd. 12, hrsg. von H.-J. Heyen, Bonn 1991, S. 253-273.

3 Vgl. J. Bariéty 1977, S. 35.

4 Vgl. J. Bariéty, *L'administration des territoires rhénans occupés pendant la période de l'armistice. 11 Novembre 1918 – 18 Juin 1919,* in: *Centre de Recherches Relations Internationales de l'Université de Metz. Travaux et Recherches 1973/2,* Metz 1974 (künftig: J. Bariéty 1974), S. 59-78; Bariéty hat diesen Beitrag später in seine bereits zitierte *Thèse d'état* zur Geschichte der deutsch-französischen Beziehungen nach dem 1. Weltkrieg eingearbeitet: vgl. dort S. 28-61. Vgl. auch die knappe Zusammenfassung der wichtigsten Ergebnisse in: ders., *La Haute Commission Interalliée des Territoires Rhénans,* in: *Problèmes de la Rhénanie 1919-1930. Die Rheinfrage nach dem Ersten Weltkrieg,* Actes du Colloque d'Otzenhausen 1974, Metz 1975 (künftig: J. Bariéty 1975), S. 15-28, bes. S. 16-19; vgl. H. Köhler, *Novemberrevolution und Frankreich. Die französische Deutschlandpolitik 1918-1919,* Düsseldorf 1980, S. 198ff.

5 Vgl. H. Köhler, a.a.O., S. 14f.

interessen im Rheinland und dessen Bedeutung als Faustpfand für Reparationen nicht auszureichen; Frankreich schwebte vor, die Zustimmung der betroffenen Menschen auf dem linken Rheinufer für sein ambitiöses Rheinlandprojekt einzuholen, um auf diese Weise auch einen politischen Nachweis für die Berechtigung seiner Forderung nach der Rheingrenze vorlegen zu können. Die alliierte Besetzung des Rheinlands als Folge der Waffenstillstandsvereinbarungen bot eine einmalige Chance, die Frankreich zu seinem Vorteil zu nutzen gedachte.

Fochs erster Schritt in diese Richtung war die Einberufung einer Kommission, die, ebenfalls in Luxemburg „akkreditiert", sich unter Leitung des Ingenieurs Maugas mit den wirtschaftlichen Aspekten der Rheinlandbesetzung beschäftigte und dabei mit Tirards Arbeitsstab konstruktiv zusammenarbeitete. Zunächst sammelten ihre mehrheitlich französischen Mitarbeiter Daten über die deutsche Rüstungsindustrie im Rheinland, um deutsche Technologie für die französische Wiederaufrüstung nach dem Krieg nutzbar zu machen. Später widmete sich die Kommission nahezu ausschließlich den wirtschaftlichen Problemen der Besetzung, wobei sie ihre Informationen aus der Hand sogenannter *sections économiques* erhielt, die in den rheinischen Metropolen eingerichtet worden waren; die Kommission wollte vor allem Einblick in die Leistungsfähigkeit der rheinischen Wirtschaft gewinnen. Selbstverständlich erfolgte das Studium der rheinischen Ökonomie nicht ohne politische Hintergedanken: Die Möglichkeit einer rheinisch-französischen Zusammenarbeit auf wirtschaftlichem Gebiet sollte geprüft werden; ja mehr noch, Frankreich wünschte langfristig eine Orientierung der rheinischen Wirtschaft am französischen Markt und wollte auf diese Weise das linke Rheinufer ökonomisch vom Reich abkoppeln. Um den Bewohnern der betroffenen Gebiete diese Lösung guten Gewissens nahelegen zu können, dachte man laut darüber nach, ob und in welchem Umfang die Bevölkerung des linken Rheinufers von zukünftigen Reparationsforderungen ausgenommen werden sollte. Die Gründung der *Commission pour la rive gauche du Rhin* in Paris im Januar 1919, die unter dem Vorsitz von Jacques Seydoux den „Services Maugas" als Rückhalt diente, spricht für das Wohlwollen, das die französische Regierung den wirtschaftspolitischen Plänen führender Köpfe der französischen Streitkräfte im besetzten Rheinland entgegenbrachte[6].

Auf eine Mobilisierung der rheinischen Bevölkerung zugunsten der französischen Rheinlandforderungen zielte vor allem der Aufbau einer regen französischen Propaganda. Die Anfänge reichen in die ersten Monate des Jahres 1919 zurück. Es waren Mitglieder der französischen Besatzungstruppen, die Dringlichkeit und Chancen einer an Frankreichs Sicherheitsinteressen ausgerichteten politischen Aufklärungskampagne am Rhein schnell begriffen hatten und auch erste Konzepte entwarfen. Ein Offizier, der sich in der von französischen Streitkräften besetzten Aachener Region umgesehen hatte, beklagte in einer Note aus den ersten Januartagen[7] bitter das Fehlen jeglicher Versuche, die rheinische Bevölkerung im profranzösischen Sinne zu beeinflussen;

6 Die „Services Maugas" werden ausführlicher behandelt in: J. Bariéty 1974, S. 63ff.

7 *Note sur la nécessité d'organiser un centre de propagande française par le livre, la brochure et le journal dans la région rhénane occupée par les troupes françaises* – Archives du Ministère des Affaires étrangères, Paris (künftig: AMAE) Série „Maison de la Presse"/Information, Propagande 6, Bll. 51-55.

angesichts des revolutionären Umbruchs im Reich und des sich daraus ergebenden politischen Vakuums schien ihm die Abstinenz der Besatzungsbehörden in Sachen politischer Propaganda geradezu unverständlich. Er forderte daher zügige Abhilfe.

Tirard hat das Papier mit einer befürwortenden Stellungnahme versehen und an den *Quai d'Orsay* weitergeleitet; die Initiative entsprach offensichtlich seiner eigenen Beurteilung der Lage am Rhein. Das Placet aus Paris ließ nicht lange auf sich warten. Bereits Ende Februar konnte Tirard in einem seiner regelmäßigen politischen Berichte dem Kriegsministerium melden, daß die französische Propaganda am Rhein sich »en pleine organisation«[8] befinde. Der von Tirard Anfang 1919 eingesetzte Arbeitsstab trat später unter der Federführung Bizards als *Section Presse et Information* des *Haut Commissariat français* in Koblenz in Erscheinung. In Paris war Kommandant Chaix[9] damit beauftragt worden, zwischen dem rheinischen Presse- und Informationsbüro der Besatzungstruppen und den zuständigen Ministerien zu vermitteln; logistische Überlegungen mögen bei der Einrichtung der „Services Chaix" in Paris auch eine Rolle gespielt haben, da eine erfolgreiche französische Kulturpolitik am Rhein ohne intellektuellen Nachschub aus Frankreich kaum möglich war.

In den ersten Entwürfen für eine wirksame „Aufklärungsarbeit" auf dem besetzten linken Rheinufer dominierten recht kompromißlose Vorstellungen. Sie liefen darauf hinaus, der Bevölkerung in den Besatzungszonen ihre klägliche Rolle als Unterlegene des Weltkrieges, den sie aus französischer Sicht auch noch moralisch zu verantworten hatte, drastisch vor Augen zu führen[10]. Sie sollte dazu gebracht werden, »la véritable situation morale de l'Allemagne dans le monde« zu bedenken[11]; sie sollte ihre Fähigkeit zu trauern unter Beweis stellen. In diesem Sinne versprach man sich von politischer Propaganda am Rhein eine erfolgreiche »colonisation morale«[12] der Bevölkerung. Die Schonungslosigkeit, mit der die Bewohner der besetzten Gebiete politisch aufgeklärt werden sollten, erstaunt nicht, wenn man berücksichtigt, daß diese Überlegungen von Angehörigen der französischen Besatzungsarmee stammten: Die Waffen ruhten zwar bereits seit November 1918; die Feindbilder, die sich während des Krieges verfestigt hatten, waren aber nach wie vor virulent. In den Augen der meisten Franzosen – und vor allem ihrer Militärs – waren alle Deutschen preußisch infizierte Militaristen, die

8 Tirard, *Rapport politique* vom 26.2.1919 – AN, AJ[9] 2899.

9 Chaix war maßgeblich am Aufbau der amtlichen französischen Propaganda während des Weltkrieges beteiligt; seit Mai 1918 leitete er das *Centre d'action de Propagande contre l'Ennemi* bis zu dessen Aufhebung im Juli 1919. Als Mitarbeiter des *Service de Propagande* in der *Maison de la Presse*, die dem französischen Außenministerium unterstellt war, führte er seine Vermittlertätigkeit für den *Service Presse et Information* im besetzten Rheinland fort; vgl. AMAE, Série „Maison de la Presse"/Information, Propagande 1, 2.

10 Vgl. die Vorschläge, die der Delegierte des Kreises Kreuznach, Oberst Philippe, am 20.2.1919 dem Oberkommandierenden der französischen Streitkräfte im Rheinland, General Mangin, unterbreitete: Sie gipfeln in einem »ordre d'urgence des thèmes à développer: a) les causes et les responsabilités de la guerre, b) l'effort français et l'étendue de la victoire des Alliés, c) les méthodes de guerre: dévastations systématiques d'abord, puis atrocités.« – AN, AJ[9] 6338.

11 *Note sur la nécessité d'organiser un centre de propagande ... par les troupes françaises* – AMAE, Série „Maison de la Presse"/Information Propagande 6, Bl. 54.

12 Ebd., Bl. 54.

es nach der Katastrophe des von ihnen vom Zaun gebrochenen Weltkrieges auch moralisch in die Knie zu zwingen galt. Die Siegerpose bestimmte daher das Benehmen zahlreicher französischer Soldaten gegenüber der Bevölkerung im besetzten Rheinland, ein Verhalten, das als ein Problem der inneren Führung die französische Militärverwaltung noch beschäftigen sollte[13].

Tirard hatte dagegen erkannt, daß eine politische Propaganda, die nahezu ausschließlich auf eine Demütigung der rheinischen Bevölkerung angelegt sein sollte, ihr Ziel, nämlich »rapprocher les Rhénans de la France« und »accentuer le mouvement séparatiste«, wohl nicht nur nicht erreichen werde, sondern auch noch kontraproduktiv sei: »Pour accentuer le mouvement séparatiste, il faut ... montrer non pas les crimes de l'Allemagne, ce qui ne peut qu'attiser les haines, mais les fautes de la Prusse et sa responsabilité dans la guerre.«[14] Im Vergleich zu den rigiden Rezepten der französischen Militärs versprach Tirards sanfte Methode von Anfang an größere Erfolge. Sie zeichnete sich durch die Erkenntnis aus, daß die Bevölkerung des linken Rheinufers, die für die französischen Rheinlandpläne gewonnen werden sollte, nicht gleichzeitig vor den Kopf gestoßen werden konnte. Die Rheinländer sollten daher von der allgemeinen Ächtung der Deutschen durch die Franzosen ausgenommen werden, sie sollten den Preußen entgegengestellt werden, in denen man den eigentlich schuldigen und gefährlichen Aggressor erblickten sollte; Tirard wartete mit einer „rheinischen" Neuauflage des in die Anfänge der Dritten Republik zurückreichenden Bildes der *deux Allemagnes* auf und überwand auf diese Weise das monolithische Feindbild *eines* Deutschlands aus der Kriegszeit. Eine vermeintlich günstige Ausgangslage, die sich aus dem Zusammentreffen von revolutionärem Umbruch und Rheinlandbewegung im Winter 1918/19 ergab, mag ihn darin bestärkt haben. Die moderate Gangart, die Tirard eingeschlagen hatte, um die Bewohner des besetzten Rheinlands für Frankreichs Interessen zu gewinnen, setzte sich schließlich gegen die mehrheitlich kompromißlosen Vorstellungen aus den Rängen der Besatzungsarmee durch und bestimmte in der zehnjährigen Besatzungszeit Wesen und Walten der französischen Propaganda am Rhein.

Bei den anglo-amerikanischen Alliierten stießen Frankreichs Ambitionen auf dem linken Rheinufer, die nicht nur am Verhandlungstisch in Paris, sondern auch in Fochs Dispositionen im besetzten Rheinland unmißverständlich zum Ausdruck gebracht worden waren, auf wenig Verständnis. Im Frühjahr 1919 kam es zu ersten und folgenreichen Auseinandersetzungen zwischen den Siegermächten, die mit dem erzwungenen Verzicht Frankreichs auf eine dauerhafte Etablierung am Rhein endeten[15]. Die Reibereien führten in den besetzten Gebieten zu Neuerungen administrativer Natur: Am 21. April 1919 beschloß eine Konferenz der alliierten Außenminister die Einsetzung einer *Commission*

13 Vgl. S. 39ff.

14 Tirard, *Rapport politique* vom 26.2.1919 – AN, AJ^9 2899.

15 Eine gründliche Darstellung der Vorgänge bieten: J.C. King, *Foch versus Clemenceau*, Cambridge (Mass.) 1960; P. Miquel, *La Paix de Versailles et l'opinion publique française*, Paris 1972, S. 281ff.; J. Bariéty 1977, S. 46ff.; W.A. McDougall, *France's Rhineland Diplomacy 1914-1924. The Last Bid for a Balance of Power in Europe*, Princeton 1978, S. 57ff.; H. Köhler, a.a.O., S. 257ff.

Interalliée des Territoires Rhénans (C.I.T.R.), die am 29. April in Luxemburg zum ersten Mal zusammentrat. Die Kommission sollte die von Tirard eingerichteten „Services" integrieren und auf diesem Wege der interalliierten Kontrolle unterwerfen. Allerdings wurden die Absichten der Anglo-Amerikaner durch den Umstand, daß Tirard, der zum *Commissaire de la République Française* ernannt worden war, im Mai auch den Vorsitz der *C.I.T.R.* übernahm, nicht nur unterlaufen, sondern geradezu in ihr Gegenteil verkehrt: die administrativen Veränderungen in der interalliierten Militärverwaltung des Rheinlands führten zu einer Stärkung der Position Tirards und der paradoxen Situation, daß Frankreich – ungeachtet der Niederlage am Pariser Verhandlungstisch – sich im besetzten Rheinland gleichwohl zu behaupten wußte[16]. Der Rückschlag, den die französische Diplomatie während der Friedensverhandlungen erlitten hatte, veranlaßte Frankreich offensichtlich nicht dazu, seine auswärtige Politik zu überdenken und Friedensziele, die sich nicht als konsensfähig erwiesen hatten, zurückzunehmen; im Grunde hielt es an seiner Forderung nach der Rheingrenze fest; eine Rheinlandpolitik mit doppeltem Boden[17] war die unausweichliche Konsequenz. Erfolge in der Besatzungspolitik vor Ort ließen trügerische Hoffnungen auf eine Revision der Entscheidungen der Friedenskonferenz aufkommen. Das sollte sich auch nach der Unterzeichnung der Friedensverträge nicht wesentlich ändern.

Mit dem Versailler Vertrag vom 28. Juni 1919 wurde die Wendung, die die Friedensverhandlungen im Frühjahr 1919 hinsichtlich der Rheinlandfrage genommen hatten, bestätigt und festgeschrieben: Die Besetzung des entmilitarisierten Rheinlands durch interalliierte Truppenverbände war auf 15 Jahre befristet und sollte »die Ausführung des gegenwärtigen Vertrages durch Deutschland sicherstellen«[18]; die Räumung der besetzten Gebiete, die jeweils nach fünf Jahren in mehreren Schüben von Norden nach Süden vorgenommen werden sollte, war allerdings an die Erfüllung der Reparationsforderungen durch das Deutsche Reich gebunden[19]. Die in Versailles ausgehandelte Friedenslösung trug Frankreichs Forderung nach Wiedergutmachung der erheblichen Schäden, die der Krieg seiner Volkswirtschaft zugefügt hatte, weitgehend Rechnung, und die drohende Wahlparole „L'Allemagne payera!" schien erfüllt. Dagegen waren seine vorrangigen Sicherheitsinteressen auf dem linken Rheinufer nur bedingt durchgesetzt worden, da die militärische Präsenz der Siegermächte im Rhein-

16 Vgl. J. Bariéty 1974, S. 74.
17 Vgl. ebd., S. 73.
18 Art. 428 des Friedensvertrages vom 28.6.1919. Die diplomatischen und juristischen Grundlagen der Rheinlandbesetzung von 1920-1930 sind zusammengestellt und übersichtlich dokumentiert (u.a.) bei: W. Vogels, *Die Verträge über Besetzung und Räumung des Rheinlandes und die Ordonnanzen der Interalliierten Rheinlandoberkommission in Koblenz*, Berlin 1925. W. Vogels war Regierungsrat beim Reichskommissar für die besetzten Gebiete in Koblenz und im Reichsministerium für die besetzten Gebiete. Er hat mehrere Handbücher zur interallierten Militäradministration im besetzten Rheinland verfaßt, die zum verwaltungsinternen Gebrauch im Reich und in Preußen bestimmt waren und in ihrer Ausführlichkeit auch heutigen Historikern noch nützlich sind; aus praktischen Erwägungen heraus wurde hier die verhältnismäßig umfassende Dokumentation aus dem Jahre 1925 ausgewählt und der Darstellung zugrundegelegt. Die wichtigsten Bestimmungen des Versailler Vertrages sind dort S. 41ff. wiedergegeben, Art. 428 auf S. 43.
19 Art. 429-432, ebd., S. 43f.

land von Anfang an zeitlich begrenzt war; auch der Garantievertrag, den England und die Vereinigten Staaten zusätzlich mit Frankreich abgeschlossen hatten, konnte das französische Sicherheitsbedürfnis kaum zufriedenstellen. Überhaupt mußte der Weg zu einer dauerhaften Etablierung Frankreichs auf dem linken Rheinufer nach der Unterzeichnung der Friedensverträge als nunmehr endgültig verbaut gelten. Daher ist es begreiflich, wenn das umstrittene Vertragswerk weiten Teilen der französischen Öffentlichkeit eine herbe Enttäuschung bereitete[20].

Im sogenannten Rheinlandabkommen, das von den vier Besatzungsmächten England, Amerika, Belgien und Frankreich und dem Deutschen Reich paraphiert und dem Friedensvertrag als Anlage beigefügt wurde, waren in 13 Artikeln Einzelheiten über Art und Umfang der Befugnisse der alliierten Militärverwaltung im Rheinland niedergelegt[21]. Den Bestimmungen des Abkommens folgend, waren die Besatzungsmächte vom 20. Januar 1920 an durch ein ziviles Gremium, die *Haute Commission Interalliée des Territoires Rhénans*, vertreten, dem je ein Repräsentant der Besatzungsmächte angehörte; die vier Hochkommissare konnten sich auf nachgeordnete Verwaltungsabteilungen stützen. Die Hauptaufgabe der *H.C.I.T.R.*, die in Koblenz – im Gebäude des Oberpräsidenten der Preußischen Rheinprovinz – ihr Quartier aufschlug, bestand darin, alles Notwendige für Sicherheit und Unterhalt der Besatzungstruppen zu veranlassen; die gesamten Kosten der Rheinlandbesetzung waren dem Reich aufgebürdet. Das Besatzungsstatut war auf eine friedliche Koexistenz der Administrationen, der interalliierten Militärverwaltung einerseits und der Behörden des Reiches und der Länder andererseits, angelegt. Die Souveränität der deutschen Verwaltung, die im Prinzip unangetastet blieb, konnte in Einzelfällen durch das Recht der Hohen Kommission, Verordnungen mit Gesetzeskraft zu erlassen, eingeschränkt werden. Sieht man einmal vom Jahr 1923, dem Höhepunkt der internationalen Krise, ab, in dem die *H.C.I.T.R.* von diesem Recht inflationären Gebrauch machte und das besetzte Gebiet mit einer Flut von restriktiven Maßnahmen überzog, so kann man doch vom guten Willen der Besatzungsmächte ausgehen, die Rheinlandbesetzung für alle Beteiligten glimpflich über die Bühne zu bringen[22].

20 P. Miquel, a.a.O., S. 543ff., spricht von »la fin des illusions«: Während das Scheitern der Wilsonschen Plane fur eine vom Volkerbund verwaltete, aggressionsfreie Nachkriegsordnung den pazifistischen Hoffnungen der französischen Linken einen schweren Schlag versetzte, löste der erfolgreiche Widerstand der alliierten Vertragspartner gegen eine »paix française« im rechten Lager der französischen Öffentlichkeit Ratlosigkeit und Verzweiflung aus: »l'opinion publique allait subir, dans ce domaine, ... la plus cruelle des désillusions«, denn: »Il n'y avait pas d'indemnité de guerre dans le style de 1871, mais un problème international de la dette, dont la dette allemande ne serait qu'un cas particulier«, und »la résignation de Clemenceau devant la solution de l'occupation temporaire par tranches, sans rectification de la frontière, était un échec flagrant, scandaleux pour les partisans de Foch«. – Ebd. S. 546f.

21 Vgl. W. Vogels, a.a.O., S. 44ff.

22 Vgl. die §§ 1 und 2 des Antwortschreibens der vier alliierten Regierungen vom 29.7.1919 an die Reichsregierung, die mit zwei Denkschriften vom 12.7.1919 die Diskussion um eine angemessene Auslegung des Rheinlandabkommens eröffnet hatte: »Les Gouvernements alliés et associés ont toujours eu l'intention de rendre l'occupation le moins lourde possible aux populations civiles de la rive gauche du Rhin, sous la réserve que l'Allemagne

Mit den Bestimmungen des Rheinlandabkommens war ein weiter Rahmen abgesteckt, in dem die Siegermächte ihre Besatzungspolitik individuell gestalten konnten. Während die englische und die amerikanische Besatzungsmacht sich im wesentlichen darauf beschränkten, ihre Truppenverbände im Rheinland zu versorgen, verstanden sich die Befehlshaber der französischen Streitkräfte im Rheinland – und in ihrem Schlepptau auch die Belgier – meisterhaft auf eine dynamische Auslegung der Buchstaben des Besatzungsstatuts und wußten den Spielraum, den das Arrangement ihnen gab, intensiv zu nutzen. Es hatte sich nämlich sehr bald herausgestellt, daß die französische Regierung, ungeachtet der gegenläufigen Bestimmungen des Versailler Vertrages und mit separatistischen Wirren auf dem linken Rheinufer konfrontiert, die Hoffnung auf eine Revision der Machtverhältnisse zu ihren Gunsten noch nicht begraben hatte[23] und daher langfristig an ihrer rheinischen Option festzuhalten gedachte. Die französische Besatzungspolitik stand im Zeichen hartnäckiger Illusionen, die zahlreichen französischen Politikern, allen voran Tirard, den Blick für die politischen Realitäten im Rheinland verstellten; in ihrer Folge entwickelte das französische *Haut Commissariat* eine rege politische „Missionstätigkeit" in den französischen Besatzungszonen, die zwar nicht gegen das Rheinlandabkommen verstieß, das zur Versorgung der französischen Streitkräfte Gebotene aber deutlich überstieg. Es war Frankreichs Ambitionen im Rheinland sehr förderlich, daß mit dem Beschluß, die *H.C.I.T.R.* zur Regelung der Besatzungsfragen vor Ort einzusetzen, die im April provisorisch eingerichtete *Commission Interalliée des Territoires Occupés* amtlich wurde. Die französische Regierung bestätigte Tirard in seiner bisherigen Funktion, indem sie ihn zum *Haut Commissaire de la République française* ernannte; Tirard erhielt zudem den Vorsitz in der Rheinlandkommission. Als die Amerikaner, die das Rheinlandabkommen nicht ratifiziert hatten, sich zu Beginn des Jahres 1923 ganz aus ihrem atlantischen Engagement zurückzogen, verschoben sich die Gewichte im alliierten Verwaltungsgremium noch stärker zugunsten Frankreichs; die französischen Besatzungstruppen übernahmen die ehemalige amerikanische Zone und okkupierten den weitaus größten Teil des linken Rheinufers, der ungefähr der Fläche des heutigen Bundeslandes Rheinland-Pfalz entsprach. Mit Tirards gesicherter Position in der *H.C.I.T.R.* war die Kontinuität der französischen Besatzungspolitik im Rheinland über den Versailler Friedensvertrag hinaus[24] gewährleistet; Frankreich konnte sein Projekt, die Bevölkerung des linken Rheinufers vom Vorteil einer umfassenden Orientierung nach Frankreich zu überzeugen, fortführen; der *Service Presse et Information*, der offenbar problemlos in die alliierte Militärverwal-

exécutera strictement les clauses du Traité de Paix.«, in: W. Vogels, a.a.O., S. 52ff., hier S. 52.

23 Vgl. folgenden Auszug aus dem Protokoll der *Conférence Interalliée pour la Propagande dans les Pays Rhénans* vom 7.7.1919 in Paris, an der vor allem Franzosen teilgenommen hatten, darunter Kommandant Chaix, der Pariser Kontaktmann des von Tirard während des Waffenstillstands ins Leben gerufenen französischen Informations- und Pressedienstes im Rheinland, und Leutnant Petit als Stellvertreter Tirards: »... Il n'est pas douteux que la proclamation du Traité de Paix ait fait perdre une partie du terrain gagné par notre travail antérieur, mais bien que la proclamation [i.e. eines unabhängigen Rheinstaates] ait échoué dans les pays rhénans, le mouvement a eu le bon côté de montrer la possibilité du changement de régime et de la séparation avec la Prusse. ...« – AN, AJ^9 2892bis.

24 Vgl. J. Bariéty 1975, S. 21.

tung integriert werden konnte, hatte freie Hand in der Gestaltung profranzösischer politischer Propaganda.

In der Tat war in der französischen Besatzungspolitik auf dem linken Rheinufer der politische Wille einflußreicher Kreise in Frankreich zum Ausdruck gebracht worden, über die klaren Bestimmungen des Versailler Vertrages souverän hinwegzusehen und vorsorglich Maßnahmen zu ergreifen, die Frankreichs Einfluß auf das politische Geschehen im Rheinland über die Besatzungszeit hinaus sichern sollten. Vor allem zwei Wege schienen zu diesem Ziel zu führen: Die Rheinlandbewegung kam den Kommandierenden der französischen Rheinarmee zunächst sehr gelegen; die Franzosen haben daher den rheinischen Separatismus nicht nur wohlwollend geduldet, sondern auch tatkräftig protegiert[25] und den verdienten politischen Schaden davongetragen. Aufbau und Ausbau einer weitläufigen politischen Propaganda durch den französischen Presse- und Informationsdienst erwiesen sich deshalb als die statthaftere Methode. Tirard hatte vorausschauend erkannt, daß diese Strategie wohl kaum schnelle Erfolge verhieß, sondern vielmehr langen Atem erforderte und einer entsprechend großzügig bemessenen finanziellen Grundlage bedurfte, und daher rechtzeitig beim französischen Außenministerium interveniert, um die Bereitstellung der Gelder zu erwirken[26]. Als langfristige Investition der französischen

25 Die Rheinlandbewegung ist von der (deutschen) Forschung gründlich aufgearbeitet worden; es erübrigt sich, die Ereignisse ein weiteres Mal aufzurollen. Folgende Hinweise auf die wichtigsten Publikationen mögen daher genügen: Zusammenfassende Darstellungen des rheinischen Separatismus bieten: E. Bischof, *Rheinischer Separatismus 1918-1924. Hans Adam Dortens Rheinlandbestrebungen*, Bern 1969; H. Lademacher in seinem Beitrag *Die nördlichen Rheinlande von der Rheinprovinz bis zur Bildung des Landschaftsverbandes Rheinland (1815-1953)*, S. 693-699, in: *Rheinische Geschichte*, Bd. 2: *Neuzeit*, hrsg. von F. Petri, M. Braubach, K.-G. Faber, H. Lademacher, Düsseldorf ^{3}1980, S. 474-843, und K.-G. Faber in seinem Beitrag *Die südlichen Rheinlande von 1816 bis 1956*, S. 429-438, in: ebd., S. 367-464. K. Reimer, *Rheinlandfrage und Rheinlandbewegung (1918-1933)*, Frankfurt/Bern/Las Vegas 1979, hat als erster die in den AN aufbewahrten *Papiers Tirard* einsehen und in seine Forschungen einbeziehen können. Vgl. auch H.E. Nadler, *The Rhenish Separatist Movements During the Early Weimar Republic 1918-1924*, New York/London 1987. Die jüngst vorgelegte landesgeschichtliche Dissertation von M. Süss, *Rheinhessen unter französischer Besatzung vom Waffenstillstand im November 1918 bis zum Ende der Separatistenunruhen 1924*, Stuttgart 1988, beruht ebenfalls auf einem umfassenden Studium in- und ausländischer Archivalien. Vorher hatte man sich mit der *Sammlung Jung* (BA Koblenz, ZSG 105) beholfen, einem Restbestand mangelhafter Abschriften aus den *Papiers Tirard*, die während des 2. Weltkrieges von Mitarbeitern der Archivgruppe beim deutschen Militärbefehlshaber von Frankreich angefertigt worden waren: vgl. auch P. Hüttenberger in einer Spezialstudie zum pfälzischen Separatismus *Methoden und Ziele der französischen Besatzungspolitik nach dem Ersten Weltkrieg in der Pfalz*, in: *Blätter für deutsche Landesgeschichte 108* (1972), S. 105-122. Die Eignung des Separatismus-Begriffes als politisches Schlag- und Schimpfwort kommt in den Arbeiten zur Rolle Konrad Adenauers in der Rheinlandbewegung zum Ausdruck: K.D. Erdmann, *Adenauer in der Rheinlandpolitik nach dem Ersten Weltkrieg*, Stuttgart 1966, will Adenauer vom Vorwurf des Vaterlandsverrats freisprechen, der zuerst von den Nationalsozialisten gegen den ehemaligen Kölner Oberbürgermeister erhoben worden war; H. Köhler, *Adenauer und die rheinische Republik. Der erste Anlauf 1918-1924*, Opladen 1986, hingegen stellt Adenauer als einen rheinischen Realpolitiker dar, der sich nicht zur Vertretung reichsdeutscher Belange berufen fühlte.

26 Vgl. Tirard am 29.10.1919 an den französischen Außenminister: »... La propagande, si

Regierung in Frankreichs politische Zukunft am Rhein sollte die französische Propaganda den rheinischen Separatismus aufgreifen und argumentativ untermauern; um Frankreichs Prestige zu wahren, sollte das Presse- und Informationsbüro jedoch mit der gebotenen Vorsicht zu Werke gehen.

2. Die Opportunität historischer Propaganda

Die Leitgedanken der politischen Propaganda des *Haut Commissariat* im Rheinland hat der Trierer Delegierte der Hohen Kommission, Oberst Cochet, in einer vertraulichen Note, wenngleich auch etwas unsystematisch, so doch beispielhaft zusammengestellt; die aufschlußreichen Ausführungen des französischen Militärs seien daher in gekürzter Fassung an den Anfang gestellt:

> Puisque nous n'avons pas annexé purement et simplement ce pays, la création d'un Etat tampon neutre entre l'Allemagne et nous est certainement un idéal vers lequel nous devons tendre. Tout progrès dans ce sens est un gain. Est-ce à nous d'y travailler directement? Non, certes, ce serait risquer de disqualifier l'idée, de compromettre la cause aux yeux de beaucoup de Rhénans sincères, mais animés d'un patriotisme purement local, sans haine intransigeante à notre égard. Ce serait surtout donner une arme trop puissante à ses adversaires qui auraient beau jeu pour crier à la trahison.
> La question est posée devant l'opinion allemande. Nous pouvons aider grandement une solution favorable à nos intérêts sans prendre ouvertement parti.
> Un des meilleurs atouts que nous ayons dans notre jeu est le désaccord, l'antipathie qui existe entre la population et ses maîtres.
> Amener la population à nous mieux connaître.
> Affirmer en toutes circonstances notre force vis-à-vis de l'autorité prussienne.
> Éviter tout arbitraire et toute vexation.
> Tâcher de faire comprendre que les intérêts de la région sont plus dans la liaison avec les voisins de l'Ouest qu'avec les Prussiens de l'Est de l'Elbe.
> Voilà quel doit être notre programme. ...
> (Moyens à employer):
> – En premier lieu, maintenir à tout prix le prestige de vainqueurs.
> – ... ne manquons pas une occasion de montrer aux populations que, si la domination prussienne est toute d'arbitraire, de partialité et de vénalité, la nôtre est toute de ferme justice, d'impartialité et d'honnêteté. ...
> – Les conférences françaises ... n'atteignent pas toujours leur but. Le conférencier est quelque fois dangereux, ... il n'est pas toujours très adroit de nous encenser béatement, en rappellant en même temps à ces boches des crimes qu'ils ont commis de complicité avec ceux dont nous voulons les détacher.
> Tous ces moyens, que nous venons de passer en revue, sont ce que nous pourrons appeler la propagande morale et intellectuelle.[27]

le gouvernement de la République estime ne pas devoir se désintéresser de la question rhénane, doit etre conçue sur un cadre large et proportionné à l'étendue des territoires occupés, à l'importance de leur population, ainsi qu'à la difficulté de la tâche à réaliser. L'ordre de grandeur des moyens à concevoir doit être au moins égal à ceux adoptés pour le Commissariat Général d'Alsace et de Lorraine.« – AN, AJ^9 3818.

27 Cochet, *Note sur la propagande* vom 17.6.1920 – AN, AJ^9 6177-64.

Um den angestrebten Erfolg der französischen „Mission" auf dem linken Rheinufer zu gewährleisten, mußten vor allem zwei Gebote befolgt werden. Das erste hieß: Nutze die antipreußische Stimmung im Rheinland der Nachkriegszeit und verwandle sie in eine profranzösische. Die rheinische Bevölkerung sollte aus ihrer 1815 erzwungenen Bindung an Preußen befreit und sogleich Frankreich zugeführt werden; das preußische Regime, eine unberechenbare Tyrannis nach französischer Einschätzung, galt als gründlich diskreditiert, und man glaubte, die Rheinländer durch eine gerechte und integre Besatzungspolitik nachhaltig beeindrucken und für eine „Westintegration" gewinnen zu können. Die französische Propaganda verfolgte – unbestritten – separatistische Ziele. Doch das *Haut Commissariat* mußte dabei höchste Vorsicht walten lassen. So lautete das zweite Gebot: Handle diskret. Das separatistische Engagement der französischen Besatzungsmacht sollte vor der kritischen Weltöffentlichkeit heruntergespielt, wenn nicht weitgehend verborgen werden, da es sonst Frankreichs Prestige als Siegermacht geschädigt und den möglichen Erfolg der Rheinlandbewegung gefährdet hätte. Nachdem sich immer deutlicher herausgestellt hatte, daß man schnell kompromittiert war, sobald man direkt in die separatistischen Unruhen verwickelt wurde, verlegte sich die französische Militärverwaltung mit wachsendem Eifer darauf, die Ablösung der Rheinprovinz von Preußen, die in ihren Augen unumgänglich war, auf Umwegen, über moralische und intellektuelle Propaganda, zu beschleunigen. Wie das Beispiel des wohlmeinenden, naiven Vortragsredners zeigt, war auch der indirekte Zugang zu langfristig gesichertem französischem Einfluß auf dem linken Rheinufer nicht frei von Fallstricken: Die französische Propaganda als solche bedurfte gleichermaßen der Diskretion und des politischen Fingerspitzengefühls[28]. Es konnte Frankreichs Ambitionen am Rhein kaum zuträglich sein, wenn das moralische Gefälle zwischen den siegreichen Franzosen und den Rheinländern, die in besonderer Weise die Folgen des verlorenen Krieges zu spüren bekamen, jedes vernünftige Maß zu überschreiten und den Keil noch tiefer zwischen beide Lager zu treiben drohte; die Propagandaoperationen sollten vielmehr Franzosen und Rheinländer einander näher bringen.

Cochets Note zur französischen Propaganda kann sicherlich als ein Dokument für die inzwischen erfolgte Verbreitung der Vorstellungen Tirards von einer vielverspre-

28 Vgl. auch Tirard in einer gutachterlichen Stellungnahme zur beabsichtigten Neugestaltung der bereits im Mai 1919 gegründeten französischen Wochenschrift *Le Rhin Illustré* (Erscheinungsort: Mainz) vom 9.3.1920, die an Bizard, den Chef des französischen Presse- und Informationsbüros, adressiert war: »... Si la partie économique du journal est soigneusement tenue à jour et fournit au commerce rhénan des occasions de gain au lieu de lui donner l'impression très justifiée jusqu'ici par les banques françaises et alliées, qu'on le boycotte, – si la partie littéraire a de la tenue, l'oeil ouvert sur le mouvement des idées françaises et allemandes, un caractère objectif, strictement neutre, – si l'Allemand qu'on y donnera n'est pas un exercice de forts en thème, – si les études historiques ne sont pas des morceaux d'apologie massive, transmis pour exécution, – si enfin, par leur tenue, les officiers d'occupation comprennent qu'ils ont un rôle à jouer dans l'oeuvre française de propagande, peut-être le journal se répandra-t-il. Je m'en ferai alors le camelot très dévoué.« – AN, AJ[9] 6176-63, ein gutes Beispiel für allseitig gefordertes Einfühlungsvermögen bei der Umsetzung des politischen Programms der französischen Besatzungsmacht in Propaganda.

chenden französischen Besatzungspolitik am Rhein gewertet werden[29]. Tirard hatte von Anfang an dafür plädiert, im Interesse der französischen Sache auf alle Allüren einer siegreichen Besatzungsmacht zu verzichten, die die rheinische Bevölkerung abschrecken mußten; statt dessen hatte er vorgeschlagen, in den Bewohnern des linken Rheinufers die – politisch aufgeschlossene – bessere Hälfte der Deutschen zu erblicken, die seit hundert Jahren unter dem preußischen Joch gelitten und wohl nur gegen ihren Willen den Krieg mitgetragen hätten. Allein mit dieser hintergründigen Konstruktion, die politischem Kalkül erwachsen war, konnte eine umsichtige Propaganda ins Auge gefaßt werden, die die rheinische Bevölkerung Frankreich politisch näher bringen sollte.

Historische Propaganda, vermittelt über eine breite Streuung historischer Argumente in der politischen Rede, schien die oben genannten Gebote für eine erfolgversprechende französische Politik im besetzen Rheinland in geradezu idealer Weise zu erfüllen; vom Nutzen und Vorteil der Historie für die französische Propaganda am Rhein handeln folgende Überlegungen des Chefs des französischen Presse- und Informationsdienstes, die an Deutlichkeit nichts zu wünschen übriglassen:

> L'évocation d'un fait historique, emprunté de préférence à la période de la Révolution ou de l'occupation française et traité le plus possible en forme anecdotique – cette évocation devra toujours exalter le particularisme rhénan ou les affinités de race, de moeurs, de traditions, d'intérêts entre les pays des bords du Rhin et la France.
> L'article [historique] est un élément de propagande, mais de propagande très discrète, où la tendance française devra être masquée par de [!] l'objectivité historique. Il doit autant que possible s'inspirer de l'actualité.[30]

Bemerkenswert erscheint vor allem Bizards originelle Vorstellung von der Macht der Historiographie; mit der Verbreitung des Historismus und der Professionalisierung der Geschichtsschreibung im 19. Jahrhundert in Deutschland und – unter anderen Umständen und zeitlich verzögert – auch in Frankreich[31], ging der Historiographie der Ruf mehr oder minder strikter Objektivität voraus. Das Bemühen um wahrheitsgemäße Darstellung des Vergangenen, das der Zunft generell zugute gehalten wurde, sollte nun über die apologetischen Tendenzen der französischen Propaganda hinwegtäuschen; in unverdächtiger historischer Verkleidung sollten Frankreichs handfeste politische Ziele diskret suggeriert werden; auf diese Weise sollte nicht nur historisches

29 In diesem Zusammenhang sei angemerkt, daß Cochet noch ein bezeichnender Lapsus unterlief, als er die Formulierung »ces boches« gebrauchte; sie zeugt von tiefsitzenden antideutschen Reminiszenzen, die nach Kriegsende nicht plötzlich getilgt werden konnten. So kann man davon ausgehen, daß in den Gemütern der hohen französischen Militärs im Rheinland die alten Feindbilder mit den neuen Einsichten über ein der französischen Sache dienliches Auftreten als Besatzungsmacht im Wettstreit lagen.

30 Bizard in einem Entwurf für die Neugestaltung des *Le Rhin Illustré* vom 8.2.1920 zum Stichwort *page d'histoire* – AN, AJ^{9} 6323-33.

31 Zur Etablierung der modernen Geschichtswissenschaft in Frankreich vgl. die neueren Darstellungen: U.A.J. Becher, *Geschichtsinteresse und historischer Diskurs. Ein Beitrag zur Geschichte der französischen Geschichtswissenschaft*, Stuttgart 1986; Ch. Simon, *Staat und Geschichtswissenschaft in Frankreich und Deutschland 1871-1914. Situation und Werk von Geschichtsprofessoren in Berlin, München, Paris*, Bern 1988.

Wissen, sondern auch das noch junge Prestige der Geschichtswissenschaft instrumentalisiert werden. So glaubte man sich in den Gefilden historischer Propaganda wohl relativ sicher vor berechtigtem Mißtrauen gegen jegliche Versuche politischer Umgarnung[32]. Nicht allein der Umstand, daß historische Propaganda eine ausgesprochen subtile Form politischer Werbung zu sein schien, deren persuasive Absichten verborgen blieben, ermunterte zum Einsatz historischer Argumente: auch Frankreichs Interesse am Erfolg der Rheinlandbewegung legte den Griff zur Historie nahe. Das Studium der Geschichte, vor allem des Zeitalters der Französischen Revolution im Rheinland, sollte den Nachweis einer prägenden gemeinsamen Vergangenheit erbringen und auf diese Weise das Gefühl für die Zugehörigkeit der Rheinländer zur westlichen Kultur und Zivilisation stärken; gleichzeitig sollten antipreußische Reminiszenzen in der Bevölkerung des linken Rheinufers geschürt und gepflegt werden. Die Geschichte diente gleichsam als Steinbruch, dessen Quader zum Bau eines gemeinsamen Hauses für Franzosen und „Rhenanen" geeignete Verwendung finden sollten. Bizards prägnante Ausführungen lassen den Schluß zu, daß die Instrumentalisierung der Historie ein wichtiges Gestaltungselement der französischen Propaganda auf dem linken Rheinufer gewesen ist[33]. Der Presse- und Informationsdienst der französischen Armee hat

32 Die Vorstellung Bizards, der gute Ruf der Geschichtswissenschaften ließe sich in den Dienst der französischen Propaganda stellen, hat sich natürlich als Illusion erwiesen; vgl. H.-E. Kaden, M. Springer, *Der politische Charakter der französischen Propaganda am Rhein*, Berlin 1926, S. 46f.: »Der politische Charakter der historischen Propaganda zeigt sich mit aller Deutlichkeit, wenn man beachtet, daß diese Art „historischer Aufklärung", die den Rheinländern das Deutschtum absprechen und sie zu einem Mischlingsvolk herabsetzen will, nicht nur eine Geschichtsklitterung allerübelster Sorte ist, sondern eine so grobe Fälschung der Tatsachen, daß sich schon das naive Empfinden dagegen aufbäumen muß, um so mehr, da jedermann weiß, daß Frankreich die vorgebliche Verwandschaft und Schicksalsgemeinschaft mit den Rheinländern erst entdeckt hat und seitdem beteuert, seit es die rheinischen Gebiete einzustecken trachtete.« Die markigen Worte verraten keine überdurchschnittliche Geschichtsgläubigkeit, im Gegenteil, sie belegen, daß man die apologetischen Tendenzen der historischen Propaganda des *Haut Commissariat* sehr wohl erkannt hatte. Weitere in Tendenz und Wortwahl vergleichbare zeitgenössische Analysen der französischen Kulturpolitik am Rhein enthalten: P. Hartmann, *Französische Kulturarbeit am Rhein*, Leipzig 1921; W. Steiner, *Französischer Geistesdruck am Rhein*, Rheinische Schicksalsfragen Bd. 16/17, Berlin 1927.

33 Die Kirchenpolitik stellte ein Operationsfeld von vergleichbarer Bedeutung dar. Der *Service Presse et Information* rechnete damit, daß es französischen Militärgeistlichen gelingen werde, im katholischen Milieu des Rheinlands diskret Fuß zu fassen, um dem katholischen Element gegen den preußischen Protestantismus den Rücken zu stärken und das Vertrauen der Bevölkerung zu gewinnen. Vgl. das Gutachten Chaumiés, eines Mitarbeiters im *Service P.I.*, vom 31.3.1920 zur *propagande religieuse*: »Dans notre tâche de pénétration dans les milieux allemands, aucun agent de l'idée française ne trouvera plus facilement les portes ouvertes qu'un ecclésiastique que sa robe ou son état mettent en marge de l'armée, et dont la présence n'a pas ce caractère douloureux pour les vaincus, ... Avec un prêtre ou un pasteur, un terrain neutre est immédiatement trouvé sur lequel, plus tard, pourront se rencontrer les laïques.« – AN, AJ^9 6112-22. Die religiöse Propaganda des *Haut Commissariat* fand Unterstützung in den Aktivitäten des Mainzer *Cercle Jeanne d'Arc*, einem »cercle catholique français ..., créé pour chercher sur le terrain catholique et charitable une collaboration franco-rhénane.« – AN, AJ^9 2905. Vgl. auch die Analyse von J.-M. Mayeur, *La politique religieuse du Gouvernement français et l'affaire*

konsequent und einfallsreich Geschichtspropaganda betrieben – in der irrigen Annahme, die historiographische Form werde über die apologetischen Tendenzen hinwegtäuschen und die rheinische Bevölkerung davon überzeugen, daß sie eine gemeinsame Geschichte mit Frankreich verbinde.

Die Rheinlandbesetzung führte nicht allein dazu, daß die französische Besatzungsmacht respektable Anstrengungen unternahm, um in der Rheinlandfrage doch noch eine Wende zu ihren Gunsten zu erreichen; historische Propaganda war eines von mehreren Registern, die der französische Presse- und Informationsdienst in der Hoffnung auf politischen Erfolg zog. Auf der anderen Seite bot die befristete Besetzung des linken Rheinufers interessierten französischen Historikern Gelegenheit, die Geschichte der Französischen Revolution im Rheinland anhand rheinischer Quellen zu studieren. Die Pariser Nationalarchive zeigten von Anfang an reges Interesse an den Akten aus der Zeit der ersten französischen Rheinlandbesetzung von 1794-1814, die in rheinischen Archiven verstreut lagerten, und wollten Teile dieser Bestände nach Paris überführen. Der Archivar Charles Schmidt[34], der bereits im Januar 1919 zu einer zehntägigen Informationsreise in das besetzte Rheinland aufgebrochen war, stellte in seinem Bericht an das zuständige *Ministère de l'Instruction publique et des Beaux Arts* folgende einschlägige Überlegungen an: »... S'il arrivait, en effet, que, par le traité de paix, la frontière de la France fût reportée aux limites de 1814 ..., il faudrait réclamer à l'Allemagne les papiers administratifs des cantons qui seraient réintégrés ou intégrés aux départements du Bas-Rhin et de la Moselle.«[35] Zu einem Transfer der historischen französischen Verwaltungsakten kam es indessen nicht; aber Schmidt und J. Estienne, ein Archivar aus dem Département Somme, der ihm zur Unterstützung zugeteilt wurde, erarbeiteten in den Jahren 1919-1921 ein Inventar, das in die rheinischen und Pariser Akten der ersten französischen Militärverwaltung der Rheinlande einführte[36]. Den beiden Historikern wurde großzügig Amtshilfe vom französischen Hochkommissar gewährt[37], die

rhénane (1920-1923), in: *Problèmes de la Rhénanie 1919-1930. Die Rheinfrage nach dem Ersten Weltkrieg*, Actes du Colloque d'Otzenhausen 1974, Metz 1975, S. 29-58.

34 Einige Daten zur Karriere Ch. Schmidts (1872-1956): Schmidt stammte aus dem Elsaß, er absolvierte die *École des Chartes*, arbeitete als Archivar im Département de l'Yonne und den AN in Paris. In dieser Eigenschaft war er damit beauftragt, die elsässischen und lothringischen Archive nach dem 1. Weltkrieg zu reorganisieren, er war Mitglied zahlreicher historischer Kommissionen (u.a. des *Comité des Travaux historiques et scientifiques*, der *Commission des archives diplomatiques au Ministère des Affaires Étrangères*, der *Commission pour la recherche et la publication des documents relatifs à la vie économique de la Révolution française*) und Offizier der Ehrenlegion. Diese Angaben verdankt die Verf. einer brieflichen Auskunft des leitenden Redakteurs des *Dictionnaire de Biographie française*, H. Tribout de Morembert, vom 16.3.1988.

35 Ch. Schmidt, *Rapport sur une mission dans les territoires rhénans (18.-31.1.1919)* vom 4.2.1919; der Bericht wurde am 3.7.1919 an Tirard gesandt – AN, AJ^9 2953.

36 Ch. Schmidt u.a., *Les sources de l'histoire des Territoires rhénans de 1792 à 1814 dans les archives rhénanes et à Paris*, Paris 1921; die Publikation wurde 1923 mit einem Preis der *Académie des Sciences Morales et Politiques* ausgezeichnet.

37 Vgl. Briefwechsel zwischen dem *Ministère de l'Instruction publique et des Beaux Arts* und dem *Haut Commissariat de la République française* zur Beauftragung der Archivare Schmidt und Estienne mit der Inventarisierung der rheinischen Quellen zur Revolutionsgeschichte – AN, AJ^9 2953; AN, AJ^9 6176-63; vgl. auch ein Schreiben Rousseliers, eines Assistenten im Büro Tirard, an die alliierten Hochkommissare vom 29.8.1919 mit

ihre Arbeit erleichterte; zahlreiche Freiexemplare der fertiggestellten Publikation wurden dann über das *Haut Commissariat* in Frankreich und im besetzten Rheinland gezielt vertrieben[38]. Die Hilfestellung, die die französische Militärverwaltung den französischen Archivaren leistete, dokumentiert, daß die französische Besatzungspolitik, die historiographisches Wissen in großem Stil umsetzte, ihrerseits in den Dienst der Wissenschaft gestellt werden konnte[39]. Es wäre jedoch irreführend anzunehmen, Politik und Wissenschaft hätten in einer ausgewogenen Relation des Gebens und Nehmens zueinander gestanden; der archivalische Zugriff auf die gemeinsame rheinisch-französische Geschichte der Revolutionszeit war nicht mehr als eine Marginalie, und der *Service Presse et Information* hat die Historie um ein Vielfaches strapaziert.

3. Klio und die innere Führung der französischen Besatzungstruppen

Es gehört zu den bemerkenswertesten Zügen der französischen Besatzungspolitik im Rheinland, daß historisches Wissen nicht allein in propagandistischer Absicht instrumentalisiert wurde, sondern auch intern zur Unterweisung der französischen Besatzungstruppen Verwendung fand. Während historische Argumente im Kampf um die Gunst der öffentlichen Meinung im besetzten Gebiet nichts Ungewöhnliches darstellen, mögen Geschichtslektionen für die französischen Offiziere und Soldaten zunächst eher befremden. Sie werden aber verständlich, wenn man berücksichtigt, daß die französische Rheinarmee an einem labilen Selbstverständnis laborierte – mit negativen Folgen für das Verhältnis der Besatzungsmacht zur rheinischen Bevölkerung und den erhofften Erfolg der französischen Politik am Rhein.

der Bitte um Unterstützung der französischen Initiative – AN, AJ^9 2953.

38 In der vom *Haut Commissariat de la République française* am 26.7.1921 zusammengestellten *liste de distribution* finden sich u.a. folgende Adressaten: die alliierten Hochkommissare, die Delegierten der *H.C.I.T.R.*, der französische Staatspräsident, das *Ministère de l'Instruction publique et des Beaux Arts*, das französische Verteidigungsministerium, das Außenministerium am *Quai d'Orsay*, Poincaré, Marschall Foch, Barrès, die Historiker Aulard, Mathiez, Funck-Brentano, de Pange und die Autoren des Werks. – AN, AJ^9 2953; am 23.3.1923 wies die genannte Behörde an, das Inventar an die rheinischen Archivdirektoren Hansen, Redlich, Ilgen und Bär und an die Bonner Universitätsprofessoren Hashagen und Schulte zu schicken. – AN, AJ^9 2953.

39 Während des 2. Weltkrieges nutzten deutsche Historiker ihrerseits die Gelegenheit, unter dem Schutz der deutschen Besatzung im Archiv des *Quai d'Orsay* Akten zur jüngsten Geschichte des deutsch-französischen Verhältnisses zu sichten und von zentralen Dokumenten Photokopien anzufertigen. Auf diesem Wege ist die *Sammlung Jung* des Bundesarchivs entstanden – vgl. Anm. 25; L. Zimmermann, der an den archivalischen Aushebungen in Paris beteiligt war, konnte sich in *Deutsche Außenpolitik in der Ära der Weimarer Republik*, Göttingen 1958, und in *Frankreichs Ruhrpolitik von Versailles bis zum Dawesplan*, Göttingen 1971, auf seine Aufzeichnungen aus der Pariser Zeit stützen. Auch das von V.H. Stein zusammengestellte *Inventar von Quellen zur deutschen Geschichte in Pariser Archiven und Bibliotheken*, Veröffentlichungen der Landesarchivverwaltung Rheinland-Pfalz, Bd. 39, Koblenz 1986, beruht auf Vorarbeiten, die während des 2. Weltkriegs von einer Arbeitsgruppe unter der Leitung von G. Schnaath geleistet worden waren.

Das *Haut Commissariat de la République française* hatte ein klares Konzept für die französische Politik am Rhein vorgelegt, nach dem die Bevölkerung des linken Rheinufers konziliant behandelt und mit den Mitteln politischer Rhetorik, die nicht zuletzt auf historischen Argumenten basierte, für die französischen Rheinlandpläne gewonnen werden sollte. Voraussetzung für eine erfolgreiche *pénétration pacifique* war eine möglichst unbefangene, von kriegsbedingten Feindbildern befreite Einstellung zur rheinischen Bevölkerung. Es kam darauf an, in den Rheinländern Nachbarn, wenn nicht gar Verwandte der Franzosen zu sehen; sie galten – von nun an – nicht mehr als Feinde, gegenüber denen unversöhnliche Siegerallüren der französischen Besatzungsmacht gerechtfertigt gewesen wären. Doch grau ist alle Theorie, und die Umsetzung des erfolgverheißenden Konzeptes der französischen Militärverwaltung war mit erheblichen Schwierigkeiten verbunden: Im Alltag der Rheinlandbesetzung hat sich immer wieder herausgestellt, daß zahlreiche französische Militärs, unter ihnen auch Führungskräfte der Militärverwaltung, die schwierige Aufgabe, zwischen dem Erbfeind, dem preußisch-deutschen Reich, und dem Rheinland zu differenzieren, nicht bewältigen konnten und daher nicht sicher wußten, ob sie sich auf dem linken Rheinufer im Feindesland oder unter Freunden befanden[40]. Die regelmäßige Berichterstattung Oberst Gelins, des französischen Delegierten der Interalliierten Rheinlandkommission in Bonn, an Tirard spiegelt in exemplarischer Weise das ambivalente Verhältnis vieler Franzosen am Rhein zur Bevölkerung in den Besatzungszonen; es lohnt sich daher, Gelins amtliche Korrespondenz näher zu untersuchen.

Als Universitätsstadt war Bonn in gewisser Weise Prüfstein für das Verhältnis der französischen Besatzungsmacht zur rheinischen Bevölkerung. Die Universität als geistige Metropole der Rheinprovinz stand – vermutlich aufgrund der bekanntermaßen zentralistischen Personalpolitik in Preußen – bei den Franzosen im Rufe, »la forteresse du loyalisme prussien«[41] zu sein, deren Belagerung große Anforderungen an das taktische Geschick und das Durchhaltevermögen der französischen Militärverwaltung stellen sollte. Die Bonner Alma mater galt als Hort des Feindes und wurde von der französischen Administration daher argwöhnisch beobachtet. Nachdem Gelin bereits einige Jahre auf seinem Posten in Bonn zugebracht hatte, vermerkte er lapidar in einem seiner häufigen und im übrigen wenig abwechslungsreichen Berichte, die er eigens der Universität gewidmet hatte:

> Les cours professés à l'Université sont surveillés. J'en ai fait suivre plus d'une centaine. On n'a jamais pu y relever un mot contre les Autorités d'occupation. On ne peut donc pas dire que l'Université, considérée comme un corps enseignant, soit un centre d'agitation nationaliste. Mais on peut affirmer que c'est un noyau d'individus, professeurs et étudiants, presque exclusivement composé de nationalistes.[42]

40 Vgl. auch Anm. 29.

41 Vgl. F. Piquet, Professor der Germanistik an der Universität Lille und Herausgeber der *Revue germanique*, in seinem an General Degoutte adressierten Bericht vom 14.12.1919 über eine von ihm unternommene Informationsreise in die besetzten Rheinlande (28.11.-9.12.1919) – AN, AJ^{9} 6176-63.

42 Gelin, *Rapport sur l'Université de Bonn* vom 26.2.1924 – AN, AJ^{9} 5313.

Wenn die Universitätsprofessoren in ihren Lehrveranstaltungen direkte Attacken gegen die alliierte Besatzung offenbar zu vermeiden wußten[43], so blieben sie dem französischen Delegierten als überzeugte Patrioten dennoch suspekt[44], und das Verhältnis der französischen Besatzungsmacht zu den Professoren war gespannt und dem angestrebten »désarmement moral«[45] eher abträglich. Auf der anderen Seite schien sich das düstere Bild aufzuheitern: Die Franzosen setzten große Hoffnungen in das Wirken der Bonner Romanisten E.R. Curtius, dessen Nachfolger H. Platz und L. Spitzer. Gelin hat die Vorlesungsankündigungen des Romanischen Seminars eifrig exzerpiert und

43 Als Begründung für die politische Abstinenz der Professoren während ihrer Lehrveranstaltungen wurde die Präsenz französischer Studenten angeführt, die seit dem Wintersemester 1920 an der Bonner Universität zugelassen waren: vgl. ein nicht datiertes Papier zur *Organisation générale de l'Université de Bonn*: »L'enseignement d'une façon générale est rationel et objectif. Toutefois, en histoire, on fait ressortir particulièrement les destructions, surtout celles, qui ont été l'œuvre des Français au cours des guerres précédentes. Ce qui occasionne de vives protestations de la part des élèves, mais le fait que les étudiants français font leurs études à Bonn oblige les professeurs à une grande réserve.« – AN, AJ^9 6179-66; überhaupt rechnete man fest damit, daß die französischen Gaststudenten aufgrund ihrer Sprachkenntnisse der französischen Besatzungsmacht nützliche Dienste leisten würden: vgl. Gelins *Rapport sur l'Université de Bonn* vom 25.6.1920: »... Il importe, pour unifier notre action, que, seuls, travaillent à l'Université des étudiants des Facultés françaises qui soient à même de nouer des relations avec le plus grand nombre d'étudiants possible. L'autorité militaire n'a aucune raison d'entrer en relations directes avec l'Université ...« – AN, AJ^9 6179-66.

44 Das *Haut Commissariat français* hat über die rheinischen Professoren Buch geführt und „Verhaltensauffälligkeiten" aktenkundig gemacht: vgl. das Gutachten über den Bonner Historiker W. Platzhoff, das sich in einer Akte befindet, die anläßlich der Wahl des Rektors der Bonner Universität am 1.7.1922 angelegt wurde: »Le professeur d'Histoire a toujours été investi en Prusse d'une mission particulière: celle de dénaturer les faits, de les dépeindre sous un jour particulier pour les besoins d'une cause plus ou moins juste. Le Professeur Platzhoff n'échappe point à cette loi commune. Il est difficile d'imaginer quelque chose de plus tendancieux que l'étude du Dr. Platzhoff parue dans la Festgabe dédiée à Friedrich von Bezold ... intitulée *La Rhénanie dans l'histoire allemande.* L'auteur y montre, contre toutes les données de l'histoire, que l'occupation napoléonienne n'a pas été un bienfait pour les Pays Rhénans, mais, bien au contraire, qu'elle a consisté en une exploitation de la Rhénanie au point de vue militaire. ...« – AN, AJ^9 5313; vgl. auch ein vertrauliches Papier aus dem Büro Gelin/Bonn vom 22.6.1920, das einen Aktenvermerk über den Bonner Historiker A. Schulte enthält: »Le Professeur Dr. Alois Schulte est connu depuis longtemps comme un catholique convaincu et un nationaliste ardent. ... Cependant le Professeur Schulte s'abstient de faire de la politique militante. Dans ces derniers temps, il a affiché, dans des conversations particulières, la plus complète indifférence, au point que beaucoup de personnes le considèrent comme un arriviste soucieux avant tout de ne pas être suspect au parti qui a la majorité. ...« – AN, AJ^9 6179-66; vgl. auch die Personalbögen, die der Delegierte der britischen Besatzungszone über die Professoren der neugegründeten Kölner Universität angefertigt und am 1.5.1920 an Tirard übermittelt hatte: Sie umfaßten neben den üblichen Personalangaben auch Vermerke über das politische Bekenntnis der Professoren – AN, AJ^9 6179-66.

45 Vgl. *L'Écho du Rhin*, der für die französische Besatzungstruppen kreierte *Premier Quotidien Français des Pays du Rhin* vom 9.11.1921: »Dans le domaine intellectuel, l'activité de nos autorités ... tend à assurer aux idées françaises une large diffusion de nature à détruire peu à peu l'esprit de haine et à créer ce qu'un de nos plus doctes écrivains appela récemment une *zone de désarmement moral.*«

seiner Berichterstattung beigefügt; dem Lehrangebot entnahm er ein breites Interesse für die französische Moderne, vor allem den *Renouveau catholique*, und zog daraus den weitreichenden und erwartungsvollen Schluß, daß »l'Université de Bonn n'est plus la forteresse prussienne fermée à toute influence.«[46] Angesichts der – eigentlich selbstverständlichen – Auseinandersetzung der Bonner Romanisten mit dem modernen Frankreich glaubte der französische Delegierte eine Lücke in der Front der überwiegend deutschnational gesinnten Professorenschaft entdeckt zu haben, die den Franzosen eine günstige Gelegenheit zu angemessener Selbstdarstellung und wirksamer Propaganda zu bieten schien. Es muß hingegen bezweifelt werden, ob die deutsche Hochschulromanistik der zwanziger Jahre – von Ausnahmen abgesehen – tatsächlich ernsthaft an einem deutsch-französischen Dialog interessiert war. Die Vorstellung einer unüberbrückbaren wesenhaften Verschiedenheit der beiden Kulturen, die der deutschen Frankreich-Forschung im allgemeinen zugrunde lag, verhinderte vielmehr den anregenden gegenseitigen Austausch und förderte die Neigung, sich voneinander abzugrenzen und abzuschotten[47].

In ähnlicher Weise überschätzte die französische Besatzungsmacht Napoleons Nachruhm in Deutschland und glaubte, aus dem Wirken des ersten Kaisers der Franzosen großes politisches Kapital schlagen zu können. Wenn auch nicht bestritten werden kann, daß Napoleon Bonaparte deutsche Literaten und Historiker von Anfang an als streitbarer Revolutionär und Imperator fasziniert und herausgefordert hatte[48], so ging die französische Militärverwaltung jedoch in der Annahme fehl, der herausragende Feldherr genieße in den Rheinlanden das Ansehen und die Verehrung eines Volkshelden. Die Gewißheit, mit der die französische Administration die Existenz eines weit verbreiteten Napoleonkultes in der rheinischen Bevölkerung voraussetzte, geht beispielhaft aus einem Schreiben Tirards an das französische Außenministerium hervor, in dem der Hochkommissar über eine Reise Trierer Bürger nach Paris berichtete und anläßlich der Besichtigung des Invalidendoms folgendes vermerkte: »La visite des Invalides n'offrit pas moins d'intérêt. Tous s'inclinaient dévotement devant le tombeau du grand Empereur pour qui chaque Allemand nourrit un culte plus ou moins secret.«[49] – eine durchaus ernst gemeinte Beschreibung, die angesichts der Besonderheiten der Präsentation des Sarkophags mit Napoleons sterblichen Überresten im Innern des Doms aber geradezu grotesk erscheinen muß.

Wenn die Bonner Romanistik und der nicht auf Bonn beschränkte, hochgespielte Napoleonkult überzogene Erwartungen der französischen Verwaltung an die – vermeintliche – Frankophilie der rheinischen Bevölkerung nur zu bestätigen schienen, so

46 Gelin, *Rapport mensuel* für den August 1920 – AN, AJ^9 6179-66.

47 Zur deutschen Hochschulromanistik und gegenwartsbezogenen Frankreich-Forschung der zwanziger Jahre vgl. H.M. Bock, *Tradition und Topik des populären Frankreich-Klischees in Deutschland von 1925-1955*, in: *Francia 14* (1986), S. 475-508, bes. S. 482-486.

48 Vgl. H.-O. Sieburg, *Napoleon in der deutschen Geschichtsschreibung des 19. und 20. Jahrhunderts*, in: *Geschichte in Wissenschaft und Unterricht 21* (1970), S. 470-486, und H. Schmidt, *Napoleon in der deutschen Geschichtsschreibung*, in: *Francia 14* (1986), S. 530-560, der das literarische Umfeld mitberücksichtigt.

49 Tirard in einem Bericht vom 6.10.1924 über einen einwöchigen Paris-Aufenthalt Trierer Bürger (31.8.-6.9.1924) an den französischen Außenminister – AN, AJ^9 3818.

kann dennoch nicht übersehen werden, daß die französische Besatzungsmacht an der Bonner Universität in geballter Form mit deutschem Nationalismus im Rheinland konfrontiert wurde. Diese Erfahrung blieb nicht ohne Folgen für ihr Verhältnis zur Bevölkerung des linken Rheinufers, war sie doch im Konzept des *Haut Commissariat français* für politische Propaganda nicht vorgesehen. Die Existenz einer breiten nationalistischen Strömung in der rheinischen Bevölkerung führte dazu, daß zahlreiche Offiziere der französischen Rheinarmee verunsichert und auf ihre alten Feindbilder zurückgeworfen wurden – mit wenig erfreulichen Konsequenzen für ihr Auftreten am Rhein: Klagen der Art »Trop nombreux sont encore les officiers qui veulent „manger du Boche“ et qui, ayant conservé la mentalité de la guerre, croient que la seule façon de se faire comprendre et de se faire respecter réside dans l'emploi des moyens brutaux«[50] waren Legion. Ein Verharren einflußreicher Militärs in der Siegerpose mußte die französische Besatzungsmacht und ihre Politik im Rheinland diskreditieren; Maßnahmen zur inneren Führung der Besatzungstruppen wurden erforderlich.

Der Oberkommandierende der französischen Rheinarmee, General Degoutte, hatte Tirard gelegentlich wissen lassen: »J'estime, en effet, que l'éducation morale de la troupe est, à la fois, un des devoirs les plus essentiels de l'Officier et le moyen le plus sûr qu'il possède d'affirmer son autorité.«[51] Wie die Fortsetzung des Schreibens belegt, ging es hier nicht allein um die Festigung militärischer Befehls- und Gehorsamsstrukturen, sondern vor allem auch um die effiziente Verbreitung von Broschüren[52], die von der französischen Militärverwaltung eigens zur Unterweisung der Besatzungstruppen herausgegeben wurden: »Je craindrais, en revanche, qu'un opuscule, si soigneusement rédigé qu'il fût, mis directement entre les mains des soldats, ne fût négligé par certains, incomplètement compris et faussement interprété par d'autres, dangers qui se trouvent écartés lorsque les questions en cause se trouvent traitées par l'Officier devant toute son unité.«[53] Die Offiziere, die den einfachen französischen Soldaten anhand dieser Broschüren mit dem Alltag auf dem besetzten linken Rheinufer vertraut machen und ihm die Ziele der französischen Besatzungspolitik erläutern sollten[54], wurden ihrerseits in Seminaren landeskundlich geschult. Obgleich es zahlreiche Offiziere gegeben haben mag, die sich ihrer besonderen Verantwortung für das Erscheinungsbild der französischen Besatzungstruppen im Rheinland offensichtlich nicht bewußt waren und mit der Bildungsoffensive der französischen Militärverwaltung nichts anzufangen wußten[55], haben Degoutte und Tirard sich nicht beirren lassen

50 Bizard, *Compte rendu* vom 25.8.1922 – AN, AJ^9 6345.
51 Degoutte am 22.2.1922 an Tirard – AN, AJ^9 5317.
52 Vgl. die 1922 vom Generalstab der französischen Rheinarmee herausgebrachte Broschüre *La Région rhénane – Aperçu d'ensemble* sowie die 1921 vom *Haut Commissariat français* veröffentlichte Schrift *Le Soldat français sur le Rhin* – AN, AJ^9 5317.
53 Degoutte am 22.2.1922 an Tirard – AN, AJ^9 5317.
54 Vgl. einen von Degoutte im Juli 1920 in Umlauf gebrachten „canevas“, der den Offizieren bei ihrer Unterrichtsvorbereitung helfen sollte und folgende Stichworte umfaßte: »I. Les raisons de l'occupation des Pays Rhénans. Le passé des Rhénans. II. Les habitants des Pays Rhénans. III. But à atteindre. IV. Attitude à prendre.« – AN, AJ^9 5317.
55 Vgl. Bizard, *Compte rendu* vom 25.8.1922: »Les conférences organisées par l'armée pour inculquer aux officiers des notions plus exactes de leurs obligations et de leurs devoirs en

und immer wieder versucht, althergebrachte und wiederbelebte Feindbilder zu bekämpfen und ein versöhnlicheres Bild der rheinisch-französischen Beziehungen zu entwerfen – in der Hoffnung, die kriegsbedingte Aufruhr der Gemüter ließe sich auf diese Weise besänftigen. Dabei gingen sie zielstrebig zu Werke:

> Le soldat français qui monte la garde au Rhin ne doit pas ignorer qu'autrefois ce beau fleuve servait de frontière à la Gaule.
> Aujourd'hui, si, grâce à notre victoire, le Rhin limite de nouveau le territoire français de la frontière suisse à l'embouchure de la Lauter, la région que nous occupons depuis l'armistice, celle que nous dénommons *Territoires Rhénans*, est allemande.
> Mais ce n'est pas à dire qu'elle ne soit habitée que par des adversaires irréconciliables de la France. Que certains regards nous soient hostiles, que les manifestations de sympathie à notre égard soient assez rares, nous ne saurions nous en étonner.
> Les souvenirs de la guerre sont encore récents. ...
> Il faut cependant se rappeler les relations de bon voisinage qu'ont entretenues autrefois Français et Rhénans.
> À vrai dire, ces relations n'ont cessé où la Prusse établissant en vertu du Traité de Vienne (1815) son autorité sur la Province Rhénane, s'est acharnée à faire disparaître toute trace de notre influence, tout souvenir de notre protection. Or, cette politique n'est vieille que d'un siècle; ... une bonne partie de la population de vieille souche reste fidèle à la tradition et aux souvenirs glorieux de la période française de son histoire.[56]

Der entscheidende Kunstgriff, durch den eine neue Sicht des rheinisch-französischen Verhältnisses erst möglich wurde, lag – dies läßt sich der Textprobe zweifellos entnehmen – in der historischen Retrospektive. Wo der Alltag der Rheinlandbesetzung eher ernüchternd wirkte und kaum Anhaltspunkte für eine bewährte Nachbarschaft von Franzosen und Rheinländern zu bieten schien, konnte ein Blick in die Geschichte heilsam sein – wenn man recht zu schauen vermochte: Ein Blick in die jüngste – preußische – Vergangenheit der Rheinlande genügte nicht; es galt, die Rückschau bis in die Epoche der Französischen Revolution und die Napoleonische Ära, das goldene Zeitalter der *relations de bon voisinage*, auszudehnen. Die beiden Epochen der rheinischen Geschichte, die französische und die sie ablösende preußische, standen nicht gleichwertig nebeneinander, sondern in einem ungleichen Rivalitätsverhältnis: Die Geschichte der Preußischen Rheinprovinz verfiel gewissermaßen der *damnatio memoriae*, da die Preußen beschuldigt wurden, die Spuren der Französischen Revolution auf dem linken Rheinufer nahezu vollständig beseitigt zu haben; man glaubte, das preußische Zeitalter am Rhein um so leichter übergehen zu können, als es nicht mehr denn ein gerade hundertjähriges „Intermezzo" gewesen sei, das die Rheinländer von ihrer alten Liebe zu Frankreich nicht habe abbringen können. Dagegen kam es nun darauf an, die Geschichte der Französischen Revolution im Rheinland in neuem Glanz erstrahlen zu lassen: Man erhoffte sich davon auf der einen Seite eine Wiederbelebung mehr oder minder schwärmerischer Erinnerungen der Rheinländer an eine Zeit –

pays occupés n'ont eu aucun succès et n'ont pas été suivies. ... Il semble que l'autorité militaire devrait rendre obligatoire la présence à ces conférences au même titre qu'on exige la présence des officiers à une manoeuvre ou à un exercise de cadres.« – AN, AJ⁹ 6345.

56 *La Région rhénane*, hrsg. vom Generalstab der französischen Rheinarmee, 1922, S. 6 – AN, AJ⁹ 5317.

scheinbar – einvernehmlichen Zusammenlebens, die die Bevölkerung der französischen Besatzungszonen dann auch politisch beflügeln und ihr eine positive Identifikation der französischen Militärverwaltung mit dem historischen Vorgänger, der französischen Rheinarmee der Revolutionszeit, nahelegen sollte; das Unternehmen hatte natürlich nur dann Aussicht auf Erfolg, wenn auf der anderen Seite auch die französischen Besatzungstruppen sich ihrer Vorfahren würdig erwiesen:

> Par un retour de la fortune, nous nous retrouvons de nouveau sur les rives du Rhin en contact avec les arrière-petits-enfants de ceux qui se sont fait gloire d'être Français. À nous de réveiller les sympathies d'autrefois tout en donnant aux populations rhénanes l'impression de notre force et de notre fermeté, prouvons-leur que nous sommes les descendants de ces grognards qui ... se montraient bons enfants à l'égard des populations.[57]

Die historische Retrospektive hatte also einen ausgesprochen pragmatischen Hintergrund. Allein die Erkenntnis, daß es eine Zeit gegeben hatte, in der Franzosen und Rhenanen auf dem linken Rheinufer gut miteinander ausgekommen waren, reichte nicht aus; während geschickt heraufbeschworene historische Erinnerungen der rheinischen Bevölkerung den Umgang mit der französischen Besatzungsmacht erleichtern sollten, war die Beschäftigung mit der Historie für die französischen Truppen am Rhein mit dem Appell verbunden, ihr Erscheinungsbild kritisch zu überprüfen und ihr Auftreten gegenüber der Bevölkerung am historischen Vorbild zu orientieren: *mos maiorum redivivus.* Die Aufforderung zur Nachahmung der revolutionären Vorfahren war gewiß nicht wörtlich gemeint. Es kam vielmehr darauf an, der französischen Rheinarmee etwas von dem Geist zu vermitteln, der die französische Rheinpolitik von alters her präge: »La France victorieuse de 1918 n'a pas abusé de sa victoire. Elle a voulu que ses soldats occupent le Rhin pour protéger Paris, mais elle n'a jamais désiré étendre jusqu'au Rhin son territoire [!]. La France est toujours fidèle à ses traditions. ... Elle a donc voulu, en plein accord avec ses Alliés, que l'occupation, nécessaire pour éviter la menace d'une nouvelle guerre, fût parfaitement pacifique à l'égard des populations.«[58] Die Tradition sollte den Militärs Verpflichtung sein, aus militärischer Notwendigkeit eine Tugend zu machen und die unheilvolle Siegerpose gegen friedliebende Konzilianz im Verhalten gegenüber der rheinischen Bevölkerung einzutauschen.

Aus den letzten Darlegungen ergibt sich, daß die historische Propaganda der französischen Besatzungsmacht, deren Mittel und Wege im folgenden Abschnitt vorgeführt werden, sich – ebenso wie die französische Kulturpolitik im allgemeinen – auch an die eigenen Landsleute am Rhein, die Soldaten und Offiziere der Besatzungstruppen und deren Angehörige, richtete. Dieser Umstand mag dazu beigetragen haben, daß schwerwiegende Mängel der französischen Propaganda, vor allem ihre Präsentation in französischer Sprache – ein Prinzip, das hier und da ausnahmsweise durchbrochen wurde – nicht beseitigt wurden. Es kann dagegen nicht unterstellt werden, die französische Militärverwaltung hätte sich mit einer Kulturpolitik zufriedengegeben, die in der Hauptsache auf die Bedürfnisse der Rheinarmee zugeschnitten

57 Ebd., S. 8f.
58 *Le Soldat français sur le Rhin*, hrsg. vom *Haut Commissariat français*, 1921, S. 7f. – AN, AJ⁹ 5317.

gewesen wäre; im Gegenteil, das zuständige Presse- und Informationsbüro im *Haut Commissariat* bemühte sich, mit seinen kulturpolitischen Initiativen gezielt die Eliten der rheinischen Bevölkerung zu erreichen und schließlich für die französischen Ambitionen zu gewinnen. Man kann auch nicht behaupten, der *Service Presse et Information* habe in blindem Eifer, ohne die nötige Sensibilität für unterlaufene Mißgeschicke, die Politik der *pénétration pacifique* betrieben; das Koblenzer Büro hat Rückmeldungen über Erfolge und Pleiten, die ihm aus den einzelnen Kreisen zugeleitet wurden, sorgfältig registriert und Alarmsignale selten übersehen. Dennoch muß bereits die zugrundegelegte Idee, daß der Rheinländer eine Verkörperung des guten, des antimilitaristischen und frankophilen Deutschlands sei und infolgedessen ein offenes Ohr für die Botschaft der französischen Propaganda habe, fragwürdig erscheinen. Die französische Militärverwaltung, die gleichwohl glaubte, ihre Kulturpolitik basiere auf einer realistischen Einschätzung der Stimmungslage im Rheinland, sollte daher politisch scheitern.

4. Die Vermittlung von Geschichtspropaganda

Frankreichs historische Propaganda am Rhein wurde in der Presseabteilung des *Haut Commissariat* in Koblenz konzipiert und organisiert; aber ohne die Repräsentanten der französischen Besatzungsmacht vor Ort wären die Initiativen des französischen Presse- und Informationsbüros wohl bedeutungslos geblieben. Die französischen Delegierten[59] hatten als Multiplikatoren der französischen Kulturpolitik entscheidenden Anteil an der Politik der *pénétration pacifique* und nutzten auf diese Weise den Spielraum, den das Rheinlandabkommen ihnen zugestanden hatte[60], bis an die Grenzen des Möglichen. So gehörte es zu ihren wichtigsten Aufgaben, alles Notwendige zu veranlassen, damit Vortragsreisenden aus Frankreich ein angemessener Empfang und der gewünschte Erfolg zuteil wurde – ein Tätigkeitsfeld, das von einer breitgefächerten Öffentlichkeitsarbeit in deutschen und französischen Presseorganen bis zur Reservierung der Plätze des Vortragssaales für ein interessiertes deutsch-französisches Publikum reichte – oder französische Veröffentlichungen und Presseerzeugnisse einschlägigen Inhalts gezielt an die rheinische Bevölkerung zu verteilen[61], vorzugsweise an rheinische

59 Eine nach den an der Rheinlandbesetzung beteiligten Mächten gegliederte Übersicht über die Ober- und Kreisdelegierten der Interalliierten Rheinlandkommission hat W. Vogels, a.a.O., S. 30ff. zusammengestellt. Wenngleich sie auch zunächst den Stand vom Mai 1925 wiedergibt, so ist sie dennoch repräsentativ, da die Fluktuation unter den Delegierten verhältnismäßig gering war.

60 Vgl. § 29 des Schreibens der alliierten Regierungen vom 29.7.1919 zur Auslegung des Rheinlandabkommens: »... dans l'intérêt des populations, la Haute Commission a le pouvoir de maintenir des représentants fixes, chargés d'établir la liaison entre les Administrations locales allemandes, les Autorités militaires locales et la Haute Commission elle-même«, abgedruckt in: W. Vogels, a.a.O., S. 52ff., hier S. 57.

61 Überliefert sind zahlreiche, zum Teil mit genauen Anweisungen zur weiteren Verteilung versehene Fracht- und Begleitbriefe zu Büchersendungen, die der *Service Presse et Information* in Paris angefordert und dann an die französischen Delegierten expediert hat, vgl.

„Notabeln" und Teilnehmer französischer Sprachkurse. Die Berichte, die die französischen Delegierten einmal im Monat pflichtgemäß anfertigten, waren für die Ausrichtung und Gestaltung der französischen Besatzungspolitik durch die Koblenzer Zentrale von erheblicher Bedeutung: sie dienten der kritischen Nachlese bereits getroffener Maßnahmen und der Vorbereitung weiterer Initiativen; die Delegierten wurden ausdrücklich angehalten, detaillierte Angaben zur Wirkung der französischen Kulturpolitik im Rheinland zu machen[62]. Die Ober- und Kreisdelegierten der französischen Besatzungszone erwiesen sich als unentbehrliche Vetreter im „Außendienst" des *Service Presse et Information*. Sie kannten die Verhältnisse vor Ort und waren daher prädestiniert, die zentral in Koblenz konzipierte Kulturpolitik der Franzosen in geeigneter Weise zu kanalisieren und den – vermeintlich aufgeschlossenen – Eliten der rheinischen Bevölkerung zuzuleiten; dabei handelten sie mit Sinn und Verstand, begleiteten sie doch die Planungen Bizards und seiner Mitarbeiter mit konstruktiver Kritik – ohne freilich das Prinzip der *pénétration pacifique* in Frage zu stellen.

In ihrem Bestreben, die Bevölkerung des besetzten linken Rheinufers vom Vorteil der französischen Rheinlandpläne zu überzeugen, setzte Frankreichs Militärverwaltung am Rhein große Hoffnungen in die Verbreitung von Presseerzeugnissen, deren Redaktion in französischen Händen lag[63]. Eine erfolgreiche französische Medienpolitik schien an folgende Bedingungen geknüpft:

> Pour poursuivre une œuvre telle que nous tâcherons de l'édifier, il faut une opinion publique constamment éduquée et travaillée par une presse nombreuse, bien redigée et intelligemment dirigée. Cette presse doit avoir un ton modéré; elle doit s'abstenir de toute attitude aggressive, ne pas entamer de polémiques avec les journaux de la rive droite, car elle n'arriverait jamais à prendre le dessus dans l'injure, traiter les sujets objectivement et ... donner suffisamment à comprendre quels sont les intérêts communs à la population rhénane

bes. AN, AJ⁹ 6316-26.

62 Vgl. den »plan du rapport mensuel«, der vom *Bureau militaire des Haut Commissariat français* erarbeitet und am 10.1.1921 an die französischen Oberdelegierten veschickt worden ist, nachdem Bizard in einem Schreiben vom 20.12.1920 »les renseignements relatifs à mon Service que je désirerais retrouver dans les rapports des délégués« aufgelistet hatte; danach war der Aufbau der monatlichen Berichte streng reglementiert und am *Topic-Comment*-Verfahren orientiert, um die spätere Auswertung zu erleichtern:
»1ère partie: ... destinée à donner une première vue d'ensemble de la situation pendant le mois dans la circonscription, allégée autant que possible de tous les détails techniques ou statistiques détaillés.
2e partie: A. Renseignements destinés au Bureau militaire, B. Renseignements économiques, C. Renseignements d'ordre administratif et juridique, D. Renseignements destinés au Service Presse-Information: État moral de la population – Compte-rendu de la presse locale pendant le mois – Possibilité de pénétrer dans les organes locaux, renseignements sur la vente de *L'Écho du Rhin*, de la *Revue Rhénane* ..., critiques visant ces journaux, améliorations proposées – Salles de dépêches – Bibliothèques – Théâtres – Soupes populaires – Photographies et cinémas – Œuvres de bienfaisance – Contre-propagande allemande ..., E. Renseignements sur l'enseignement: Cours de français – Tous renseignements se rapportant à la politique scolaire, l'état d'esprit/mouvement intellectuel, ...« – AN, AJ⁹ 6339.

63 Vgl. Gelin, *Rapport sur la pénétration française en Pays Rhénans* vom 14.10.1920: »... Enfin, le moyen, le plus important peut-être, d'accentuer les progrès de notre pénétration, c'est la presse française.« – AN, AJ⁹ 6339.

et à nous-mêmes. ... Cette presse devrait encore écarter tous les sujets d'ordre militaire, ne pas garnir ses colonnes de portraits de généraux ou de reproductions géographiques de cérémonies militaires; elle se consacrerait plutôt à la discussion objective des questions économiques et donnerait une place importante à la partie purement intellectuelle et artistique[64].

Die französische Pressepolitik war indessen unvollkommen, und die genannten Gebote wurden nicht immer befolgt; die französische Medienlandschaft am Rhein war nämlich durchaus differenziert, und die einzelnen Publikationen richteten sich nicht an ein homogenes Publikum, sondern – ungeachtet der „Doktrin" vom „gemeinsamen Haus" für Franzosen und Rhenanen auf dem linken Rheinufer – mal mehr an die französische Rheinarmee, mal mehr an die – scheinbar verständigungsbereite – rheinische Bevölkerung. *L'Écho du Rhin*[65] war von vornherein als »journal de l'armée sans inutile camouflage«[66] gedacht. Seine Redakteure fühlten sich nicht genötigt, auf aggressive Polemik zu verzichten und an ihrer Stelle weniger konfliktträchtige Stoffe zu erschließen, und erörterten in hitziger Form Fragen der internationalen Politik im Rahmen der Versailler Nachkriegsordnung; sie folgten dabei dem unversöhnlichen, gegen Deutschland gerichteten Kurs des *Bloc national*[67].

Die harte Linie spiegelte sich auch in den spärlichen historischen Exkursen: Unter der Überschrift »L'Éternelle Prusse« verglich etwa J. Gaudefroy-Demombynes 1922 in einem Leitartikel in hintergründiger Weise die Besetzung Preußens durch die Napoleonischen Armeen der Jahre 1806-1808 mit der zeitgenössischen Rheinlandbesetzung:

Il est extrêmement intéressant de comparer l'occupation pacifique par les Français de certains points du territoire prussien à cette époque et aujourd'hui. Alors comme aujourd'hui, cette occupation constituait une garantie de paiement de l'indemnité de guerre et de l'accomplissement des obligations du traité de paix. Si l'on juge la situation actuelle à la lumière de l'histoire, si l'on estime que l'Allemagne de 1922 est animée des mêmes sentiments que la Prusse de 1807, nos constatations seront peu rassurantes. Le 12 juillet 1807, le maréchal de Kalkreuth et Berthier signaient la Convention de Königsberg, réglant l'évacuation progressive de la Prusse par les troupes françaises, „dans la mesure où les contributions frappées sur le pays seront acquittées" (article 4 de la Convention). Au bout d'un an, la Prusse n'avait encore rien payé; cependant, Napoléon avait donné à Soult l'ordre d'évacuer la région de Vistule et de commencer le repli des armées françaises. ... Le 5 décembre 1808 la Prusse était totalement évacuée par nos troupes, mais si la France remplissait ses engagements, la Prusse n'observait pas les siens. ... Sachons aujourd'hui tirer la leçon des faits.[68]

64 Ebd.

65 Das nahezu ausschließlich in französischer Sprache redigierte Blatt erschien vom 21.9.1919 bis zum 28.11.1925, zunächst in Mainz, dann, seit Juli 1925, – als Wochenzeitung – in Koblenz. Die Publikation befand sich seit Juni 1920 in staatlichem Gewahrsam – vgl. Tirards Erlaß vom 30.5.1920: »À la date du 1er juin 1920, le journal *L'Écho du Rhin* ... devient journal d'information de l'Armée française d'Occupation du Rhin. ... Les frais de personnel, d'impression et de papier seront portés au budget du Haut Commissaire.« – nachdem der Versuch gescheitert war, das Blatt auf privatwirtschaftlicher Basis zu lancieren. – Vorgänge in AN, AJ^9 6323-33.

66 Tirard am 29.10.1919 an den französischen Außenminister AN, AJ^9 3818.

67 Vgl. E. König, *Die politische Publizistik und Kulturpropaganda zu den Loslösungsbestrebungen im Rheinland nach dem 1. Weltkrieg*, Wien 1962, S.76.

68 *L'Écho du Rhin* vom 23.4.1922. Im Krisenjahr 1923 pfiff ein eisiger Wind durch die

Man wird sich nun ohne weiteres vorstellen können, daß die Lehren, die die französischen Soldaten am Rhein aus derartigen historischen Vergleichen im Kontext einer generell polemischen Berichterstattung des *Écho du Rhin* ziehen mußten, wohl kaum einer konzilianten Haltung der Militärs gegenüber der rheinischen Bevölkerung förderlich waren. Die französischen Offiziere und Soldaten mußten nach der Lektüre dieses Blatts vielmehr den Eindruck gewinnen, daß sie sich auf feindlichem Gebiet befanden, um fällige deutsche Reparationsleistungen einzutreiben. Das widersprach aber dem Bild, welches das Militär sich vom linken Rheinufer und seinen vermeintlich frankophilen Bewohnern gemäß dem kulturpolitischen Aktionsplan des französischen Presse- und Informationsbüros zu machen gehalten war und nach welchem es sein Auftreten in den Besatzungszonen einrichten sollte. So erstaunt es nicht, wenn die Zeitung unter den französischen Delegierten, die angesichts der überbordenden Polemik zu Recht um das Ansehen der Besatzungstruppen im Rheinland fürchteten, auf begründete Skepsis und mitunter harsche Kritik stieß[69]; der Unmut verschaffte sich bisweilen auch in einem regelrechten Boykott des Armeeblatts Luft[70]; einzelne Retuschen haben an der Blamage offenbar nichts zu ändern vermocht. Vor diesem Hintergrund kann die Herstellung und Verbreitung der Armeezeitung *L'Écho du Rhin* als Ausdruck eines gespaltenen Bewußtseins der französischen Militärverwaltung gewertet werden, das Frankreichs Ambitionen am Rhein gewiß eher abträglich war: Auf der einen Seite bemühte die französische Besatzungs-

Blätter der Armeezeitung; folgender historischer Exkurs möge dies exemplifizieren: Unter der Überschrift »Les Germains n'ont pas changé depuis dix-neuf siècles!« wurde am 14.5.1923 eine scharfe Rede Poincarés in Auszügen wiedergegeben. Dort heißt es u.a.: »Qu'ils s'appellent Allemands, Ostrogoths ou Visigoths; qu'ils s'enrôlent auprès des Huns dans les armées d'Attila; qu'ils se mettent à la remorque des Prussiens; qu'ils soient battus à Ligny ou vaincus à Waterloo; qu'ils nous enveloppent à Sédan, qu'ils soient écrasés sur la Marne; qu'ils falsifient la dépêche d'Ems, en 1870, ou qu'ils violent la neutralité belge, ce sont des gens dont la guerre est, de toute éternité, l'industrie nationale, et pour qui la paix n'est jamais qu'une trève entre deux combats. Ces avertissements réitérés de l'histoire, nous sommes bien forcés de nous les rappeler aujourd'hui et que l'Allemagne, après avoir pris les engagements les plus solennels, les répudie cyniquement!«

69 Vgl. das Eingeständnis Bizards in einem Bericht vom 23.2.1921, der an Kapitän Schneider, einen Mitarbeiter des *Service Presse et Information* in Mainz, adressiert war: »L'unanimité des Délégués reproche au journal la polémique continuelle qu'il mène contre la *Gazette de Francfort* et les autres journaux pangermanistes. Cette ligne de conduite qui s'explique parfaitement pour les journaux de Paris a ici le grand inconvéniant de choquer les Rhénans dans leurs sentiments nationaux. ... Cette critique a été faite maintes fois déjà à M. Hubert-Jacques [i.e. der Chefredakteur des *Écho du Rhin*], mais il prétend que son journal ne saurait, en aucun cas, être un organe de propagande; ... le fait n'en existe pas moins que les Officiers Délégués qui vivent au contacte des populations rhénanes sont tous d'accord pour trouver que le journal exerce plutôt une influence nuisible que favorable au développement de l'influence française.« – AN, AJ^9 6324-34.

70 Vgl. Bizard, *Compte rendu* vom 22.11.1922: »... Un autre détail caractéristique: des délégués abonnés à L'Écho du Rhin ont résilé leur abonnement, se refusant ainsi à apporter leur appoint moral à un journal que nous, Français, devrions être les premiers à soutenir, malgré ses imperfections. ... Abandonné des uns, pas soutenu des autres, critiqué souvent et parfois boycotté, L'Écho du Rhin se débat dans une situation inextricable et difficile, et les meilleures initiatives que prend la rédaction ... se heurtent à l'inertie et à la passivité des autorités françaises d'occupation qui rendent improductifs tous les efforts tentés pour augmenter l'intérêt et la vente du journal.« – AN, AJ^9 6346.

macht sich, in freundschaftliche Beziehungen zu den Bewohnern des besetzten linken Rheinufers zu treten – wenngleich dies nicht ohne handfeste politische Hintergedanken geschah; auf der anderen Seite kehrte sie immer wieder hervor, daß sie als Siegermacht berechtigt sei, ihre Reparationsforderungen mit allen Mitteln durchzusetzen – und *L'Écho du Rhin* propagierte zweifellos den Konfrontationskurs. Historiographisches Wissen wurde auf beiden Seiten strapaziert, um die Positionen argumentativ zu untermauern; so trug die Instrumentalisierung der Historie einerseits dazu bei, das Verhältnis zwischen den französischen Offizieren und Soldaten und der rheinischen Bevölkerung nach Möglichkeit zu entkrampfen, andererseits vertiefte sie die Gräben zwischen den beiden Bevölkerungsgruppen im Rheinland der zwanziger Jahre.

Eine dem französischen Armeeblatt vergleichbare Publikation des *Service Presse et Information* stellte das in deutscher Sprache redigierte und daher an rheinisches Publikum adressierte *Nachrichtenblatt*[71] dar. Es setzte sich nahezu ausschließlich aus Presseausschnitten zusammen, die deutschen und Pariser Zeitungen entnommen waren; die Ausrichtung des publizistischen Patchworks war eindeutig poincaristisch und führte dazu, daß es – ebenso wie die französische Militärzeitung – den Unmut einiger französischer Delegierten[72] hervorrief.

Dagegen entsprach die zweisprachige *Revue Rhénane/Rheinische Blätter*[73] in geradezu idealer Weise den Voraussetzungen für eine erfolgversprechende französische Kultur- und Pressepolitik am Rhein: Indem sie die Berichterstattung über das nervenaufreibende Hin und Her der deutsch-französischen Auseinandersetzungen um die Reparationen mied und auf ein eher feuilletonistisches Genre auswich, entging sie der Gefahr einer forcierten Polarisierung der Gemüter und bemühte sich stattdessen um eine entspannte Diskussion verhältnismäßig unverfänglicher Themen aus den Bereichen Wirtschaft[74], Kultur und Geschichte. Die historiographischen Beiträge stellten

71 Es erschien vom 15.4.1921 bis zum 1.12.1925 in Koblenz. Da es kaum historische Reminiszenzen bietet, wird es in dieser Untersuchung nur am Rande erwähnt.

72 Vgl. Bizard, *Compte rendu* vom 22.11.1922: »Certains délégués signalent que les lecteurs allemands que nous joignons par le *Nachrichtenblatt* sont las de la polémique sur les responsabilités de la guerre. Par ailleurs, il y aurait intérêt à citer les articles de plus en plus nombreux qui, dans la grande presse allemande, notent les symptômes progressifs de collaboration économique entre la France et l'Allemagne. Cette attente de collaboration économique ... prépare le terrain de rencontre plus large entre nous et la population. ... Les citations de journaux français sont souvent lues avec méfiance.« – AN, AJ^9 6346.

73 Die deutsch-französische Monatszeitschrift erschien von Oktober 1920 bis August 1930 in Mainz. Zur Geschichte des Periodikums vgl. I. Voss, J. Voss, *Die „Revue Rhénane" als Instrument der französischen Kulturpolitik am Rhein (1920-1930)*, in: *Archiv für Kulturgeschichte 64* (1984), S. 503-551. Die Verfasser der Studie haben leider keine Archivalien berücksichtigt; die *Papiers Tirard* wären hier aufschlußreich gewesen.

74 Ursprünglich war geplant, die Diskussion um einen möglichen Ausgleich der wirtschaftlichen Interessen von Franzosen und Rheinländern in den Vordergrund treten zu lassen; dies geht aus der unmittelbaren Vorgeschichte der *Revue Rhénane* hervor: Die *Revue Rhénane* trat im Oktober 1920 die Nachfolge der bereits im Mai 1919 in Mainz gegründeten Monatszeitschrift *Le Rhin Illustré* an; zu Beginn des Jahres 1920 mehrten sich offenbar die Stimmen, die an der Gestaltung der Zeitschrift Kritik übten; das *Haut Commissariat* stellte daher Überlegungen zur Ausbesserung der Mängel an und regte an, das Blatt in ein Wirtschaftsmagazin umzuwandeln. Zwei konkurrierende Vorschläge

ein bedeutendes Kontingent der vielseitigen Artikel der Revue; sie vergegenwärtigten nahezu ausnahmslos Helden und Episoden der Geschichte der Französischen Revolution und der Napoleonischen Ära im Rheinland[75]; die Redaktion[76] konnte hier ausgewiesene Kenner der Materie verpflichten: Namentlich genannt seien die Franzosen A. Aulard[77], F. Funck-Brentano[78], J. de Pange[79] und Ch. Schmidt[80]. Die zahlreichen, zu einem respektablen Teil in deutscher Sprache präsentierten historischen Reminiszenzen dokumentieren auf ihre Weise die Intention der *Revue Rhénane*: Die Zeitschrift war im wesentlichen ein Instrument der französischen Kulturpolitik am Rhein[81]. Auch die Instrumentalisierung der Historie – nicht zufällig stand hier die erste französische Besetzung des linken Rheinufers in den Jahren 1792-1814 im Vordergrund – diente dem Bestreben der französischen Besatzungsmacht der zwanziger Jahre, sich in ein möglichst günstiges Licht zu setzen und auf diese Weise die rheinische Bevölkerung für Frankreichs Rheinlandpläne zu gewinnen. Die französischen Soldaten sollten sich indessen nicht auf den Lorbeeren ihrer Vorfahren am Rhein ausruhen dürfen, daher waren sie gehalten, die Taten der historischen französischen Rheinarmee als Maßstab und Vorbild für ihr eigenes Auftreten im Rheinland zu begreifen. Die *Revue Rhénane* richtete sich als Vehikel französischer Kulturpolitik eben nicht allein an die Bevölkerung der französischen Besatzungszone, sondern gerade auch an die Armee selbst – eine flankierende Maßnahme mit dem Ziel, Frankreichs Kulturpolitik am Rhein nicht fahrlässig zu gefährden. Dieser Umstand hat sicher dazu

wurden Tirard daraufhin präsentiert: Ein Vorschlag sah die Gründung einer neuen Monatsschrift mit der bezeichnenden Titulatur *L'Or du Rhin – Revue d'études économiques, de renseignements commerciaux et industriels pour la prospérité des provinces rhénanes et la défense des intérêts français* vor – vgl. die Expertise des Pariser Publizisten Vibert vom Februar 1920 in: AN, AJ^9 2905; die Alternative bestand in einer entsprechenden Reform der bestehenden Publikation, die mit einer Umbenennung in *Le Rhin Économique Illustré* nach außen kenntlich gemacht werden sollte, der *Service économique* (vgl. S. 27.) sollte als Kenner der Wirtschaft im Rheinland an der Redaktion beteiligt werden – Vorgänge in: AN, AJ^9 6323-33. Mit der *Revue Rhénane* wurde dann aber eine Zeitschrift lanciert, die in ausgewogener Form Themen aus den Bereichen Wirtschaft, Kultur und Geschichte präsentierte und folglich nicht nur die großen und mittelständischen Unternehmer, sondern auch die Eliten aus Bildung und Wissenschaft im besetzten Rheinland erreichen sollte.

75 Vgl. I. Voss, J. Voss, a.a.O., S. 431f.

76 Sie lag bis 1923 in den Händen B. Zimmers, dann bis zum Schluß in der Verantwortung J. Delages.

77 A. Aulard (1849-1928): Absolvent der *École Normale Supérieure*, seit 1886 Inhaber des neu gegründeten Lehrstuhls für die Geschichte der Französischen Revolution an der Sorbonne.

78 F. Funck-Brentano (1862-1947): Absolvent der *École des Hautes Études*, Bibliothekar und Archivar an der *Bibliothèque de l'Arsénal*, Herausgeber der populärwissenschaftlichen Reihe *L'histoire de France racontée à tous.*

79 J. de Pange (1881-1957): Chartist, Absolvent der *École des Hautes Études*, Archivar, 1910-11 Studienaufenthalt in Berlin und München, 1918-19 Mitwirkender an der Reorganisation der Straßburger Universitäts- und Regionalbibliothek, 1921 Mitarbeiter an Ch. Schmidts Handbuch zu den rheinischen und Pariser Quellen der Geschichte der Französischen Revolution im Rheinland.

80 Vgl. S. 38, Anm. 34.

81 Vgl. I. Vos, J. Voss, a.a.O., S. 451.

beigetragen, daß die zweisprachige Zeitschrift sich darüber hinaus zum Forum eines vorsichtigen deutsch-französischen Dialogs[82] entwickelte. Der Vorzug der Publikation gegenüber dem *Écho du Rhin* und dem *Nachrichtenblatt* lag – neben ihrer Mehrsprachigkeit – also vor allem darin, daß die Redaktion auf polemische Kommentare zum politischen Alltag der deutsch-französischen Beziehungen verzichtete und stattdessen versuchte, Franzosen und Deutsche im Rheinland auf Gemeinsamkeiten in den Bereichen Wirtschaft, Kultur und Geschichte hinzuweisen, um auf diesem hintergründigen Weg eine Annäherung der gegensätzlichen Standpunkte zu erwirken.

Obwohl die *Revue Rhénane* alle Voraussetzungen für eine erfolgreiche französische Pressepolitik zu erfüllen schien und außerdem sehr preisgünstig angeboten wurde[83], konnte sie sich offenbar auf dem rheinischen Zeitschriftenmarkt nicht durchsetzen:

> La Revue Rhénane ne connaît également qu'une vente relativement restreinte. ... La raison n'en est pas dans la façon dont la Revue est conçue, car elle est dans la note juste, tant par son texte que ses illustrations, que par les réminiscences historiques des pays rhénans, qui produisent toujours leurs effets. Il y a simplement boycottage systématique de la part des Allemands. Ce boycottage vient uniquement de la gent intellectuelle qui serait susceptible de prendre quelque intérêt à cette revue.

Zur Zähmung der Widerspenstigen schien folgende Maßnahme geeignet:

> ... avant de rechercher les abonnements payants, il conviendrait de répandre largement et gratuitement, à bon escient, des numéros specimen qui seraient adressés aux délégués dans les cercles et que ceux-ci achemineraient à destination par leurs propres moyens.[84]

Die Versuche, die störrischen Eliten im Rheinland zu überlisten, indem die Delegierten der Hohen Kommission damit beauftragt wurden, den rheinischen „Notabeln" persönlich Probehefte in großer Zahl kostenlos zu überreichen, ließen die französische Pressepolitik zu einem kostspieligen Unternehmen werden. Die Subventionierung der *Revue Rhénane* war kein Einzelfall; Frankreichs Pressepolitik am Rhein erwies sich vielmehr als grundsätzlich abhängig von staatlichen Zuschüssen. Das Handicap schien die Militärverwaltung nicht zu stören; sie dachte hier nicht in marktwirtschaftlichen Kategorien, sondern ließ sich von der Überzeugung leiten, daß der erhoffte Erfolg der französischen Propaganda diese Investitionen rechtfertige[85]. Die zuständigen Stellen

82 Vgl. ebd., S. 430 und 446ff.; dagegen nahm sich die renommierte *Revue des deux Mondes* erheblich zurückhaltender aus, sie verzichtete auch nicht auf die Auseinandersetzung mit dem heftig diskutierten Reparationsproblem – vgl. dazu: N. Ohler, *Deutschland und die deutsche Frage in der Revue des deux Mondes 1905-1940*, Frankfurt 1973, S. 165ff.

83 Vgl. I. Voss, J. Voss, a.a.O., S. 416ff.

84 Bizard, *Compte rendu* vom 19.9.1921 – AN, AJ^9 6342.

85 Vgl. Chaumié, ein Mitarbeiter des *Service Presse et Information*, in einem Schreiben vom 1.5.1920 an Hermant, den Leiter des Pariser Generalsekretariats der französischen Militärverwaltung des Rheinlands (vgl. Anm. 86): »Tôt ou tard, je le répète, il faudra investir une grosse somme pour monter sérieusement notre presse. ... C'est la meilleure façon d'agir sur la presse, cette arme est entre nos mains, faudra-t-il encore y renoncer?« – AN, AJ^9 6323-33.

in Paris[86] haben sich offenbar auf das kostenintensive Unternehmen eingelassen und die notwendigen Gelder bewilligt. Die Bereitschaft der Pariser Behörden zur Kooperation zeigte sich auch in den Fällen, in denen es darum ging, Publikationen aus Frankreich selbst zu beschaffen, um sie dann über den *Service Presse et Information* und die französischen Delegierten der Interalliierten Rheinlandkommission im besetzten Rheinland zu verbreiten. Zu den wichtigsten Erzeugnissen des intellektuellen Nachschubs aus Frankreich zählten die *Revue Germanique*, die von dem Germanisten F. Piquet in Lille herausgegeben wurde, und die »sous les auspices du Haut Commissariat« herausgebrachten *Cahiers Rhénans*, eine Publikationsreihe, die überwiegend historische Beiträge zum rheinisch-französischen Verhältnis umfaßte[87].

Als traditionelles Forum der französischen Germanisten konnte die *Revue Germanique* im Rheinland nur begrenzten Einfluß ausüben; vermutlich ist sie lediglich bei den Bonner Germanisten und Romanisten auf Interesse gestoßen[88]. Ihre Aufgabe bestand nun darin, »[d']agir sur les milieux intellectuels en faisant voir que les savants français s'intéressent aux oeuvres littéraires d'Allemagne« und »[de] manifester une sorte de sympathie particulière aux populations rhénanes en relevant ce qui peut toucher leur patriotisme local«[89]. Es mag dahingestellt bleiben, ob die Bonner Professoren, die im allgemeinen keine gebürtigen Rheinländer, wohl aber deutsche Patrioten waren, sich von subtilen französischen Appellen an den rheinischen Lokalpatriotismus beeindrucken ließen. Jedenfalls glaubte die französische Militärverwaltung, selbst die elitäre *Revue Germanique* als Mittel separatistischer Propaganda einsetzen zu können. Auch die *Cahiers Rhénans* waren ursprünglich an Franzosen adressiert, die sich für Deutschland interessierten oder – mit einem Seitenblick auf die französischen Offiziere und Soldaten im besetzten Rheinland – sich für dieses Land interessieren sollten[90]; dies erklärt den spezifisch rheinischen Einschlag der Publikationsreihe. Ab und an wurden darüber hinaus einzelne Hefte Repräsentanten des rheinischen Geisteslebens, meist Historikern, zugeleitet[91]. Auch Maurice Barrès' bekannte Straßburger Vorlesungen über den *Genius des Rheins*, die zuerst um die Jahreswende 1920/21 in mehreren Folgen

86 Vor allem das französische Außenministerium und das ihm unterstehende *Secrétariat Général* des *Haut Commissariat français* in der Rue Jean Goujon, dessen Leiter Max Hermant war.

87 Vgl. E. Chantriot, *La Lorraine sous l'occupation allemande (1871-1873)*, Paris 1922; J. Colin, *Les antiquités romaines de la Rhénanie*, Paris 1929; G. Grosjean, *La politique rhénane de Vergennes*, Paris 1925; Ch. Lesage, *Napoléon Ier créancier de la Prusse*, Paris 1925; J. de Pange, *Goethe en Alsace*, Paris 1925; G. Raphael, *Krupp et Thyssen*, Paris 1925; L. Réau, *L'art français sur le Rhin au XVIIIe siècle*, Paris 1922; Ch. Schmidt, *Les sources de l'histoire des Territoires rhénans 1792-1814*, Paris 1921; P. de Vaissière, *Les Émigrés français dans les Pays Rhénans de 1789 à 1792*, Paris 1924.

88 Vgl. die »liste des déstinataires« des Pariser *Secrétariat Général* vom 13.1.1922, in der die Bonner Germanisten Litzmann, Frings, Meissner, Enders und die Romanisten Meyer-Lübke, Spitzer und Gerckens genannt sind. – AN, AJ^9 3122.

89 Piquet in einem nicht präzise datierten Schreiben vom August 1920 an Hermant – AN, AJ^9 3122.

90 Vgl. Tirard, der die Publikationsreihe als »collection rhénane destinée à faciliter l'étude des problèmes germaniques et de l'Allemagne ancienne et moderne« definiert – in: ders., *Les oeuvres françaises intellectuelles et sociales en Rhénanie*, Paris 1925, S. 25f.

91 Vgl. die Vorgänge in: AN, AJ^9 6316-26.

in der *Revue des deux Mondes* erschienen sind, wurden als Sonderdrucke dieser Zeitschrift aus Frankreich bezogen und über den *Service Presse et Information* im Rheinland verbreitet[92]. Da Barrès' Ausführungen überwiegend historischer Natur waren, schienen sie als Vehikel der französischen Propaganda am Rhein geradezu prädestiniert zu sein[93]; dennoch mußte das französische Pressereferat in Koblenz sehr bald zur Kenntnis nehmen, daß »... la brochure de Barrès *Le Génie du Rhin* (texte allemand) ne remporte pas un grand succès de diffusion«[94]: Barrès war der deutschen Öffentlichkeit der Nachkriegszeit als hartnäckiger Verfechter annektionistischer Forderungen aufgefallen; seine historisierenden Betrachtungen über den *Genius des Rheins* wurden daher als Verschleierung der französischen Forderung nach der Rheingrenze begriffen und weckten verständlicherweise das Mißtrauen der rheinischen Leserschaft[95]. Die propagandistische Wirkung seiner Rheinbroschüre verlor sich angesichts seines nationalistischen Engagements, das „jenseits des Rheins" aufmerksam registriert wurde und kaum geeignet war, in der rheinischen Bevölkerung für den Autor zu werben.

Ein vergleichbares Schicksal war den Vortragsreisenden P. Burguet[96] und F. Funck-Brentano[97] beschieden. Wenngleich den beiden Referenten auch kein schlechter Ruf ob nationalistischer Agitation vorausging, so hatten ihre Vorträge im besetzten Rheinland dennoch nicht den gewünschten Erfolg: Sie erwiesen sich als allzu transparent, da das – spärliche – rheinische Publikum die propagandistische Absicht offenbar schnell durchschaute[98]. Die französische Militärverwaltung entschloß sich daher, das

92 Bizard sandte am 31.3.1921 insgesamt 1125 Exemplare der Vorlesungen an die französischen Oberdelegierten, mit der Bitte um gelegentliche Weiterleitung der Broschüren an geeignete Repräsentanten der rheinischen Bevölkerung. – AN, AJ^9 6314-24.

93 In diesem Sinne äußerte sich Tirard in einem Schreiben vom 6.12.1920 an das französische Außenministerium. – AN, AJ^9 3143.

94 Cochet, *Compte rendu sur la diffusion du »Génie du Rhin« de Maurice Barrès en Rhénanie* vom 28.4.1921 an den *Service PI* – AN, AJ^9 6314-24.

95 Vgl. ebd.: »La première partie *Le sentiment rhénan dans l'âme française* aboutit, après diverses considérations historiques, à la conclusion que la France ne doit aucunement songer à annexer les Pays Rhénans. Les Allemands, qui durant les quelques mois ayant suivi l'Armistice lisaient dans les journaux des articles de Barrès, demeurent, devant cette conclusion, un peu déroutés et méfiants.« Vgl. auch Gelin, *Compte rendu sur la réception du »Génie du Rhin« de Maurice Barrès en Rhénanie* vom 25.5.1921 für das französische Presse- und Informationsbüro: »Maurice Barrès est considéré en Allemagne comme le continuateur de Paul Déroulède et le champion du nationalisme français. ... on a coutume de professer, à l'égard de sa clairvoyance politique, un certain scepticisme.« – AN, AJ^9 6314-24.

96 P. Burguet reiste im Winter 1920/21 mit einem Vortragsmanuskript über *Französische Denkart und Lebensweise* durch zahlreiche rheinische Städte mit französischen Garnisonen. – Vorgänge in AN, AJ^9 6313-23.

97 F. Funck-Brentano warb im Januar 1921 mit einem Vortrag zum Thema *La vie courtoise dans les Pays Rhénans au temps des Trouvères* um die Gunst der rheinischen Eliten. – Vorgänge in AN, AJ^9 6314-24.

98 Burguet hatte das Scheitern seiner Mission zu einem guten Teil selbst heraufbeschworen, indem er recht impulsiv und einseitig die Vorzüge französischer Denkart und Lebensweise herausstrich. Vgl. den Bericht des *Directeur des Cours Secondaires et Primaires* in Trier, Griner, vom 5.1.1921 an Tirard: »M. Burguet se contente de poser en axiome la

Experiment nach den ersten fehlgeschlagenen Tourneen abzubrechen. Sie hat diese Rückschläge gleichwohl nicht zum Anlaß genommen, das Prinzip der verdeckten politischen Agitation mittels geschickter Propaganda in Frage zu stellen. In der Instrumentalisierung der Historie sah das französische Presse- und Informationsbüro nach wie vor ein probates Mittel, um der Bevölkerung des besetzten linken Rheinufers den politischen Schulterschluß mit Frankreich nahezulegen; Bizard und seine Mitarbeiter zweifelten nicht daran, daß der Vorzug historischer Propaganda gerade in ihrer suggestiven Kraft liege. Dafür spricht auch der Umstand, daß historische Argumente die französische Pressekampagne im Rheinland während der gesamten Besatzungszeit nachhaltig prägten. Außerdem glaubte die französische Besatzungsmacht, das zuweilen tadelnswerte Verhalten der Besatzungstruppen gegenüber der rheinischen Bevölkerung korrigieren zu können, indem sie ihnen das wohltätige Wirken prominenter französischer Militärs während der ersten französischen Besetzung des Rheinlandes von 1794 bis 1815 als Leitbild präsentieren ließ. Ein Verzicht auf die Geschichtspropaganda schien unvorstellbar, denn gelegentliche Mißerfolge bei ihrer Vermittlung vermochten nicht an der Überzeugung zu rütteln, daß historische Propaganda diskrete politische Werbung *par excellence* sei und darüber hinaus auch als Aufforderung zum rechten Handeln verstanden werden könne.

Angesichts des hohen Stellenwertes, den gerade die Geschichtspropaganda in den strategischen Überlegungen des *Service Presse et Information* einnahm, verwundert es nicht, wenn über die routinemäßige Streuung einschlägiger Argumente in der französischen Presse hinaus historische Gedenktage dankbar aufgegriffen und zum Anlaß genommen wurden, die historische Propaganda noch zu intensivieren. Erwähnenswert sind in diesem Zusammenhang die verhältnismäßig aufwendigen Feierlichkeiten anläßlich des 100. Todestages Napoleon Bonapartes am 5. Mai 1921: Der Gedenktag selbst wurde in den Garnisonsstädten des besetzten Rheinlands – wie es in Frankreich an nationalen Feiertagen üblich ist – mit militärischem Pomp begangen, ein Spektakel, das in unterschiedlichem Ausmaß Schaulustige aus den Reihen der Bevölkerung anzog. In der Universitätsstadt Bonn, deren politisches Klima den Franzosen in besonderer Weise nationalistisch aufgeheizt zu sein schien[99], stießen die Feierlichkeiten auf

supériorité de tout ce qui est français; au risque de froisser son auditoire, il pose comme principe sans la moindre délicatesse la supériorité de la femme française à tous égards, le Français le plus actif et le plus travailleur qui soit, etc. ... À tous points de vue, l'impression est nettement défavorable.« – AN, AJ⁹ 6313-23; den Mißerfolg Funck-Brentanos dokumentiert ein Kommentar der *Frankfurter Zeitung* vom 1.2.1921, der in französischer Fassung in die Akten Tirards eingegangen ist: »Après le professeur Burguet ... nous avons maintenant à signaler une nouvelle apparition ... de la propagande de culture de l'Ouest et ... [dont] la méthode a changé. Il s'agit d'un savant de Paris, Funck-Brentano, dont son nom ne révèle pas immédiatement son origine et ses buts. ... Funck-Brentano ne se présente que comme historien, ce qui le fait inoffensif, au premier abord. Mais lorsqu'on entend comment il parle de sa jeunesse aux bords du Rhin comme captatio benevolentiae et comment il tire des arguments de ce que par des mariages de princes allemands avec des princesses françaises au début du moyen âge les moeurs français ont pénétré dans les pays rhénans, le doute n'est plus possible. Il est heureux de constater que du côté allemand on est déjà arrivé à entendre plus clair et à éviter de telles conférences.« – AN, AJ^9 6314-24.

99 Vgl. S. 40ff.

Ablehnung; sie erzielten offenbar das Gegenteil der ursprünglich beabsichtigten propagandistischen Wirkung, da die Bonner in ihnen lediglich eine Verkörperung imperialistischer Tendenzen des französischen Militarismus erblickten[100]. Die Mainzer zeigten sich dagegen unbefangener und neugieriger; sie frönten dem historischen Tourismus und interessierten sich offensichtlich für das ehemalige Quartier Bonapartes in Mainz[101]. Die militärischen Ehren, mit denen die Franzosen des 100. Todestages ihres großen Landsmannes im Rheinland gedachten, bildeten den Höhepunkt des historischen Gedächtnisses, gleichwohl begnügte man sich nicht mit ihnen. Gerade das geschäftige Treiben des französischen Presse- und Informationsdienstes im Umfeld des 5. Mai 1921 dokumentiert die Absicht der französischen Besatzungsmacht, aus den ungewöhnlichen Taten Napoleons politisches Kapital zu schlagen: Eine popularisierende und werbewirksame Aufbereitung der Napoleonischen Ära sollte das Ansehen der Franzosen am Rhein kräftig heben und die Rheinländer einmal mehr dazu bewegen, Frankreich und seinen Rheinlandplänen Vertrauen entgegenzubringen. Das *Comité du Centenaire de la Mort de Napoléon Ier* hat die französische Militärverwaltung dabei zumindest unterstützt; möglicherweise war das Komitee sogar der *spiritus rector* der Napoleonfeiern im besetzten Rheinland[102]. Die anläßlich des Gedenktages verstärkte historische Propaganda des *Service Presse et Information* gelangte auf verschiedenen Wegen an die Bevölkerung des besetzten linken Rheinufers. Die *Revue Rhénane* widmete gleich ein ganzes Faszikel dem Thema »Napoléon et la Rhénanie«[103], an

100 Vgl. Gelin in seinem *Rapport mensuel für den Mai 1921 zum Stichwort Fêtes du Centenaire de Napoléon Ier* »1) L'existence à Bonn d'une grosse garnison a forcément donné aux cérémonies ... un caractère presqu'exclusivement militaire. 2) Ainsi qu'il était à prévoir, à un moment où la tension politique franco-allemande était au maximum, la population s'est abstenue, à peu près en totalité, de participer aux fêtes. ... 3) L'impression générale dans la population est que les fêtes avaient pour but, en Rhénanie, moins de réveiller des souvenirs napoléoniens du Ier Empire que d'exalter notre victoire aux yeux du monde entier et de l'Allemagne en particulier par une manifestation grandiose à tendances militaristes et impérialistes. C'est un état d'esprit qu'il serait vain de passer sous silence.« – AN, AJ9 6341.

101 Vgl. General Claudon, der französische Oberdelegierte der *H.C.I.T.R.* in Mainz, in seinem Bericht über die Mainzer Zentenarfeiern vom 7.5.1921: »... Nous avons compris plus vivement encore cette force de la tradition lorsque la foule eût commencé à défiler, au Palais de Mayence, dans la chambre de Napoléon. Il y avait des soldats de l'Armée d'Occupation, des fonctionnaires alliés, mais des Rhénans aussi, des Rhénans surtout, venus de la ville, venus des environs, tous pieux, fervents, avides de contempler le cadre où vécut l'Empereur, le lit qui abrita ses rêves immenses, de se pencher à la fenêtre où il apparaissait en maître. ...« – AN, AJ9 3143.

102 Vgl. ein Schreiben Klecker de Balazuls in seiner Eigenschaft als *Délégué régional d'Alsace, de Lorraine et des Provinces Rhénanes du Comité du Centenaire de la Mort de Napoléon Ier* vom 21.2.1921 an Tirard: »J'ai, personnellement, attaché le plus grand prix à étendre à la Rhénanie l'œuvre de grande commémoration nationale projettée pour le 5 Mai prochain. La propagande historique que la France doit intensifier à cette occasion sur les deux rives du Rhin peut lui assurer un bénéfice politique et moral appréciable. Si le principe de cette action reçoit votre agrément, je me permettrai, avant de rien entreprendre, de vous demander des instructions sur l'orientation et le développement qu'il m'appartiendra de lui donner. ...« – AN, AJ9 3143.

103 Vgl. *Revue Rhénane 1*, H. 8 (1920/21).

dessen Erfolg der Redakteur der zweisprachigen Monatsschrift von vornherein so fest glaubte, daß er vorsah, das Heft mit einer größeren Auflage und zu einem höheren Preis im Rheinland zu vertreiben[104].

Die Frage, ob sich der Erfolg im erwarteten Ausmaß tatsächlich eingestellt hat, ist sicher berechtigt, haben die Franzosen die Bedeutung des Napoleonkultes auf dem linken Rheinufer doch überschätzt. Im Anschluß an die Feiern des 5. Mai ließ das *Haut Commissariat* auf eigene Kosten die Rede des französischen Gymnasiallehrers Malaurie, die jener am Gedenktag in Mainz gehalten hatte, ins Deutsche übersetzen und in einer Auflage von zweitausend Exemplaren über die französischen Delegierten der *H.C.I.T.R.* an die Bevölkerung verteilen[105]. Die deutsche Fassung der Mainzer Festrede ist sprachlich und stilistisch holprig ausgefallen[106], so daß der Nutzen der Investition des *Haut Commissariat* bezweifelt werden kann. Der Einfall des Presse- und Informationsreferats, Nachkommen von Veteranen der Napoleonischen Armeen aus Anlaß des historischen Gedächtnisses Gedenkmünzen mit dem Konterfei des französischen Imperators zu überreichen[107], war sicherlich originell, aber nicht automatisch erfolgreich: Die Ehrung der Nachfahren rheinischer Veteranen der Napoleonischen Feldzüge bot den Franzosen eine passende Gelegenheit, der rheinischen Bevölkerung gegenüber Frankreichs nachhaltiges Interesse an der Pflege des gemeinsamen historischen Erbes symbolisch zum Ausdruck zu bringen. Sie bedachten allerdings nicht, daß dieses Interesse ein einseitiges sein könnte, und zweifelten daher auch nicht daran, daß

104 Vgl. Zimmer in einem Schreiben vom 11.4.1921 an das *Secrétariat Général* des *Haut Commissariat français* in Paris – AN, AJ^9 3121.

105 Vgl. die Vorgänge in AN, AJ^9 6320-30.

106 Zur Dokumentation möge folgender Ausschnitt genügen: »... Er war ein Eroberer, das wissen wir alle, und auch ein großer Krieger. Aber zuerst muß man zu erfahren suchen, ob er nicht aufrichtig und beständig den Frieden wollte und ob er nicht durch die verschmitzte Politik der Staatskanzleien Europas zum Kriege gezwungen wurde. Ich persönlich wage es nicht, ein solches Problem aufzustellen. ... Und schließlich, ob er nun Eroberer war aus freiem Antrieb oder nicht, so hat er doch überall wo er hinkam, den Fortschritt und den Aufschwung mitgebracht. Dieser Kriegsmann hat keine Verwüstungen angestellt; ohne Ruinen zu hinterlassen, war es ihm möglich, Europa zu durchqueren. ...« – AN, AJ^9 6320-30.

107 Vgl. die entsprechenden Anordnungen Bizards vom 13.5.1921 an die französischen Delegierten in Trier, Kreuznach, Mainz und Speyer – AN, AJ^9 6320-30. Die Kopie eines *Rapport sur la Propagande dans le Palatinat*, die ohne Angaben über den Verfasser und ohne Datum Eingang in die Akten des französischen Hochkommissars gefunden hat, gibt Auskunft über den Weg, auf dem die französische Militärverwaltung in den Besitz einer zuverlässigen Auflistung ehemaliger Pfälzer Veteranen der Napoleonischen Armeen – und ihrer Nachfahren – gelangt ist: Danach hat der französische Delegierte in der Pfalz, Général de Metz, im Zuge der Inspektionen rheinischer Archive durch Ch. Schmidt und seine Mitarbeiter (vgl. S. 38f.) die Bevölkerung über Inserate in der Pfälzer Lokalpresse dazu aufgerufen, in Familienbesitz befindliche Dokumente aus der Zeit der ersten französischen Rheinlandbesetzung 1794 – 1814 der französischen Militärverwaltung vorzulegen. Das Resultat entsprach offensichtlich den Erwartungen: »On a pu obtenir ainsi une liste assez complète des soldats originaires du Palatinat morts pour la France pendant les guerres de la Révolution et de l'Empire« – mit „Anspruch“ auf ehrenvolles Totengedenken: »Ces listes ont été publiées par voie d'affiches et exposées dans les halls de publicité, en faisant ressortir qu'elles étaient la manifestation du culte qu'ont toujours eu les Français pour ceux qui sont morts pour leur patrie.« – AN, AJ^9 6338.

die Rheinländer die Verleihung der Gedenkmünzen als persönliche Ehrung zu nehmen wüßten; der Gedanke an eine kontraproduktive, die Geehrten in den Augen einer mehrheitlich nicht frankophil gesinnten rheinischen Öffentlichkeit kompromittierende Wirkung der Auszeichnung kam dem französischen Pressedienst nicht in den Sinn. Die Militärverwaltung ließ sich bei der Ausrichtung der Napoleonfeiern im Mai 1921 einmal mehr von der Überzeugung leiten, die Bevölkerung des besetzten linken Rheinufers fühle sich Frankreich durch eine gemeinsame Geschichte verbunden. Der Glaube an einen auch in der rheinischen Bevölkerung tief verwurzelten Napoleonkult hat Tirard wohl dazu bewogen, dem französischen Außenministerium im Anschluß an die Feierlichkeiten im Rheinland zu signalisieren, »[qu']elles ont certainement contribué à augmenter le prestige de la France dans ces régions.«[108]

Die Militäradministration hat es in den Jahren der Besatzungszeit nicht geschafft, Frankreichs Ansehen im besetzten Rheinland zu mehren; ihre Versuche, die Bevölkerung des linken Rheinufers mit den Mitteln der Kulturpropaganda an sich zu binden und für die Pariser Rheinlandpläne zu gewinnen, sind gescheitert. Es waren verschiedene Umstände, die den Schiffbruch der französischen Politik am Rhein unvermeidlich werden ließen: In diesem Zusammenhang sei zunächst an die Mängel und Fehlleistungen erinnert, die den Franzosen bei der Gestaltung ihrer Kulturpropaganda unterliefen. So schadete eine unausgewogene Presse, die einerseits der unbeugsamen Haltung des *Bloc national* in der Reparationsfrage folgte und andererseits zur Verständigung aufrief, dem Ansehen Frankreichs ebenso wie das unschlüssige Verhalten zahlreicher Offiziere und Soldaten der Besatzungstruppen, die offenbar nicht recht wußten, ob sie sich als Sieger über die Bevölkerung des linken Rheinufers erheben oder partnerschaftliche Konzilianz walten lassen sollten. Weit verhängnisvoller dürfte sich der Umstand ausgewirkt haben, daß die Franzosen die Stoßrichtung der Rheinlandbewegung verkannten, indem sie antipreußische Ressentiments in der Bevölkerung als Manifestationen frankophiler Neigungen deuteten; dieses Mißverständnis führte dazu, daß die französische Besatzungsmacht die vorhandenen nationalistischen Strömungen im Rheinland zwar wahrnahm – dazu gab es nicht zuletzt angesichts der patriotischen rheinischen Presse[109] auch keine Alternative –, aber sie nahm sie offenbar nicht ernst

108 Tirard bereits am 9.5.1921 an das französische Außenministerium – AN, AJ⁹ 6320-30.

109 Rechts- und linksrheinische Presse waren in unterschiedlichem Ausmaß von der Pressezensur der Rheinlandkommission betroffen. Während die Verbreitung von Presseerzeugnissen aus dem Reich konstant behindert wurde, ging es der rheinischen Presse vor allem 1923, auf dem Höhepunkt der internationalen Krise, an den Kragen – vgl. die Akten 14778-14782 aus dem Bestand 403 *Oberpräsidium der Rheinprovinz* des Landeshauptarchivs Koblenz. Das von der *H.C.I.T.R.* angewandte Procedere war bemerkenswert schwerfällig. So erfolgten die Presseverbote nicht vorbeugend, sondern wurden von Fall zu Fall als Folge eines die Hohe Kommission provozierenden Beitrages verhängt, wobei das „Strafmaß", die Dauer des Publikationsverbotes für das Blatt, das den inkriminierten Artikel veröffentlicht hatte, im Ermessen der Rheinlandkommission lag – ein personalintensives Verfahren, da reichsdeutsche und rheinische Publikationen in einem repräsentativen Umfang kontinuierlich beobachtet und – nicht selten – auszugsweise auch noch übersetzt werden mußten. Außerdem mußte ein Presseverbot, ehe es, einmal von der Hohen Kommission verfügt, zur Ausführung gelangte, mehrere administrative Hürden passieren: Gewöhnlich unterrichtete die *H.C.I.T.R.* zunächst den Reichskommissar für

genug. Die Hartnäckigkeit, mit der die Militärverwaltung an ihrer Überzeugung festhielt, daß Franzosen und Rhenanen durch eine gemeinsame Geschichte untrennbar verbunden seien, mag den heutigen Betrachter in Erstaunen versetzen. Schließlich wurden die Pariser Rheinlandpläne von den Entwicklungen der internationalen Politik überholt; in einem Klima allgemeiner Entspannung in Europa waren sie nicht mehr aufrechtzuhalten. Im Londoner Abkommen aus dem Jahre 1924 wurde das Ende der Rheinlandbesetzung auf das Jahr 1930 festgesetzt und damit das Scheitern der französischen Politik am Rhein besiegelt. Den Franzosen blieb die Möglichkeit, sich durch die Erinnerung an eine ruhmreiche erste Rheinlandbesetzung der Jahre 1794 – 1814 über die außenpolitische Niederlage hinwegzutrösten.

5. *Consolatio historiae*

Mit der militärischen Zeremonie anläßlich der künstlerischen Vollendung des *Monument Hoche* zu Weissenthurm bei Koblenz im Jahre 1928 bot sich der französischen Besatzungsmacht eine publikumswirksame Gelegenheit, von dieser Möglichkeit des Umgangs mit Geschichte Gebrauch zu machen. Die Vorgeschichte des Ereignisses ist schnell erzählt: 1797, unmittelbar nach dem überraschenden Tod des noch nicht dreißigjährigen Oberbefehlshabers der *Armée de Sambre-et-Meuse*, Lazare Hoche, erwarben französische Offiziere und Soldaten in Weissenthurm ein Grundstück und ließen dort ein klassizistisches Grabdenkmal für ihren verstorbenen Kommandanten errichten; sie beauftragten den Pariser Bildhauer Boizot, Hoches militärisches Lebenswerk auf vier Relieftafeln wiederzugeben. Diese Tafeln sind dann aber nach Versailles gelangt und dort aufbewahrt worden. Die sterbliche Hülle des Revolutions- und Kriegshelden überführten die Franzosen zunächst nach Koblenz. So war das *Monument Hoche*, dessen Wartung die Gemeinde Weissenthurm übernommen hatte, über hundert Jahre hinweg ein Torso. Im Juli 1919 wurden die Gebeine des großen Franzosen in Anwesenheit von Foch, Mangin und Tirard in Weissenthurm beigesetzt. Schließlich konnten 1928 Boizots Relieftafeln in Form von Bronzeabgüssen am Sockel des Grabmals angebracht werden. Die französische Militärverwaltung feierte die späte Vollendung des Denkmals in der dem Anlaß gebührenden Würde am 14. Juli des Jahres; Tirard ließ sich zu einer bemerkenswerten Festrede[110] inspirieren, die er in Anbetracht des bevorstehenden Rückzugs der französischen Truppen aus dem Rheinland dazu benutzte, der französischen Rheinarmee das Rückgrat zu stärken. Die Erinnerung an das Schicksal Lazare Hoches sollte sie über ihre verständliche Frustra-

die besetzten Gebiete über ein Publikationsverbot; dieser leitete es an den Oberpräsidenten der Rheinprovinz, der die Regierungspräsidenten mit der Durchsetzung des Verbots beauftragte.

110 Tirards Festrede *Éloge de Hoche, pacificateur du Rhin* ist abgedruckt in: P. Tirard, *La France sur le Rhin*, Paris 1930, S. 461-467. Das *Haut Commissariat français* hat sie offenbar auch als bebilderte Broschüre unter den französischen Soldaten am Rhein verbreiten lassen; jedenfalls findet sich ein illustrierter Probedruck dieser Rede in Tirards nachgelassenen Papieren. – AN, AJ^9 3830.

tion hinwegtrösten und zugleich ermuntern, die unausweichliche Räumung des linken Rheinufers gelassen hinzunehmen. Es lohnt sich, Tirards Lobrede auf den Revolutionshelden zur Illustration in Auszügen vorzustellen.

Lazare Hoche war nach den enthusiastischen Ausführungen Tirards eine Heldengestalt mit übermenschlichen Zügen: »aucune tache, aucune défaillance, la pureté du marbre«[111] – eine Aussage, die angesichts der Lebensumstände des Revolutionärs und Feldherrn *cum grano salis* zu verstehen ist. Da der Nationalkonvent ihn damit beauftragte, die konterrevolutionären Aufstände in der *Vendée* niederzuschlagen, kam er in der Tat nicht umhin, seine Hände mit Blut zu beflecken. Tirard, der das Faktum nicht verschwieg, beeilte sich allerdings, Hoches edle Gesinnung hervorzuheben, die dem jungen Offizier das Blutvergießen immer wieder schwer machte[112]. Als Kommandant der *Armée de Sambre-et-Meuse* oblag ihm später die schwierige Aufgabe, die eroberten Länder am Rhein neu zu ordnen und souverän zu verwalten. Hoche, »[qui] ... pour inspirer ses décisions, n'a[vait] qu'à consulter son cœur«[113], tat offenbar das Richtige, als er darauf verzichtete, selbstherrlich das französische Verwaltungssystem im Rheinland einzuführen, und sich stattdessen bemühte, das Vertrauen und die Mitarbeit der Bevölkerung zur Durchführung der strukturellen Reformen zu gewinnen. Aber Hoches geduldige Anstrengungen, die rheinische Bevölkerung allmählich für die Sache der Französischen Revolution zu gewinnen, wurden durch höhere Gewalt vereitelt; der Beschluß des Direktoriums aus dem Jahre 1797, das linke Rheinufer kurzerhand zu annektieren, zerstörte Lazare Hoches Werk am Rhein. Sein plötzlicher Tod ersparte ihm die bittere Erkenntnis seines unverschuldeten politischen Scheiterns. In seinem abschließenden Urteil über den großen Franzosen überging der Laudator geflissentlich die persönliche Tragik des Helden und stellte die Aufrichtigkeit seiner Absichten in den Vordergrund; da Tirard in seiner Gedächtnisrede systematisch Lazare Hoches edlen Charakter herausgestrichen hatte, war es ihm ein Leichtes, seine Ausführungen in eine Verklärung des Revolutionshelden münden zu lassen: »Telle, dans sa brièveté, sa vie nous apparaît si pure, si intacte, que l'on songe au marbre, immaculé, d'un jeune héros que le temps ne peut atteindre mais qu'embellir.«[114] In der Lebensgeschichte des großen *pacificateur du Rhin* schien – darin lag die versteckte Botschaft Tirards an die französische Rheinarmee der zwanziger Jahre – das Schicksal der französischen Rheinpolitik nach dem 1. Weltkrieg vorweggenommen. Zerstörte 1797 ein Beschluß des Direktoriums Hoches zähes Bemühen um das Vertrauen der Rhenanen, so wurden – spätestens – 1924 die beharrlichen Versuche der französischen Besatzungsmacht vereitelt, die Bevölkerung des besetzten Gebietes mit den Mitteln der Propaganda für die französischen Rheinlandpläne zu gewinnen. Allein die Erkenntnis, daß das Scheitern der französischen Politik am Rhein einen historischen

111 Tirard, *Éloge de Hoche, pacificateur du Rhin*, in: ders., a.a.O., S. 463.
112 Vgl. ebd., S. 464f.: »Et, si le sombre drame de ces jeunes chefs, qui se combattent pour des idéals adverses, peut s'éclairer d'une lueur de beauté, trouvons-la dans l'effort éperdu, sublime de Hoche cherchant, en vain hélas! à arracher à la mort infâme ses adversaires vaincus.«
113 Ebd., S. 465.
114 Ebd., S. 467.

Vorläufer hatte, dürfte die französischen Militärs kaum getröstet haben; von entscheidender Bedeutung war vielmehr der durch Tirards Festrede suggerierte Glaube, daß in beiden Fällen höhere Gewalt friedliche französische Politik zunichte gemacht habe; denn, »... et c'est là notre honneur, toujours une volonté supérieure a dirigé nos efforts: alléger les charges de la guerre et de l'occupation pour les populations que nous voulons appeler à la liberté, et assurer à nos frontières une couverture qui garantit la paix européenne.«[115] Mit dem deutlichen Hinweis auf den – angeblich – grundsätzlich altruistischen Charakter französischer Besatzungspolitik auf dem linken Rheinufer sollten die frustrierten französischen Offiziere und Soldaten über die nunmehr unumgängliche Räumung ihrer Quartiere im Rheinland hinweggetröstet und gleichzeitig dazu aufgefordert werden, stolz auf ihre eigenen Leistungen am Rhein zurückzublicken, die im übrigen einen Vergleich mit denjenigen ihrer Vorgänger nicht zu scheuen brauchten.

Tirards verspätete Leichenrede auf Lazare Hoche dokumentiert die Unfähigkeit vieler Verantwortlicher der französischen Besatzungspolitik, von einem Konzept abzurücken, das sich aus verschiedenen Gründen als politisch nicht durchsetzbar erwiesen hat; zahlreiche Mitglieder der französischen Militärverwaltung führten den Schiffbruch der französischen Politik am Rhein offenbar in keiner Weise auf eigenes, französisches, Verschulden zurück, sondern fühlten sich von Entwicklungen überrollt, die sie nicht zu steuern vermochten. Die Geschichte der französischen Besatzungspolitik am Rhein nach dem 1. Weltkrieg, die sich vor dem Hintergrund einer ambitionierten französischen Außenpolitik zutrug, ist daher gewiß auch die Geschichte einer hartnäckigen Illusion.

115 Ebd., S. 465.

C. Das Arsenal historischer Argumente

Frankreichs historische Propaganda am Rhein basierte zu einem guten Teil auf einschlägigen Argumenten der voraufgegangenen Kriegszieldiskussion. Dies bedeutete jedoch nicht, daß die historischen Exempel, die während des Krieges zur Legitimation der französischen Ansprüche auf das linke Rheinufer aufgeboten worden waren, unbesehen übernommen worden wären; im Gegenteil, die Verantwortlichen der französischen Kulturpolitik in den besetzten Gebieten trugen den Realitäten, die der Versailler Vertrag geschaffen hatte, durchaus Rechnung und paßten ihre Argumente den veränderten Rahmenbedingungen an: Der Friedensvertrag hatte die hochgespannten Erwartungen der französischen Regierung enttäuscht, da er es ihr lediglich gestattete, das linke Rheinufer zusammen mit den übrigen Siegermächten für eine befristete Zeit zu besetzen. Obschon die im wesentlichen sicherheitspolitisch motivierte Forderung nach der Rheingrenze mit dem Rheinlandabkommen des Jahres 1919 nicht gegenstandslos geworden war, so glaubte sich die französische Militärverwaltung am Rhein nichtsdestoweniger gut beraten, als sie es vermied, ungeachtet der Regelungen des Versailler Vertrages die Rheinlandfrage neu zu stellen und auf eine Revision der Bestimmungen zu drängen. Die Vorsicht, welche Tirard und seine Untergebenen in der Auseinandersetzung um das linke Rheinufer walten ließen, schlug sich auch in der Wahl der Argumente nieder, mit denen die Bevölkerung der besetzten Gebiete vom Vorteil einer Annäherung an Frankreich überzeugt werden sollte. Spielte die Rede vom „historischen Recht" Frankreichs auf seine „natürliche Grenze" im Osten noch eine entscheidende Rolle, als es darum ging, Kriegsziele zu formulieren und einen Anspruch auf die Rheingrenze zu legitimieren, so fand dieses gleichermaßen geographisch wie historisch eingefärbte Argument in der Propaganda des *Service Presse et Information* keine Verwendung mehr, vermochte es die französischen Ambitionen am Rhein doch nicht einmal notdürftig zu kaschieren. Die während des Krieges häufig strapazierte „zivilisatorische Mission" der Franzosen überdauerte dagegen den Versailler Frieden und avancierte zum wichtigsten historischen Argument im Rahmen der kulturpolitischen Kampagne des Presse- und Informationsdienstes, ließen sich auf diese Weise Frankreichs handfeste politischen Interessen auf dem linken Rheinufer doch zumindest geschickt verbrämen. Immerhin zeigte die Verringerung des überkommenen Arsenals an geistigen Waffen, daß historische Argumente offenbar nicht *per se* unverfänglich sind, daß es neben schmeichelhaften Retrospektiven nicht zuletzt auch Erinnerungen gab, welche unangenehme Perspektiven nicht zurück-, sondern hervortreten ließen. Entscheidend für die Transparenz einer historischen Beweisführung mit der nötigen Überzeugungskraft[1] war vielmehr, ob ein historisches Versatzstück Hoff-

1 Kein Geringerer als E. Driault brachte in einem Leitartikel unter der Überschrift *L'Histoire et l'actualité. Le Rhin, fleuve de la paix*, in: *L'Écho du Rhin* Nr. 1331, 15.12.1923, das Prinzip der Instrumentalisierung historischen Wissens auf die griffige Formel »L'Histoire n'est pas utile, parce qu'on y lit le passé, mais parce qu'on y lit l'avenir« und redete damit einem problematischen Geschichtsverständnis das Wort, das nicht nur eine

nungen weckte oder schlimme Befürchtungen bestätigte. Ein abermaliges Insistieren auf Frankreichs „historischem Recht" auf „natürliche Grenzen" an seiner Ostflanke hätte die Angst der rheinischen Bevölkerung vor einer noch bevorstehenden Annexion genährt und den Erfolg der französischen Besatzungspolitik hochgradig gefährdet. So war auch der argumentative Einsatz geschichtlicher Fakten und Begebenheiten nicht frei von Fallstricken und bedurfte des Nachdenkens über seinen voraussichtlichen Nutzen und Nachteil: historische Argumente waren darauf zu überprüfen, ob sie der grassierenden Furcht vor französischen Annexionsplänen Vorschub leisten könnten. Das Annexionstrauma der rheinischen Bevölkerung, das den *Service Presse et Information* seinerseits das Fürchten lehrte, wirkte sich auf die inhaltliche Gestaltung der französischen Propaganda aus und führte zu einer bemerkenswert dynamischen Argumentation.

1. *Le Rhin Pacificateur*

Die Zurückhaltung, welche die französische Militärverwaltung sich in der publizistischen Auseinandersetzung um die Rheingrenze aus taktischen Erwägungen heraus auferlegt hatte, spiegelte sich rein äußerlich in einer signifikanten Wortwahl: Galt der Rhein bislang als „natürliche Grenze" Frankreichs, so firmierte er von nun an unter der programmatischen Bezeichnung *fleuve de la paix* oder vergleichbaren Epitheta. Das betont pazifistische Vokabular dokumentiert den Willen des für die französische Kulturpropaganda verantwortlichen *Service Presse et Information*, Begriffe zu meiden, denen der Stallgeruch des Imperialismus anhaftete und an denen die wahren Absichten der französischen Besatzungsmacht ablesbar gewesen wären. Ihre Verwendung hätte alle Hoffnungen Frankreichs zerstören müssen, auf dem Wege der *pénétration pacifique* das linke Rheinufer doch noch unter seine Kontrolle zu bringen. Die neue Begrifflichkeit war indessen nicht nur eine Frage der Rhetorik, sie stand auch für eine politische Vision, an welche die Franzosen am Rhein glaubten – oder glauben sollten, und welche sie in der Illusion bestärkte, die „Westintegration" des Rheinlands ließe sich schließlich

Diagnose der Gegenwart im Lichte der Vergangenheit, sondern vor allem auch eine sichere Prognose der unmittelbaren Zukunft zu gestatten schien. Driault hat hier offensichtlich die Kompetenzen des Historikers überschritten. Zu den methodischen Problemen, die durch eine allzu „transparente" und im Grunde ahistorische Gleichsetzung von vergangenen Geschehnissen und zukünftigen Entwicklungen aufgeworfen werden, vgl. L. Febvre, *Le Problème du Rhin*, Paris o.J., der sich mit den Fehlleistungen der sog. *historiens du „Rhin français"* auseinandersetzte und nicht zuletzt gegen ihre finalistische Geschichtsauffassung anschrieb: »Mais l'histoire ne prévoit pas. Du moins pas le lendemain. C'est assez, sans doute, qu'il lui arrive, parfois, de prévoir la veille. En fait, pas de courbe unique, régulière, continue du passé qu'on puisse par la pensée, sans trop de témérité, prolonger à travers les espaces encore vides de l'avenir. À chaque instant, la courbe se divise et se rompt, bifurque, obligue, se retourne en sens contraire. L'histoire du Rhin ne „nécessite" rien. L'histoire du Rhin ne „démontre" rien. ... La leçon de l'histoire, la voilà. Clio ne parle pas au futur. D'un doigt professoral, elle ne montre à personne les chemins de l'avenir. Elle cherche à comprendre. Elle analyse, distingue, démêle.« S. 153 und 155.

noch herbeiführen. In den Presseorganen der französischen Besatzungsbehörden erschienen immer wieder übergreifende Artikel, in denen die Idee des *Rhin Pacificateur*[2] entwickelt wurde: Wer den Ausführungen der französischen Publizisten Glauben schenkte, mußte annehmen, daß die Bewohner der Rheinlande Romanen seien, daß sie als solche in die abendländische Kultur und Zivilisation integriert seien und daher mit den barbarischen Germanen und Slawen jenseits des Rheins, deren zeitgemäße Verkörperung die Preußen darstellten, nichts gemein hätten[3]. Daß ausgerechnet der Rhein die Grenze zwischen zivilisiertem „Okzident" und barbarischem „Orient" markiere, sei nicht auf das Konto der Vorsehung zu verbuchen, sondern schlicht und ergreifend das Resultat eines historischen Zufalls:

> Quand on réfléchit sur l'histoire, on se prend à penser qu'il n'y a pas eu peut-être pour l'Europe de plus grand malheur que la défaite de Varus. Sans ce grave échec, les Romains auraient sans doute soumis et romanisé toute la Germanie: le grand isthme qui va de la Mer Noire à la Baltique serait devenu la frontière de l'empire; les Slavo-Germains de l'Allemagne centrale et orientale auraient, sous la force des fortes disciplines latines, modifié et romanisé leur caractère primitif: la face du monde aurait changé! Mais l'histoire ne se refait pas; elle a mis aux prises précisément sur les deux rives du Rhin, les deux civilisations et les deux peuples d'Allemagne et de France.[4]

Wenngleich zugestanden wurde, daß den Rheinländern mit der Verteidigung der romanischen Kultur und Zivilisation an vorderster Front zweifellos eine undankbare Aufgabe zugefallen sei, so wies die französische Propaganda noch im gleichen Atemzug darauf hin, daß eine Existenz am äußersten Rand des romanischen Kulturkreises nicht nur Schicksal sei, sondern auch Verpflichtung. Durch ihre Mittellage seien die Bewohner des linken Rheinufers geradezu prädestiniert, in den Konflikt der beiden Völker vermittelnd einzugreifen und auf diese Weise eine friedliche Koexistenz zu ermöglichen[5]. Voraussetzung sei, »... qu'ils ne se fassent pas les complices d'une

2 Folgt man der Klassifikation der um den Rhein rankenden politischen Mythen, die K. Wenger, *Le Rhin, enjeu d'un siècle*, in: P. Ayçoberry, M. Ferro (Hg.), *Une histoire du Rhin*, Paris 1981, S. 255-291, vorgenommen hat, so wäre die Idee des *Rhin Pacificateur* einem dritten Typus, dem Mythos vom Rhein als »Foyer de l'Europe occidentale et charnière de la paix« (ebd., S. 256) zuzuordnen, der als kosmopolitische Alternative zu den nationalistisch eingefärbten und untereinander rivalisierenden Modellen der *frontière naturelle* und des Arndtschen *Deutschlands Strom, nicht Deutschlands Grenze* vor allem im Rahmen der deutsch-französischen Verständigung nach dem 2. Weltkrieg zum Tragen gekommen ist, nachdem die Rheingrenze für ein Jahrhundert »la principale pomme de discorde entre les deux pays« (ebd., S. 278) war.

3 Vgl. R. Pinon, *Le Rhin Pacificateur – Der Rhein als Friedensstifter*, in: *Le Rhin Illustré* Nr. 33, 20.12.1919: »Les Pays Rhénans ont été profondément romanisés par les empereurs de Rome d'abord, par l'Église ensuite, par la France enfin aux XVIIe et XVIIIe siècles. Cette romanisation, c'est ce qui donne aux Pays Rhénans leur caractère particulier, c'est ce qui les a toujours différenciés de l'Allemagne de l'Est peuplée de Slaves germanisés, qui a trouvé son expression adéquate dans le caporalisme et le bureaucratisme prussiens.«

4 Ebd.

5 Vgl. ebd.: »La région rhénane a souvent souffert de la lutte, mais elle a beaucoup gagné au double contact: elle participe des deux cultures et la suite des siècles l'a faite zône de transition et d'échanges; ... Leur vocation [i.e. celle des Rhénans] est d'être les intermédiaires naturels entre deux civilisations et d'empêcher le conflit des deux peuples.«

politique impérialiste et pangermanique qui se traduirait pour eux par une plus complète prussianisation, par une absorption définitive dans une Allemagne où leur esprit ne dominerait pas et qui ne serait faite, tant s'en faut, à leur image.«[6] Das antipreußische Ressentiment schien in der Tat das Lebenselexier der französischen Propaganda am Rhein zu sein. Mit dem Aufbau eines preußischen Feindbildes und dessen konsequenter Pflege glaubte das *Haut Commissariat français*, antipreußische Gefühle in der rheinischen Bevölkerung verstärken und die Rheinlandbewegung langfristig in seinem Sinne steuern zu können. Die französische Presse in den besetzten Gebieten arbeitete daher beharrlich an der Demontage Preußens, indem sie in unbarmherziger Schwarz-Weiß-Kontrastierung ein positives Bild von zivilisierten Romanen und Rhenanen diesseits des Rheins und ein negatives Gegenbild von ungehobelten Preußen und Slawen jenseits des Stroms zeichnete[7]. Überhaupt war die den Rheinländern zugedachte Friedensmission zunächst defensiv konzipiert, galt es doch, die westliche Zivilisation an der Rheinlinie gegen An- und Übergriffe des barbarischen preußischen Militarismus zu verteidigen. Diese frühe Interpretation des rheinischen Friedensauftrags stand noch ganz im Zeichen der Kriegszieldiskussion: die im Sicherheitsdenken ebenso geübten wie befangenen Offiziere der französischen Besatzungstruppen konnten sich offenbar nur allmählich von dem Gedanken lösen, daß dem Rhein strategische Bedeutung zukomme; in ihrer Vorstellung blieb der Rhein zunächst noch eine Grenze und Verteidigungslinie. Daran vermochte die Bezeichnung *fleuve de la paix* ebensowenig etwas zu ändern wie die Behauptung, dieser Fluß begrenze das Areal der abendländischen Kultur, die das überkommene Dogma ersetzte, welches den Rhein zur *frontière naturelle* des französischen Staatsgebietes erklärt hatte. Nachdem der Strom zur Demarkationslinie zwischen Kultur und Barbarei deklariert worden war, ließ sich das tradierte Deutschenbild, nach dem das gesamte deutsche Volk dem preußischen Militarismus verfallen sei und sich als unfähig erweisen werde, über den verlorenen Krieg zu trauern, nicht mehr aufrechterhalten. Die diesseits des Rheins in unmittelbarem Kontakt mit der romanischen Welt lebenden Deutschen wurden zur *sanior pars* ihrer Nation erhoben und aus dem Verdikt ausgenommen. So zwingend dieser Schluß angesichts des Umstandes, daß der Rhein in den Augen der französischen Besatzungstruppen nunmehr die abendländische Zivilisation von der preußischen

6 Ebd.

7 Das vom französischen Presse- und Informationsbüro strapazierte Feindbild, nach dem Preußen, bar jeglichen zivilisatorischen Auftrags, nichts anderes als eine moderne Verkörperung der Barbarei sei, war keineswegs neu; es fand sich in Ansätzen bereits in der französischen Geschichtsschreibung der Jahre zwischen 1871 und 1914. Vgl. dazu: B. Gödde-Baumanns, *Bild, Gegenbild, Botschaft. Preußen und die Deutschen in der französischen Historiographie der Jahre 1871-1914*, in: *Analele Universitatis Bucuresti. Seria stiinte, sociale, istorie 33* (1984), S. 39-72. Eine ausführliche Liste der preußenfeindlichen Verlautbarungen der französischen Presse am Rhein hat E. König, *Die politische Publizistik und Kulturpropaganda zu den Loslösungsbestrebungen im Rheinland nach dem 1. Weltkrieg*, Wien 1962, S. 83 ff., zusammengestellt: Danach stellten historisch motivierte Verurteilungen Preußens nur ein kleines Kontingent der antiborussischen Äußerungen; im Vordergrund standen Hinweise auf die Verstrickung preußischer Militärs in die Kriegsschuldfrage, den notorischen Antikatholizismus der Berliner Behörden und die revolutionären Umtriebe in der fernen Hauptstadt.

Kulturlosigkeit trennte, auch gewesen sein mag, das Bekenntnis zur Wesensverwandtschaft von Romanen und Rhenanen ging den Franzosen zunächst keineswegs leicht von den Lippen. Es ist gewiß kein Zufall, daß der glücklose Vortragsreisende A. Burguet[8] die anfänglichen Schwierigkeiten – unfreiwillig – in einem fingierten Dialog zum Ausdruck brachte:

> Madame, et comme je sais le désir que vous avez de vous instruire, de plaisir aussi à m'entendre [!], je veux vous parler des Rhénans, sujet d'actualité par excellence. Cela vous convient-il, chère Madame? ...
> *Je suis tout oreilles,* me dit-elle, *et surtout ne craignez pas de me sermonner, si le coeur vous en dit.*
> Tout d'abord, laissez-moi vous dire, Madame, que l'assertion qui est tombée si simplement de vos lèvres ..., est complexe et mon premier soin sera donc de la décomposer en ses éléments. *Les Rhénans sont des Allemands.* Jusqu'ici votre jugement est parfaitement exact. Ils le sont au point de vue ethnologique comme aussi au point de vue linguistique. J'ajouterai même qu'ils entendent le rester et ne vois pas très bien, d'ailleurs, comment ils pourraient faire autrement; car, s'il nous est facile de nous débarasser d'un chapeau, par exemple, il ne nous est guère possible de nous défaire de nos origines. ... Ainsi que vous le voyez, Madame, nous sommes parfaitement d'accord pour déclarer que les Rhénans sont des Allemands, mais où nous cessons de l'être, c'est quand vous ajoutez: *tout comme les autres,* du moins, si par ces autres vous entendez les Prussiens.
> *C'est évidemment,* répéta mon interlocutrice, *ce que je voulais dire puisque Prusse et Allemagne ne font qu'un.*
> Ce que vous venez de dire, Madame, est très juste au point de vue politique; car, en effet, la Prusse et les autres États allemands forment ensemble l'Empire germanique, mais c'est inexact à d'autres points de vue notamment en ce qui concerne les origines ethniques. Les habitants du Brandenbourg, du Mecklenbourg et de la Prusse proprement dite sont d'origine celto-slave, ceux des provinces rhénanes sont de souche celto-germanique et aucune influence ... n'a été assez puissante pour effacer les marques caractéristiques propres à chacun des deux groupements ethniques.[9]

Burguets verwinkelte Unterweisung illustriert die Mühen, die es kostete, einen Keil in das monolithische Feindbild der Kriegszeit zu treiben, um eine „rheinische" Variante des alten Bildes der *deux Allemagnes* aus der Taufe zu heben. Die Überprüfung der überkommenen Vorstellung eines flächendeckend borussisch infizierten deutschen Reiches und, damit einhergehend, die Anerkennung des Umstandes, daß die Rheinprovinz sich als weitgehend immun erwiesen habe, waren notwendig geworden, als die Besatzungstruppen ihre Stellungen auf dem linken Rheinufer bezogen und sich mit der Bevölkerung gütlich einigen mußten – Tirard hatte dies als einer der ersten erkannt und daraufhin die Weichen für eine erfolgverheißende französische Kulturpolitik gestellt[10]. Texte der vorgestellten Art, die unter dem Motto »instruire et convertir«[11] standen, richteten sich nicht zuletzt an die Militärs selbst, deren antideutsche Einstellung notorisch war und im Sinne eines pragmatischen Zugeständnisses an das Besat-

8 Vgl. S. 54f., Anm. 98.
9 A. Burguet, *Une pensée par mois*, in: *Le Rhin Illustré* Nr. 54, 15.5.1920.
10 Vgl. S. 29.
11 *À propos des conférences de Monsieur Burguet en pays rhénans.* Anmerkungen der Redaktion zu A. Burguets Vortragsreisen, in: *Le Rhin Illustré* Nr. 39, 31.1.1920.

zungsstatut auf eine antipreußische reduziert werden sollte. Burguets »apostolat«[12] war jedoch, ebenso wie die defensive Interpretation der Friedensmission der Rhenanen, lediglich eine vorübergehende Erscheinung. Beide Phänomene kennzeichneten die Anfänge der französischen Besatzungspolitik am Rhein: Aus der fixen Idee, der Rhein sei eine geographisch und geschichtlich ausgewiesene Grenze, die, wenn schon nicht die französische Nation, so doch die westliche Zivilisation von der preußisch überformten Barbarei trenne, ergab sich zwingend die Rehabilitierung der Bewohner des linken Flußufers. Als sich das Vertrauen der französischen Offiziere und Verwaltungsbeamten in die Bevölkerung der besetzten Gebiete zu stabilisieren schien – die Hoffnungen, welche die Militärverwaltung in die Rheinlandbewegung gesetzt hatte, mögen das ihre dazu beigetragen haben –, wurde die den Rheinländern zugedachte Friedensmission zunehmend offensiv ausgelegt, und die strategische Bedeutung des Rheins geriet aus dem Blickfeld.

Die Aufwertung des Rheinlands in der Publizistik der französischen Besatzungsbehörden schlug sich nicht zuletzt in seiner Ernennung zum *praeceptor Germaniae*[13] nieder, einem Ehrentitel, der die Verdienste der Rhenanen um die Verbreitung der westlichen Kultur und Zivilisation jenseits des Rheins würdigen sollte. Immerhin sei die Missionierung und Kolonisierung der Germanen und Slawen von rheinischem Boden ausgegangen, eine zivilisatorische Großtat, die nicht hoch genug gepriesen werden könne, habe sie doch einen hohen Blutzoll gefordert[14]; außerdem seien die rheinischen Kurfürsten und Erzbischöfe die Architekten jenes Heiligen Römischen Reiches deutscher Nation gewesen, dessen föderalistische Struktur den Frieden in Europa jahrhundertelang garantiert hätte; schließlich hätten die deutschen Staaten bis ins 19. Jahrhundert gutnachbarliche Beziehungen zu Frankreich unterhalten – um von den engen kulturellen Kontakten zwischen Franzosen und Rhenanen gar nicht erst zu reden. Wer dies alles recht bedenke, müsse zugestehen, daß »... cela compte dans l'histoire plus que l'accident prussien qui n'a été que de quelques années.«[15] Vor diesem Hintergrund erstaunt es nicht, wenn die französische Presse zur Millenniumsfeier im Jahre 1925[16] anmerkte: »Le millénaire rhénan devrait logiquement célébrer la réunion d'une terre jusqu'alors sans histoire, qui s'appelait la Germanie, aux pays du Rhin et à leur force civilisatrice.« Dies um so mehr, als die Rheinprovinz kein Nebenschauplatz der deutschen Geschichte, sondern »... bien plutôt un point de départ, ... un noyau«[17]

12 Ebd.

13 Vgl. E. Driault, *L'Histoire et l'actualité. Le Rhin, fleuve de la paix*, in: *L'Écho du Rhin* Nr. 1331, 15.12.1923: »...une région de transition par où la Germanie de la rive droite est appelée à s'introduire de siècle en siècle dans la société civilisée: l'École de la Germanie comme au temps de Charlemagne et de Boniface: – la Rhénanie d'aujourd'hui.«

14 Vgl. ebd.: »Rude besogne que d'introduire la Germanie dans la société civilisée. ... Ce fut l'œuvre admirable d'une multitude de moines, dont le plus illustre fut saint Boniface, ... ils s'y enfonçaient sans autre arme que leur crucifix; ... Ils étaient parfois entendus; ils étaient plus souvent outragés, maltraités, torturés: la Germanie fut une terre de martyrs.«

15 Ebd.

16 Vgl. S. 123ff.

17 G. Pey, *Les fêtes du millénaire rhénan*, in: *La Revue Rhénane* 5 (1924/25), S. 632-636, hier S. 636.

gewesen sei. Auf diese Weise avancierte das linke Rheinufer vom Grenzposten des Abendlandes zum Bindeglied zwischen lateinischer und germanischer Welt. Rheinischen Mittlerdiensten zufolge, habe Mitteleuropa befriedet und allmählich in die abendländische Kultur und Zivilisation integriert werden können; überhaupt habe die umfassende Missionierung der Germanen durch die Rhenanen erst den Grundstein der deutschen Geschichte gelegt. Den Ausführungen läßt sich zweifellos entnehmen, daß der Begriff *Rhin Pacificateur* einem rasanten Bedeutungswandel unterlag: innerhalb weniger Jahre wurde die ursprünglich defensiv ausgelegte Idee, nach welcher die Bewohner der Rheinlande als Gralshüter der westlichen Zivilisation figurierten, nahezu in ihr Gegenteil verkehrt, denn die wesentliche historische Leistung der Rheinländer wurde nunmehr darin gesehen, daß sie die Werte und Errungenschaften der abendländischen Kultur offensiv nach außen vertreten und vermittelt hätten. Der Bedeutungswandel mag sich weniger radikal ausnehmen, wenn man davon ausgeht, daß Angriff die beste Verteidigung ist. Je höher die Mittlertätigkeit der Rhenanen rangierte, desto tiefer sank der ehemals hoch im Kurs stehende strategische Wert der Rheinlinie. Mehr noch, ein Leser der einschlägigen französischen Presse mußte im Laufe der Besatzungsjahre den Eindruck gewinnen, daß der Rhein seine ihm vormals zugedachte Funktion als Grenze weitgehend eingebüßt habe. Immerhin veröffentlichte die konziliante *Revue Rhénane* 1927 einen Artikel, dessen Autor die brisante Frage »Quelle fut la mission *géopolitique* du Rhin? A-t-il agi comme une barrière ou au contraire, comme un centre d'attraction, un formateur d'États?«[18] erörterte und salomonisch beantwortete: Der Rhein sei weder eine von der Natur vorgebenene Grenze[19], noch geographischer Mittelpunkt einer Nation[20] – eine These, die sowohl das Dogma der *frontière naturelle* auf den Kopf als auch die traditionelle deutsche Gegenposition, der zufolge der Rhein *Deutschlands Strom, aber nicht Deutschlands Grenze* war[21], in Frage stellte. Der Verfasser beließ es nicht bei der Zurückweisung wohlbekannter Standpunkte und steuerte ein *tertium comparationis* bei:

> Malgré cette double insuffisance, le Rhin réussit à jouer un rôle essentiel, et d'une façon très originale. ... Le Rhin moyen ne pouvait puiser dans son *Hinterland*, mais les vallées lui apportaient des éléments de toutes les civilisations étrangères: la Moselle l'esprit gallo-romain, chrétien, carolingien, le Main l'influence franconienne et souabe; le Haut-Rhin les

18 M. Germain, *Les destinées rhénanes*, in: *La Revue Rhénane* 7 (1926/27), S. 52-55.

19 Vgl. ebd., S. 52: »Le Rhin fut-il un obstacle? Il est rare qu'un grand fleuve joue véritablement ce rôle, à moins qu'il ne soit irrégulier, difficilement navigable, d'accès et de traversée peu commode. En fait, le Rhin ... ne remplissait aucune des conditions d'une bonne frontière fluviale: le tracé en était sinueux, le commandement passait alternativement d'une rive à l'autre, les bords étaient d'accès facile.«

20 Vgl. ebd., S. 53: »Le Rhin fut-il plus actif comme noyau formateur d'états que comme limite à leurs expansions? Il semble que non. ... L'ensemble des régions qu'il parcourt ne se dispose d'ailleurs pas en auréoles, autour de lui, mais s'aligne par bandes parallèles qu'il coupe à angles droits. Comme il lui était dès lors difficile d'imprimer sa marque sur cette contrée qu'il traversait certes, mais en y creusant un seul étroit sillon, sans les entamer, sans entrer dans leur intimité! ... Le Rhin formait donc un médiocre noyau pour une nation.«

21 So lautete der programmatische Titel der bereits erwähnten Streitschrift E.M. Arndts aus dem Jahre 1815.

idées suisses, bourgignonnes, lombardes; le Bas-Rhin l'écho des Flandres et des Pays Bas. ... Grâce à une certaine prospérité de bon aloi, à la douceur du climat, l'harmonie du paysage, à la variété des apports étrangers, ce fut une civilisation de très haute qualité, qui se développait là, bienveillante, acceuillante et très humaine. ... Si au cours de son histoire, ne pouvant former une patrie politique, la Rhénanie forma du moins une patrie spirituelle.[22]

Der Kunstgriff, mit dem die Rheinlande in eine naturgemäß grenzüberschreitende *patrie spirituelle* verwandelt wurden, mag als kluger Kompromißvorschlag gewertet werden, ja als ein Versuch, den politischen Sprengstoff zu entschärfen, den die Rheinlandfrage in sich barg. Der deutsch-französische Konflikt um den Rhein ließ sich indessen nicht kosmopolitisch auflösen. Im Gegenteil, die Vorstellung, der zufolge die Wiege der abendländischen Kultur am Rhein stand, führte zu Erbstreitigkeiten; Frankreich hielt sich da kaum zurück und machte umfassende Urheberrechte geltend, glaubte es doch, die Entstehung der „humanistischen" Kultur und Zivilisation auf dem linken Rheinufer in erheblichem Maße beeinflußt zu haben. Da »... ce siècle de heurts politiques et de suprématie prussienne ait mal correspondu à l'humanisme pacifique de la Rhénanie et lui ait fait quelque peu oublier sa haute mission de civilisation«[23], rief M. Barrès, der sich mit seinen Straßburger Vorlesungen über das *Génie du Rhin*[24] auf einschlägigem Terrain bewegte, – in einem wohlverstandenen nationalen Interesse – Frankreichs Intellektuelle dazu auf, die Errungenschaften des „rheinischen Humanismus" gegenüber dem preußischen Militarismus zu verteidigen und die Rheinländer an ihre historische Mission zu erinnern. Daß es dabei nur vordergründig um Kosmopolitismus rheinischer Observanz, tatsächlich aber um die französischen Anteile an der rheinischen Kultur ging, stand für Barrès außer Frage; er bekannte offen, daß es nur darauf ankomme, das französische Erbe am Rhein »wiederzufinden« und davor zu bewahren, von preußischen Beamten und Offizieren »vereinnahmt« zu werden[25]. Diese Absicht, nicht die abendländische Welt schlechthin, sondern allein die historisch verbürgten kulturellen und zivilisatorischen Leistungen Frankreichs gegen die preußische Barbarei auszuspielen, faßte er am Ende seiner mehrteiligen Vorlesung noch einmal in einem eindrucksvollen Bild zusammen: Es gelte, dem Niederwalddenkmal, das preußisch-deutsche Aggression und Gewalt symbolisiere[26], zu trotzen und das Bildnis Jeanne d'Arcs »comme un signe de l'apostolat français et de la force

22 M. Germain, *Destinées*, S. 54f.

23 Ebd., S. 55.

24 M. Barrès, *Le Génie du Rhin*, Paris 1921. Die Straßburger Vorlesungen wurden als Sonderdrucke der *Revue des Deux Mondes*, in der sie zuerst erschienen sind, in den besetzten Gebieten vertrieben. Vgl. S. 53f.

25 Vgl. M. Barrès, a.a.O., S. XIII: »Il s'agit de retrouver dans l'esprit et les institutions du Rhin la part dont il est légitime d'attribuer la paternité à la France et que l'emprise de la Prusse a trop fait perdre de vue.«

26 Vgl. ebd., S. 211f.: »Le germanisme prussien et son idéal aggressif ont prétendu se symboliser après 1871 dans la fameuse statue de la Germania du Niederwald, qui se dresse toujours sur le Rhin à l'entrée des défilés de Bingen. Elle y fut érigée comme un signe de domination. ... Pesante, massive, casquée, brandissant le glaive, elle est bien la Germanie à l'épée aiguisée, qui devait imposer au monde une paix de terreur et une guerre d'anéantissement.«

rayonnante qu'il y eut toujours dans notre nation«[27] vor dem geistigen Auge der Bewohner der besetzten Rheinlande wiedererstehen zu lassen. Barrès' *Génie du Rhin* war gewiß nicht universal, vermittelte es doch nicht zwischen zwei verschiedenen Welten, sondern lediglich zwischen zwei Nationen. Der Begriff des *Rhin Pacificateur* erfuhr auf diese Weise eine beachtliche Bedeutungsverengung; die französische Presse lancierte die Idee einer rheinischen Friedensmission überwiegend in ihrer eingeschränkten Version: Da die Rheinländer sich die zivilisatorische Hinterlassenschaft der Franzosen zueigen gemacht hätten, seien sie gegen eine allfällige *prussianisation* weitgehend gefeit gewesen und hätten ihr Einhalt gebieten können. Ihre Zuneigung zu Frankreich und ihre Abneigung gegen Preußen zeichneten sie vor ihren Landsleuten jenseits des Rheins aus und befähigten sie dazu, auch in Zukunft den Militarismus borussischer Prägung einzudämmen und auf diese Weise einen wertvollen Beitrag zur Friedenssicherung in Europa zu leisten. Diese Auslegung des Friedensauftrages offerierte der französischen Besatzungsmacht nicht zuletzt auch die Vision, daß die Rhenanen im Grunde Franzosen seien und die Besatzungstruppen willkommen hießen, mehr noch, daß die Franzosen kein fremdes Land verwalteten, sondern lediglich ihr kulturelles Erbe anträten. Ihr Glaube an eine rheinisch-französische Wahlverwandtschaft mußte die Illusion nähren, die Bevölkerung der besetzten Gebiete würde Preußen-Deutschland den Rücken kehren, einen unabhängigen Rheinstaat ausrufen und auf diesem Umweg Frankreichs Rheinland-Plänen weit entgegenkommen. Die Auffassung, der zufolge vor allem die Rheinländer Nutznießer eines glanzvollen Kultur- und Zivilisationstransfers von Frankreich nach Deutschland waren, spiegelte sich in zahlreichen Presseartikeln, welche die offenbar bedeutendste Leistung des französischen Volkes, die Große Revolution und ihren Export an den Rhein, zum Gegenstand hatten; nichts schien in der Tat geeigneter als dieses Kapitel der deutsch-französischen Geschichte, um den Bewohnern des Rheinlands die Verflechtung ihres Schicksals mit demjenigen ihres westlichen Nachbarn und den französischen Militärs das rühmliche Erbe ihrer Vorfahren, das sie bewahren und vermehren sollten, vor Augen zu führen.

2. Export der Französischen Revolution an den Rhein

Es lag nahe, am 14. Juli das Wort zu ergreifen und der Bevölkerung des linken Rheinufers kurz und bündig den tiefen Sinn des französischen Nationalfeiertages und die wesentliche Ursache des ausgeprägten Selbst- und Sendungsbewußtseins der benachbarten *grande nation* auseinanderzusetzen – eine Gelegenheit, die vor allem in den Anfangsjahren der Rheinlandbesetzung wahrgenommen wurde. Die Autoren einschlägiger Presseartikel hielten sich indessen nicht dabei auf, die geschichtlichen Ereignisse zu rekonstruieren, welche zum Sturm auf die Bastille geführt hatten – lediglich der Beitrag des *Rhin Illustré* zum *Quatorze Juillet* des Jahres 1919 umfaßte ein populär gehaltenes Exposé des historischen Geschehens[28]; stattdessen erklärten sie

27 Ebd., S. 214.
28 Vgl. den Artikel eines anonymen Verfassers *Das französische Nationalfest am 14. Juli und*

ohne Umschweife, daß der 14. Juli eine »fête symbolique par excellence« sei, die an die »Eroberung« der Freiheit durch das französische Volk im Jahre 1789 erinnere[29]. Frankreich habe dadurch der ganzen Welt »le chemin de la civilisation et de l'humanité«[30] gewiesen und könne auf diese Pionierleistung stolz sein. Es sei daher auch gewiß kein Zufall, daß es an diesem Tag nicht eines seiner bedeutenden militärischen Siege, sondern der revolutionären Tat gedenke, die der Menschheit die Freiheit geschenkt hätte:

> Bien que la France soit plus riche en gloire que celle de n'importe quelle autre nation, il n'est point venu à son peuple l'idée de commémorer chaque année, l'une de ses victoires que les quatre gigantesques piliers de son Arc de Triomphe sont insuffisants à mentionner. Comme ce parvenu que le hasard de la fortune favorise une journée, l'Allemagne ivre d'un succès éphémère, avait choisi son *Sedanstag* pour glorifier la journée répondant le mieux aux sentiments dominateurs de son peuple, la France, tout au contraire, fête le souvenir du triomphe du Droit sur la Force, le triomphe de la liberté sur la tyrannie.[31]

Der Verkündung und Verwirklichung der Menschenrechte, einer Tat von wahrhaft universalem Format, sei es gewiß unwürdig, wenn Frankreich den 14. Juli exklusiv feierte und die Revolution zum nationalen Eigentum deklarierte; daher sei die freie Welt aufgerufen, sich den Feiern anzuschließen[32]. Das Deutsche Reich wurde dagegen förmlich ausgeladen: »Si la République allemande n'était point ... une République sans républicains, elle tiendrait à honneur de s'associer à cette manifestation d'indépendance et d'affranchissement«, indessen »... pas une seule statue du kaiser ou de ses *inoubliables* ancêtres n'a été déboulonnée ou jetée à bas, comme le furent, chez nous, celles des souverains détrônés; pas une seule *Kaiserstrasse, Wilhelmstrasse* ou *Kronprinzenplatz* n'a été débaptisée dans aucune ville d'Allemagne; les timbres du Reich continuent à conserver leur Germania casquée et têtonnée d'acier«[33] – eine ebenso zutreffende wie entmutigende Diagnose der jungen deutschen Demokratie. Das französische Verhältnis zur Weimarer Republik war vermutlich durchaus zwiespältig: auf der einen Seite sollte Frankreich die demokratische Staatsschöpfung begrüßen, versprach sie doch eine Schwächung des preußischen Militarismus und eine damit einhergehende Verminderung des kriegerischen Potentials, das es seit alters her massiv zu bedrohen schien; auf der anderen Seite glaubten die Franzosen nicht so recht an eine Demokratisierung des Reiches und verdächtigten den Weimarer Staat der »camouflage«[34] – eine Auffassung, die sich zumindest das *Haut Commissariat français* zueigen gemacht hatte, und die es ihm erlaubte, eine Propaganda zu lancieren, welche das demokratische Gefälle zwischen Frankreich und Deutschland betonte und dabei auf eine singuläre Tradition zivilisatorischer und humanitärer Großtaten vom Schlage einer *Déclaration des Droits*

seine Bedeutung, in: *Le Rhin Illustré* Nr. 10, 12.7.1919.

29 J. Delage, *Le 14 Juillet en pays rhénans*, in: *Le Rhin Illustré* Nr. 63, 17.7.1920.

30 *Vive la République*, Anmerkungen der Redaktion des *Écho du Rhin* Nr. 520, 14.7.1921, zum französischen Nationalfeiertag.

31 Ebd.

32 Vgl. ebd.: »Ainsi comprise, et ainsi précisée, la fête du 14 Juillet ne saurait être celle de la France seule; elle est aussi celle de tous les peuples émancipés qui ont suivi son entraînant et généreux exemple.«

33 Ebd.

34 Ebd.

de l'Homme verweisen konnte. Die Verfasser der Gedenkbeiträge zum *Quatorze Juillet* beeilten sich jedoch, darauf hinzuweisen, daß die Rheinlande aus dem Block des antidemokratischen, nach wie vor preußisch inspirierten deutschen Reich herausgetrennt werden müßten, da sie in einzigartiger Weise vom Export der Französischen Revolution profitiert hätten und den Franzosen dafür heute noch dankbar seien[35]. M. Barrès hatte den Sachverhalt in der beschwörenden Formel »Le Rhin est un fleuve qui se souvient«[36] zum Ausdruck gebracht. Unter diesem Motto stand eine Vielzahl von Beiträgen zur Geschichte der Französischen Revolution im Rheinland, die der *Service Presse et Information* während der gesamten Besatzungszeit unabhängig vom Nationalfeiertag am 14. Juli in der französischen Presse veröffentlichen ließ, um die Erinnerung an jene große zivilisatorische Leistung bei den Bewohnern der Rheinprovinz ebenso wie bei ihren Besatzern aufzufrischen – in der vagen Hoffnung, die Offiziere und Soldaten orientierten sich an ihren Vorfahren, damit die Bevölkerung sie mit diesen um so leichter identifizieren könne.

Die Artikel zur rheinischen Revolutionsgeschichte zeichneten sich vor allem dadurch aus, daß sie die Ergebnisse des gewaltsam herbeigeführten Umbruchs auf dem linken Rheinufer in den Vordergrund treten und einzelne Etappen, beispielsweise Fortschritte und Rückschläge der Revolution, weitgehend unberücksichtigt ließen. Dieses Procedere führte dazu, daß Ausgangs- und Endpunkt einer rasanten Entwicklung unvermittelt nebeneinander standen und unbestreitbare Errungenschaften der Revolution auch vorteilhaft zur Geltung gebracht werden konnten, während auf der anderen Seite Ereignisse von durchaus epochaler Bedeutung, deren Vergegenwärtigung jedoch geschadet hätte, tunlichst verschwiegen wurden.

So vermied die französische Presse in den besetzten Gebieten es ängstlich, anders als in variierenden Formen des Understatements die Revolutionskriege zu thematisieren oder auch nur von ferne daran zu erinnern, daß das revolutionäre Frankreich danach trachtete, die linksrheinischen Territorien zu annektieren, und dieses Ziel schließlich auch erreichte; sie überging folgerichtig das Baseler Abkommen, den Annexionsbeschluß des Direktoriums, die Reunionsadressen aus den Reihen der Bevölkerung des linken Rheinufers sowie den Vertrag von Lunéville[37]. Auffällig ist hier

35 Vgl. den zitierten Artikel *Der französische Nationalfeiertag am 14. Juli und seine Bedeutung*, in: *Le Rhin Illustré* Nr. 10, 12.7.1919: »Mit Recht ist und darf das demokratische Frankreich stolz auf seine große Revolution sein, denn sie kann sich rühmen, bahnbrechend zur Herbeiführung der politischen und sozialen Gleichberechtigung gewirkt zu haben, und zwar nicht nur im eigenen Volke, sondern auch bei fremden Völkern. ... Besonders wir Rheinländer wissen das am besten zu würdigen. Vor der französischen Revolution waren unsere Vorfahren im wahre Sinne des Wortes Heloten ihrer Fürsten und der herrschenden Adelskaste. ... Die Truppen der ersten französischen Republik befreiten sie aus ihrer Knechtschaft und machten sie zu gleichberechtigten Staatsbürgern.« Vgl. auch den Beitrag *Il y a 125 ans. Vor 125 Jahren* eines Anonymus in: *Le Rhin Illustré* Nr. 29, 22.11.1919: »Bis zum Jahre 1901 hat man linksrheinisch nach dem Code Napoléon Recht gesprochen. Der neue Geist hatte Wurzel geschlagen, und mag auch heute manches anders geworden sein, im Volke lebt noch eine Erinnerung an jene Zeiten in Sitte, Gebräuchen und Sprache.«

36 M. Barrès, a.a.O., S. 23.

37 Es sei – zur Bestätigung der Regel – auf folgende Ausnahme verwiesen: *Le Rhin historique*,

vor allem die Unterschlagung des rheinischen Stimmungsbildes des Jahres 1798, diente es doch noch im Rahmen der Kriegszieldiskussion dazu, Frankreichs historisch legitimierte Rechtsansprüche auf die Rheingrenze um eine plebiszitäre Dimension zu erweitern und auf diese Weise Wilsons Friedensprogramm provisorisch anzupassen[38]. Es entbehrt wohl auch nicht der Pikanterie, daß Lazare Hoche, jener anerkannte Meister der Militär- und Ziviladministration unter den Generälen der Revolutionsarmeen, den Tirard in der Stunde des Abschieds der französischen Besatzungstruppen vom Rhein zu seinem historischen Vorläufer stilisiert hatte[39], in die Rubrik *La Vie Littéraire – Literarisches Leben der Revue Rhénane* verbannt wurde[40]. Während der historische Revolutionsgeneral politisch scheiterte, da das Annexionsvotum des Pariser Direktoriums die von ihm ausdrücklich befürworteten Pläne einer zisrhenanischen Republik zunichte machte, erstrahlte der literarische Hoche im vollen Glanze seiner republikanischen Tugenden und herausragenden logistischen und administrativen Fähigkeiten: der ehrgeizige General habe zwar hart durchgreifen müssen, nachdem er das Kommando über die verwahrloste Rheinarmee und die politische Verantwortung für die Verwaltung des linken Rheinufers übernommen habe, jedoch habe er die Dinge schnell in den Griff bekommen und zum Guten für die Bewohner und Besatzer jener Gebiete wenden können; den Soldaten habe er eine ausreichende Versorgung zukommen lassen und den Rheinländern persönliche Freiheit und wirtschaftliche Sicherheit gebracht[41]. Diese Art der Darstellung des politischen Wirkens des Revolutionsgenerals

ein nicht signierter Beitrag, welcher gleich zweimal, im *Supplément gratuit de L'Écho du Rhin aux jeunes soldats de la classe 1921* und im *Supplément* des Jahres 1922, veröffentlicht wurde. Sein Verfasser verwandte gut die Hälfte der ihm zur Verfügung stehenden Spalten darauf, die Rekruten der Jahrgänge 1921 und 1922 im Stile der *histoire événementielle* über die Geschichte der – ersten – »réunion des pays rhénans à la France« ins Bild zu setzen, und versicherte: »L'administration française fut un bienfait pour l'ensemble du pays, dont la population était, en outre, séduite par les formes libérales des idées politiques françaises. Aussi, ... beaucoup de Rhénans se montraient partisans d'une annexion complète et officielle à la France, ...« Die Klarheit, in der hier die historische Annexion des linken Rheinufers zur Sprache gebracht wurde, mag zunächst erstaunen, findet aber eine plausible Erklärung in dem Umstand, daß das *Écho du Rhin* in erster Linie Armeezeitung war, welche nach Möglichkeit »sans inutile camouflage« berichten und belehren sollte. Vgl. dazu S. 48

38 Vgl. S. 21ff.

39 Vgl. S. 59ff.

40 Vgl. die Artikelserie *La Vie de Lazare Hoche*, *Erstürmung der Tuileries*, *Hoche am Rhein*, in: *La Revue Rhénane* 7 (1926/27), S. 30-34.

41 *Hoche am Rhein*, a.a.O., S. 32-34, S. 33f., ein nachlässig übersetzter Text von mäßiger schriftstellerischer Qualität, dessen markantes Staccato Hoches rastlosen Tatendrang vermutlich literarisch imitieren sollte: »Zunächst keinen von diesen französischen Verwaltern mehr, die vom Kommando unabhängig sind und ihn [Hoche] systematisch nicht beachten. ... Muß man sie ersetzen? Ja, aber nicht durch Militärs, deren Aufgabe das nicht ist, sondern durch eine kleine Mannschaft von erprobten, zuständigen und uninteressierten [ein *faux-ami* des französischen *désintéressé*] Leuten. Fünf werden es sein, dazu ein Sekretär, das ist die berühmte Commission intermédiaire, die ihren Sitz in Bonn hat. ... Es klappt, die Commission schafft gute Arbeit, die Freiheiten leben in dem bedrückten Land wieder auf: Pressefreiheit, Religionsfreiheit. Das ist die Hauptsache. Hoche hat die Erfahrung der Vendée, und die Rheinländer sind genauso pfaffengläubig wie die Bretonen: also schnell 1000 Pfund Pension an die Geistlichen, alle Kirchen wieder aufgemacht,

am Rhein wurde der historischen Wirklichkeit nur zum Teil gerecht, blendete sie doch die politischen Auseinandersetzungen um die Form der Einverleibung des linken Rheinufers aus, in die Hoche verwickelt war, und deren Ausgang das Ende seiner steilen militärischen und politischen Karriere besiegelte; nur sein früher Tod vermochte ihn vor dem schmählichen Abstieg zu bewahren. Der fragmentarische Charakter des literarischen Porträts Lazare Hoches war indessen kein Zufall, sondern Absicht: in ihm spiegelte sich die Furcht des *Service Presse et Information*, annektionistische Strömungen in der Geschichte der französischen Außenpolitik beim Namen zu nennen und auf diesem Wege dem Annexionstrauma der rheinischen Bevölkerung Vorschub zu leisten. Mit Lazare Hoche hatte die französische Propaganda ein heißes Eisen angepackt, und um sich nicht daran zu verbrennen, mußte sie die schillernde Gestalt des Generals auf eine moralische Größe und außerordentliche organisatorische Begabung reduzieren. Im allgemeinen bewegte sie sich aber auf – vermeintlich – gesichertem Terrain und beschränkte sich darauf, die positiven Folgen der Französischen Revolution für die weitere Entwicklung der Rheinlande gebührend herauszustreichen.

Dieser ergebnis- und erfolgsorientierten Retrospektive entsprach es, daß die Napoleonische Ära als eine Epoche, in der die Revolution ihre ersten Früchte hervorzubringen schien, in Frankreichs historischer Propaganda dominierte. Der 100. Todestag Napoleon Bonapartes am 5. Mai 1921[42] kam dem sehr entgegen, gab er doch Anlaß zu zahlreichen Gedenkbeiträgen in der französischen Presse am Rhein. Von einem forcierten Napoleonkult kann indessen keine Rede sein, im Gegenteil, die Person des großen Korsen wurde nahezu ausgespart[43]; dagegen nahmen ausführliche Würdigungen der grundlegenden Veränderungen des politischen und wirtschaftlichen Lebens im Rheinland, die auf die Initiative Napoleons zurückgingen, einen breiten Raum ein: Diese tiefgreifenden Reformen wären ohne das umsichtige und rastlose Wirken der

den Religionsausübungen vollkommene Ungestörtheit ... Was ist noch los? Verteuerung des Lebens? Ausgezeichnet, setzen wir den Brotpreis fest, er wird nicht mehr in die Höhe gehen.«

42 Vgl. S. 55ff.

43 Nur wenige Beiträge über Napoleon Bonaparte waren biographischer Natur. Vgl. *Napoléon Ier. Court aperçu de sa vie et de son œuvre* und – aus gegebenem Anlaß – *À Sainte-Hélène* in: *Le Centenaire de la mort de Napoléon Ier. Supplément de l'Écho du Rhin du 5 Mai 1921.* Ebensowenige Artikel propagierten eine kultische Verehrung des Kaisers der Franzosen, am ehesten solche, die auf seinen Spuren wandelten und seine Reiserouten und Quartiere im Rheinland in Erinnerung riefen. Vgl. *Souvenirs Napoléoniens en Rhénanie*, ebd., und R. Richter, *Napoleon in Mainz*, in: *La Revue Rhénane 1* (1920/21), S. 502-506, der die Spurensuche (auf S. 506) zu einem Versuch nutzte, die Rheinländer mit dem gigantomanen Feldherrn und Eroberer zu versöhnen: »... Obwohl dieser große Kriegsheld wegen seiner Herrsch- und Eroberungssucht harte Beurteilung erfuhr, sind ihm doch Züge der Großmut, Interesse für Kunst und Wissenschaft, Förderung des Handels und der Industrie nicht abzusprechen. Darum: *Requiescat in pace!*« – ein Urteil, das den allgemeinen Trend der französischen Propaganda bestätigte, welcher die Person Napoleons seinem Werk hintangestellt wissen wollte. Überhaupt scheinen Napoleons Feldzüge und Eroberungskriege die Zurückhaltung zu erklären, die sich die französische Propaganda in Fragen der Biographie ihres ersten Kaisers auferlegt hatte, waren es doch diese Kriege, welche die Eroberung des linken Rheinufers durch die Revolutionsarmeen zunichte machten.

französischen Präfekten nicht zustande gekommen; daher seien die Rheinländer Napoleon zunächst dafür zu Dank verpflichtet, daß er es verstanden habe, fähige Administratoren an den Rhein zu entsenden[44]. Die *grands administrateurs*, von denen neben Beugnot[45] und Lezay-Marnésia[46] vor allem Jeanbon Saint-André, der Präfekt des *Département Donnersberg*, immer wieder genannt wurde, hätten im Laufe ihrer Amtszeit nicht nur den Nachweis herausragender fachlicher Qualifikation erbracht, sondern nicht zuletzt auch ihre moralische Autorität unter Beweis gestellt. Jeanbon Saint-André strebte, dem Ausweis der französischen Propaganda zufolge, nach republikanischer Vollkommenheit:

> [C'était] ... l'ancien conventionnel, Jean Bon Saint-André qui, depuis 1802, avec sa frugalité et laboriosité républicaines faisait l'admiration de ses administrés allemands. Un soir, ayant un diner de cour, Jean Bon se présenta dans un simple costume noir, au milieu des chambellans et des aides de camp en grande tenue. Comme des murmures se faisaient entendre, et que les élégants invités semblaient l'accueillir avec ironie, il éclata: *Nous avons*, leur dit-il, *porté au loin notre prépondérance et forcé les rois à venir humblement demander la paix. Savez-vous quel gouvernement a obtenu ou préparé de tels résultats? Un gouvernement de conventionnels, de Jacobins forcenés, coiffés de bonnets rouges, habillés de laine grossière, des sabots aux pieds, réduits pour toute nourriture à du pain grossier et à de mauvaise bière, et se jetant sur des matelas étalés par terre dans le lieu de leur séances, quand ils succombaient à l'excès de la fatigue et des veilles. Voilà quels hommes ont sauvé la France.* ... Il aurait pu ajouter: ... que suis-je ici sinon le continuateur qui essaie de réaliser, dans la paix et dans l'ordre, la pensée de la France de 1789?[47]

Die französische Presse ließ keine Zweifel darüber aufkommen, daß Saint-André tatsächlich das republikanische Tugendideal verkörperte[48], versicherte aber gleichwohl, daß der Chef des *Département du Mont-Tonnerre* kein Säulenheiliger der Revolution gewesen sei, schien er doch mit einem nüchternen Blick für das Machbare und menschlichem Mitgefühl ausgestattet gewesen zu sein[49]. Seine aufopfernde Pflege typhuskranker Soldaten der zurückflutenden Napoleonischen Armeen im Jahre 1813, die ihn schließlich das Leben kostete, habe gezeigt, daß er seiner philanthropischen

44 Vgl. Ch. Schmidt, *Ce que les Rhénans doivent à Napoléon*, in: *Supplément de l'Écho du Rhin du 5 Mai 1921*: »Or, ces administrateurs qui font aimer un gouvernement, Napoléon sut les choisir, et de cela il faut lui être reconnaissant.«

45 Vgl. E. von Wecus, *Graf Beugnot*, in: *La Revue Rhénane 2* (1921/22), S. 540-548.

46 Vgl. *Lezay-Marnésia, Préfet de Coblence – Lezay-Marnésia, französischer Präfekt in Coblenz*, in: *Le Rhin Illustré* Nr. 57, 5.6.1920.

47 Ebd.

48 Vgl. L. Madelin, *Napoléon et le Rhin*, in: *La Revue Rhénane 1* (1920/21), S. 421-433, S. 425, der ebenso drastisch wie lapidar befand: »... Celui qui devait le plus marquer fut Jean Bon: rude Cévenol, ancien membre du Comité de Salut Public ..., travailleur acharné, peu courtisan, parfois incommode, mais si fermement convaincu qu'il se devait corps et âme, nuit et jour, à son département, que c'était merveille. Napoléon disait brutalement: *Je couche avec la France.* Jean Bon *couchait* avec son Mont-Tonnerre.«

49 Vgl. *Jeanbon Saint-André*, in: *Le Rhin Illustré* Nr. 4, 31.5.1919: »Il apportait dans ses fonctions les rudes vertus des républicains théoriques mais en y mettant une bonté, une compassion aux pauvres gens qu'il n'était pas facile de deviner sous son aspect fruste et la brusquerie de ses manières.« Jeanbon Saint-André erscheint hier gewissermaßen als das menschliche Gegenstück zu Lazare Hoche, den Tirard am 14. Juli 1928 mit einer marmornen Statue verglichen und mit einer Aura der Unnahbarkeit umgeben hatte. Vgl. S. 60.

Gesinnung auch Taten folgen ließ und dabei bis zum Äußersten ging[50]. Das Bild, welches die französische Publizistik von Jeanbon Saint-André zeichnete, stellte einen populären Politiker und klugen Administrator mit revolutionären Grundsätzen dar, der vor allem gewollt habe, »*que le Gouvernement Français fût aimé*«[51]. Gerade diese Maxime seines Handelns ließ Jeanbon zum Vorbild für das Agieren der französischen Besatzungsbehörden der zwanziger Jahre werden, die angehalten waren, die arrogante Attitüde einer Siegermacht abzustreifen und stattdessen einen konzilianten Ton im Umgang mit der rheinischen Bevölkerung anzuschlagen; ein geschichtlich dokumentiertes Exempel konnte da nur nützlich sein: Die französische Militärverwaltung glaubte, sich und der Welt historisch beweisen zu können, daß Frankreich eine altruistische Nation sei, welche nur das Beste für die Menschen in ihrem Macht- und Einflußbereich erstrebe, und hoffte, diese Art der Selbstdarstellung werde sich nicht nur positiv auf das Verhalten der französischen Armee am Rhein auswirken, sondern überhaupt ihr Ansehen als Besatzungsmacht merklich heben. Hier zählte jedoch nicht allein das persönliche Beispiel bedeutender Präfekten und Statthalter der Rheinlande; die französische Presse verwies vielmehr auf das bleibende „Werk der Revolution“ auf dem linken Rheinufer, war es den *grands administrateurs* offenbar doch gelungen, die revolutionären Ideale auch in die Tat umzusetzen und im politischen Bewußtsein der Bevölkerung zu verankern. Das französische Presse- und Informationsbüro ließ immer wieder in Erinnerung rufen, daß die Zentralisierung und Vereinheitlichung auf der Ebene der Verwaltung und Rechtsprechung zu den wichtigsten Gütern der Revolution und des Empire gehörten. Diese Errungenschaften hätten unweigerlich zu einer grundlegenden Veränderung der zerklüfteten politischen Landschaft am Rhein geführt:

> ... il faut se représenter l'Allemagne d'alors comme une mosaïque de petits états, de principautés, de duchés et de comtés dont les principaux étaient: les duchés des Deux-Ponts et du Nassau-Sarrebrück, les territoires des archevêques électeurs de Mayence, Cologne et Trêves, les villes de Spire et de Worms, les enclaves prussiennes de Rhin inférieur, les vastes possessions de l'élection palatine (Palatinat et duché de Juliers) sans compter un grand nombre de petites enclaves et d'abbayes absolument indépendantes. Le lien politique et moral qui unissait cette multitude de petits états était extrêmement lâche. ...
> La Révolution Française survint et l'occupation française; le peuple rhénan secoué et travaillé par un afflux d'idées et d'aspirations nouvelles, sentit confusément qu'un monde nouveau naissait et qu'il était appelé à y participer.[52]

50 Vgl. L. Levy-Schneider, *L'Oeuvre administrative de Jean Bon Saint-André dans les Pays Rhénans*, in: *La Revue Rhénane 4* (1924/25), S. 364-373, hier S. 372. Jean Bons Tod am 10.12.1813 habe ihn davor bewahrt, »... de voir crouler son œuvre et celle de la France« (ebd.) – ein Privileg, das im übrigen auch Lazare Hoche zuteil wurde, als er in Wetzlar verschied, noch bevor die ihn desavouierende Nachricht eintraf, daß das Direktorium die Annexion des linken Rheinufers beschlossen habe. Daß der Tod sowohl Hoche als auch Saint-André die Einsicht ersparte, daß sie politisch und persönlich weitgehend gescheitert waren, war gewiß Zufall, für die französische Propaganda jedoch insofern interessant, als verhältnismäßig gradlinige und in sich abgeschlossene Biographien von bedeutenden Vertretern der Revolution präsentiert werden konnten, welche dem Ansehen der französischen Besatzungstruppen nur förderlich sein konnten.

51 Ebd., S. 366.

52 *L'Oeuvre administrative de Napoléon dans les Pays Rhénans. Le Code Civil*, in: *La Revue Rhénane 1* (1920/21), S. 465-471, hier S. 465f.

Die Aufteilung des linken Rheinufers in vier französische *Départements*[53] und die Uniformierung des Rechtswesens durch den *Code Civil* im Jahre 1804[54] seien die auffälligsten Kennzeichen des neuen Zeitalters und radikalen Umbruchs der Verhältnisse gewesen. Die französische Verwaltung habe erheblich zur Befriedung dieser Gebiete beigetragen, da sie ihre Herrschaft »... sur les bases de l'égalité de tous les citoyens devant la loi et de l'autorité suprême du souverain«[55] errichtet habe. Daß sie es wohl auch ernst meinte mit den Prinzipien der Rechtsstaatlichkeit und -sicherheit und das geltende Recht mit der nötigen »sévérité, ... concentration et ... uniformité«[56] in die Praxis umsetzte, demonstrierte die Publizistik des *Service Presse et Information* ausgerechnet am Schicksal des berühmt-berüchtigten Räuberhauptmanns Schinderhannes[57]: Es gehörte gewiß Mut dazu, die populäre Legende, der zufolge Johannes Bückler ein Räuber aus humanitärer Gesinnung gewesen sei, welcher den Reichen das Vermögen genommen hätte, um es an die Armen weiterzugeben[58], aller Räuberro-

53 Während die Einführung der *Départements* im Rheinland die territorialen und administrativen Realitäten in der Tat grundlegend veränderte, bestätigte die napoleonische Verwaltungsreform im Grunde einen markanten Trend der französischen Geschichte zu wachsender Zentralisierung. A. de Tocqueville, *L'ancien régime et la Révolution*, Paris 1856, hat als erster die These, »que la centralisation administrative est une institution de l'ancien régime, et non pas l'oeuvre de la Révolution ni de l'Empire, comme on le dit«, prononciert vertreten. F. Furet, *Penser la Révolution française*, Paris 1978, S. 28ff., würdigte den Außenseiter der Revolutionsgeschichtsschreibung in Frankreich, indem er hervorhob, daß Tocquevilles Studie sich der »tyrannie du vécu historique des acteurs et au mythe des origines« (S. 30) entziehe und daher den Weg zu einem ideologisch unbefangenen Zugang zum revolutionären Geschehen wiese; einschränkend fügte er jedoch hinzu, daß Tocquevilles Perspektive begrenzt sei, habe dieser die Revolution doch lediglich »en termes de bilan, non en termes d'événement« (ebd.) erfaßt. Daß die französische Propaganda mit ihrem bilanzierenden Zugriff auf die Revolutionshistorie methodisch gewissermaßen in Tocquevilles Fußstapfen trat, geschah unbewußt und zufällig, bestätigt andererseits aber die Vorzüge einer ergebnis- und erfolgsorientierten Betrachtungsweise des Jahrhundertereignisses, denn auch Tocqueville ging auf den mitunter problematischen Verlauf der Revolution nicht ein.

54 Vgl. die Fortsetzung des Artikels *Ce que fut l'administration Napoléonienne dans les Pays Rhénans – Die napoleonische Verwaltung im Rheinlande* aus: *Le Rhin Illustré* Nr. 41, 14.2.1920, in Nr. 42, 21.2.1920: »Nous devons admirer sans réserve ce que les Français ont fait de la justice et avant tout les remercier d'y avoir mis de l'ordre. Chaque territoire de la rive gauche du Rhin avait alors une législation spéciale. Des villages se trouvant à proximité l'un de l'autre, avaient des lois toutes différentes. Dans les premières années qui suivirent 1792 les commissaires du gouvernement français avaient envoyé une telle quantité de règlements et de décrets qu'il était impossible de s'y reconnaître. Napoléon mit fin à cet état de choses. ... L'introduction du code civil signifia la fin du désordre indescriptible, occasionné par les lois les plus diverses.»

55 *L'Oeuvre de Napoléon*, S. 467.

56 *Ce que fut l'administration Napoléonienne*, Nr. 42, 21.2.1920.

57 Vgl. vor allem: A. Vialatte, *Les brigands du Rhin. Schinderhannes et sa bande*, in: *La Revue Rhénane 4* (1923/24), S. 4-9.

58 Carl Zuckmayers 1927 in Berlin uraufgeführtes temperamentvolles Volksstück *Schinderhannes* dokumentiert die Faszination, die noch in den zwanziger Jahren von dem legendären Räuberhauptmann ausging: Zuckmayer porträtiert Johannes Bückler als einen kraftstrotzenden Anarchisten und edlen Räuber, der ein gutes Herz und ein gesundes Gerechtigkeitsempfinden gehabt und geglaubt habe, der Unterschied zwischen

mantik zu entkleiden und stattdessen ungerührt zu erklären, » qu' ... au regard impartial de l'historien, la vérité apparaît plus complexe.«[59] In Wahrheit sei besagter *Jean l'écorcheur* ein gefährlicher Verbrecher gewesen, »[qui] ... ne reculait pas devant le meurtre et l'incendie« und zudem die Dreistigkeit besessen hätte, sich zum souveränen Herrscher über den Soonwald aufzuwerfen und »de distribuer des laissez-passer qu'il signait Johannes durch den Wald«[60]. Unter diesen Umständen habe die Staatsgewalt einschreiten müssen. Das Ende des Räuberhauptmanns und seiner Gefolgschaft sei bekannt: Jeanbon Saint-André habe die Bande gefangensetzen können, und nach einem spektakulären Prozeß im Mainzer Schloß seien Schinderhannes und neunzehn seiner Komplizen wegen schweren Landfriedensbruchs schließlich zum Tode durch die Guillotine verurteilt worden[61]. Die Entschiedenheit, mit der Saint-André durchgegriffen habe, zeige, daß die französische Verwaltung entschlossen gewesen sei, die Gleichheit aller Bürger vor dem Gesetz zu verteidigen und das staatliche Gewaltmonopol zu behaupten, und infolgedessen gezwungen gewesen sei, Enklaven eigenen Rechts, zumal Räuberbanden, zu bekämpfen. Es erstaunt daher nicht, wenn Frankreichs Propaganda selbstgefällig vermerkte: »Quelque extraordinaire que cela puisse nous paraître aujourd'hui, Napoléon passait aux yeux de la majorité des populations rhénanes pour un prince profondément pacifique«[62]. Sie kokettierte dabei mit einer umfassenden *paix Napoléonienne*, welche den äußeren und inneren Frieden der Rheinlande einschloß, habe Napoleon diese Territorien doch nicht nur vor Krieg und Verwüstung bewahrt, sondern auch ihre innere Sicherheit gewährleistet, indem er eine reibungslos funktionierende Administration und Gendarmerie eingesetzt habe.

Frieden und Ordnung mögen kostbare revolutionäre Errungenschaften gewesen sein; die französische Propaganda hat den ökonomischen Gütern der Revolution einen höheren Wert beigemessen – offenbar mit gutem Grund: Frankreichs zwanzigjährige Herrschaft über das linke Rheinufer habe schließlich die »mittelalterliche Zersplitterung der produktiven Kräfte des Landes«[63] überwunden und der rheinischen Wirtschaft und Gesellschaft den Weg aus dem *ancien régime* in die moderne Industriegesellschaft gewiesen. Diese politische Pioniertat habe nicht zuletzt auch die deutsche

Armen und Reichen ließe sich unkonventionell, unter Anwendung des Faustrechts, wirkungsvoll ausgleichen.

59 A. Vialatte, *Les brigands*, S. 4.

60 Ebd., S. 6.

61 Wer glaubt, die französische Propaganda habe sich damit zufriedengeben können, das delikate Thema der Guillotine diskret zu streifen, irrt: A. Vialatte verwandte eine ganze Seite (S. 9) darauf, die Leser der *Revue Rhénane* das Gruseln vor der Erfindung des Arztes Guillotin zu lehren. So referierte er im Detail, wie Naturwissenschaftler die Hinrichtung Schinderhannes' und seiner Kumpanen nicht nur beobachtet, sondern auch noch zur Durchführung makabrer Experimente genutzt hätten, mit dem Ziel, den Galvanismus am menschlichen Körper nachzuweisen.

62 *L'Oeuvre de Napoléon*, S. 466. Vgl. auch: F. Funck-Brentano, *Napoléon Bonaparte en Rhénanie*, in: *La Revue Rhénane 1* (1920/21), S. 441-449, S. 441: »Il est curieux de constater que Napoléon était aux yeux des Rhénans le héros de la paix.«

63 Ch. Schmidt, *Frankreich und die wirtschaftliche Entwicklung der Rheinlande 1794-1814*, in: *La Revue Rhénane 1* (1920/21), S. 481-487, hier S. 485.

Geschichtswissenschaft registriert und anerkannt[64]. Die Veränderungen und Reformen hätten alle sozialen Schichten erfaßt und eine solide Grundlage für den Aufschwung der Wirtschaft und den Umbau der Gesellschaft geschaffen. Da das Rheinland – wie die meisten Landstriche im Europa des ausgehenden 18. Jahrhunderts – eine Domäne der Landwirtschaft gewesen sei, hätten allen voran die Bauern von der Abschaffung des *ancien régime* profitiert, seien sie doch durch die mit der Säkularisation einhergehenden Befreiung und Umverteilung des Bodens begünstigt worden und zu bescheidenem Wohlstand gelangt[65]. Dies habe die Rheinländer motiviert, nicht nur ohne Murren die enormen Lasten zu tragen, welche die napoleonischen Kriege ihnen gewissermaßen als »rançon de leur prospérité« aufgebürdet hätten, sondern auch in dem Bewußtsein, »... que nulle province parmi les trente de l'Empire, ne profitait plus que la Rhénanie de la guerre portée par les victoires à cent lieues de leur marche si longtemps foulée et meurtrie«[66], bereitwillig Truppenkontingente zu stellen. Auch der Handel habe aus der neuen Uniformität der Administration auf dem linken Rheinufer großen Nutzen ziehen und kräftig prosperieren können: die Mehrzahl der zahllosen Wege- und Schiffahrtszölle, welche den Warenaustausch seit alters her arg behindert hätten, seien abgeschafft, die Währung vereinheitlicht und die Metropolen Köln und Mainz mit einem Freihafen ausgestattet worden; der Ausbau des Transport- und Kommunikationsnetzes durch die französischen Präfekten habe die rheinische Wirtschaft zusätzlich gefördert[67] – daß der forcierte Chausseebau nicht zuletzt strategisch bedeutsam war, wurde indessen nicht verschwiegen[68]. Zudem habe die Entwicklung der niederrheinischen Industrie zwischen 1794 und 1814 große Fortschritte gemacht, da die Union mit dem französischen Markt ihr nur Vorteile eingehandelt hätte – ein Argument, das die französische Propaganda ausdrücklich gegenüber der deutschen Behauptung zu verteidigen wußte, das Rheinland sei erst mit dem Anschluß an Preußen zu wirtschaftlicher Blüte gelangt: Auch wenn nicht bestritten werden

64 Vgl. ebd., S. 482f.: »Wenn ich mich hier nur auf die französischen Geschichtsschreiber beriefe, ... so könnte man mich mit Recht der Parteilichkeit zeihen. Die Unparteilichkeit der deutschen Geschichtsschreiber, die über die wirtschaftliche Entwicklung der rheinischen Departemente berichten, ist lobenswert, und deshalb ziehe ich lieber diejenigen unter ihnen, die diese Zeit kennen, zu Rate. ... Professor Hashagen sagt: *Nicht erst mit dem glucklichen Ereignisse vor hundert Jahren, dem Übergange der Rheinlande an die Krone Preußens, beginnt die moderne rheinische Geschichte, sondern schon zwanzig Jahre vorher, als die Heere der Revolution ... die französische Herrschaft am Rheine aufrichteten. Diese Fremdherrschaft bringt der rheinischen Bevölkerung nicht nur das Ende der alten Zeit, sondern auch schon den Anfang einer neuen zukunftsreichen Entwicklung.*«

65 Vgl. ebd., S. 483. Vgl. auch: *L'Oeuvre de Napoléon*, S. 467, und L. Madelin, *Napoléon et le Rhin*, S. 426, der – wie Ch. Schmidt – positive Würdigungen der Reformen von deutscher Seite heranzog, um dem Verdacht der Schönfärberei zu entgehen; im Zusammenhang mit der Bauernbefreiung ließ er den Zeitzeugen Joseph Görres zu Wort kommen, der in einem Brief an Perthes geäußert haben soll: »*Maintenant le règne des paysans semble être arrivé.*«

66 Ebd., S. 428.

67 Ebd., S. 426f. Vgl. auch: Ch. Schmidt, *Die wirtschaftliche Entwicklung*, S. 484.

68 Vgl. F. Funck-Brentano, *Napoléon en Rhénanie*, S. 445f., der Frankreichs Bemühen um die rheinische Infrastruktur »une grande valeur commerciale et stratégique« zugleich zubilligte.

könne, daß die Verbindung zwischen Preussen und der Rheinprovinz für beide Seiten ökonomisch fruchtbar gewesen sei, so seien es doch die Franzosen gewesen, welche die Rheinländer auf den Geschmack »*einer allgemeineren Luft*«[69] gebracht und die Voraussetzungen für eine moderne Wirtschaft und Gesellschaft geschaffen hätten; immerhin könne Preußen es sich als Verdienst anrechnen, »die Einrichtungen, welche die Fremdherrschaft hinterließ, nicht in blindem Eifer gegen das Fremde mißachtet und beseitigt« und »das Gute, auch als es von außen kam, in kluger Weise bewahrt und ... weiter entwickelt«[70] zu haben. Mit dem Lob der Integration der Rheinlande in das französische Staatsgebiet und Wirtschaftsareal war die Publizistik des *Haut Commissariat français* auf propagandistisches Glatteis geraten. Das Geständnis, daß die 1806 verhängte Kontinentalsperre dunkle Schatten auf das positive Erscheinungsbild der französischen Außenpolitik im Zeitalter der Revolution und des Empire werfe[71], und, mehr noch, die Veröffentlichung zweier Artikel zu diesem brisanten Thema[72] im Krisenjahr 1923 lassen auf bemerkenswerten Mut zur Kür in der Arena der publizistischen Auseinandersetzung um die Rheingrenze schließen. Ch. Schmidt, der Verfasser der Beiträge, bemühte sich nichtsdestoweniger um eine möglichst vorteilhafte Präsentation der heiklen Materie:

> ... la politique douanière de l'Empire eut des effets désastreux: la Rive droite du Rhin fut sacrifiée à la Rive Gauche. ... Le Rhin était la limite douanière, jalousement gardée de l'Empire français. Tout le bénéfice de la politique protectionniste de la France devait aller aux seuls départements de la rive gauche et les pays annexés de la rive droite étaient définitivement rejetés en dehors du *système fédératif*.[73]

Jedoch müsse man in Betracht ziehen, daß diese Sanktion nur vorübergehender Natur und ein notwendiges Übel gewesen sei: Frankreich habe sich um die Wende vom 18. ins 19. Jahrhundert als einziges Land auf dem europäischen Kontinent an der Schwelle vom Agrarstaat zur Industrienation befunden und habe seine jungen Manufakturen durch eine protektionistische Außenhandelspolitik vor der erdrückenden englischen Konkurrenz schützen müssen[74]. Schmidt verschwieg geflissentlich, daß Napoleon die Kontinentalsperre verfügt hatte, um England zur Kapitulation zu zwingen; stattdessen suchte er den Eindruck zu erwecken, als ob diese Maßnahme lediglich eine ökonomische Notwendigkeit im Sinne der Theorien Friedrich Lists über die Berechtigung temporärer Erziehungszölle gewesen sei. Er versäumte es auch nicht, den geneigten Leser darauf hinzuweisen, daß auch die Deutschen sich wenig später zum Protektionismus bekannt und den Zollverein gewissermaßen nach dem Modell der Kontinentalsperre errichtet hätten[75]. Ein ebenso voreiliges wie vernichtendes Urteil über den

69 Vgl. Ch. Schmidt, *Die Gewerbeausstellungen des Rheinlandes unter Napoleon I.*, in: *La Revue Rhénane 1* (1920/21), S. 610-615, hier S. 615.

70 Ch. Schmidt, *Die wirtschaftliche Entwicklung*, S. 485.

71 Ebd., S. 486.

72 Ch. Schmidt, *La Politique économique de la France sur la Rive Gauche du Rhin de 1791 jusqu'au Blocus continental*, in: *La Revue Rhénane 3* (1922/23), S. 516-522, und ders., *La Ruhr* [!] *et le Blocus continental*, ebd., S. 594-598.

73 Ders., *La Politique économique jusqu'au Blocus continental*, S. 516 und 522.

74 Vgl. ders., *La Ruhr et le Blocus continental*, S. 597.

75 Vgl. ebd., S. 598: »... tandis qu'en France la Restauration maintenait un régime nettement

blocus continental verbiete sich von selbst, handelte es sich doch offenbar nicht um imperiale Willkür, sondern um eine »conséquence nécessaire d'un certain état économique«[76], eine ökonomische Gesetzmäßigkeit. Eine pauschale Verurteilung dieser im übrigen zeitlich befristeten Maßnahme sei auch deshalb nicht am Platze, weil die Errungenschaften der französischen Administration im *Grand Duché de Berg* durch die Kontinentalsperre nicht in Frage gestellt worden seien:

> Si les pays de la rive droite du Rhin eurent à souffrir, momentanément, des mesures de protection prises par la France, en revanche – car toute domination d'un pays sur un autre apporte avec elle de bons effets – ils furent redevables, aux Français, de la suppression d'une foule de barrières intérieures gênantes, du rapprochement de régions jusqu'alors séparées et qui étaient faites pour se compléter. En matière économique, comme en matière administrative et judiciaire, c'est du passage des Français que date un élargissement de l'horizon et une unité qui devaient avoir de meilleurs effets dans l'avenir. ... grâce à la France, le pays de Berg, la Mark et la région de la Sieg, c'est-à-dire les fabriques, la houille et le fer, avaient été mis en contact. L'unité économique de cette région de l'Allemagne occidentale était faite avant 1815, la Prusse eut bien soin de la respecter.[77]

So könne kein Zweifel darüber bestehen, daß das revolutionäre und napoleonische Frankreich sowohl links als auch rechts des Rheins fortschrittlich gewirkt und den Weg in die Moderne gewiesen habe; die Verdienste der französischen Verwaltung um den Aufschwung der rheinischen Industrie und den Wohlstand der Bevölkerung träten nirgends deutlicher zutage als im rohstoffreichen Großherzogtum Berg. Die Exkurse über die Kontinentalsperre waren daher gewiß keine Verlegenheitslösung, boten sie doch eine willkommene Gelegenheit, den Nutzen der Revolution für die Rheinlande zum wiederholten Male in Erinnerung zu rufen: die Vorteile, welche die Bewohner dieser Gebiete aus dem Export der Revolution gezogen hätten, seien nahezu ausschließlich materieller Natur gewesen, denn, obgleich der *Code Civil* die Rechte des Individuums fixiert und die gleichermaßen solide und strenge französische Rechtsprechung die Sicherheit im Staat garantiert hätte, seien die Auswirkungen der administrativen Rationalisierung und Zentralisierung auf die rheinische Wirtschaft um ein Vielfaches bedeutender gewesen. Die französischen Präfekten und Statthalter hätten zur rechten Zeit das Richtige veranlaßt und auf diese Weise eine wirtschaftliche Dynamik entfacht, die dem Rheinland auf lange Sicht Reichtum und Wohlstand beschert hätte. Diese „materialistische" Deutung der revolutionären Taten der Generäle und Präfekten am Rhein entsprach im wesentlichen den Ideen, die Ph. Sagnac 1917 in seiner Studie *Le Rhin français pendant la Révolution et l'Empire* entwickelt hatte[78]. Sie dürfte auch eine wichtige Ursache dafür sein, daß so bekannte Mainzer Klubisten wie Georg Forster und Adam Lux in der Publizistik des *Service Presse et*

protectionniste, des hommes politiques en Allemagne, et particulièrement en Prusse même, démontraient qu'il fallait, dans l'intérêt de l'industrie allemande, adopter les mêmes principes de défense économique. Ceux qui, comme List, avaient le plus admiré le blocus continental, ceux-là furent aussi les plus ardents promoteurs d'une union douanière, d'un *Zollverein*, qui devait se créer en Allemagne.«

76 Ebd., S. 597.
77 Ebd., S. 594f.
78 Vgl. S. 21f.

Information nur am Rande gewürdigt wurden[79]: Als frankophile Rhenanen waren sie Frankreichs Propaganda natürlich willkommen; als Idealisten, die an der *Terreur* in Paris zerbrachen, wollten sie dagegen nicht recht zum Typus des revolutionären Praktikers, des französischen Administrators auf dem linken – und rechten – Rheinufer, passen, den die *propagande historique* zum Prototyp des französischen Kolonialbeamten und damit zum Vorbild für Offiziere des *Haut Commissariat français* erhoben hatte – in der Hoffnung, die französischen Militärs würden dem historischen Beispiel nacheifern und die rheinische Bevölkerung doch noch für die französischen Rheinlandpläne gewinnen können. Die Taten eines Jeanbon Saint-André oder eines Lezay-Marnésia schienen in der Tat hervorragend geeignet, Frankreichs Ambitionen auf dem linken Rheinufer historisch und moralisch zu legitimieren. Das selektive Bild, das die französische Presse von der Geschichte der Revolution im Rheinland zeichnete, indem sie sich auf die Präsentation unbestreitbarer Errungenschaften und materieller Vorteile beschränkte, die der Export der Revolution den Rheinländern offensichtlich beschert hatte, entsprach ihrer Maxime, die Bewohner des besetzten Rheinlands zwar moralisch für Frankreich einnehmen zu wollen, andererseits aber den profanen Verdacht, Paris plane auf lange Sicht eine Annexion dieses Gebiets, gar nicht erst aufkommen zu lassen. So unterschied sich der Gebrauch der Revolutionshistorie durch das französische Presse- und Informationsbüro in Koblenz durchaus von der Instrumentalisierung dieses epochalen Ereignisses der französischen Geschichte in einschlägigen Pariser Publikationen, die noch ganz der Rheinliteratur der Kriegszeit verhaftet waren und keinen Hehl daraus machten, »... que la France n'a jamais cessé de considérer que le Rhin était sa limite naturelle«[80]: Zu den Begebenheiten der Revolution, die in den besetzten Rheinlanden verschwiegen werden mußten, in Frankreich selbst jedoch erwähnt und gewürdigt werden konnten, gehörte nicht zuletzt Dantons Proklamation der natürlichen Grenzen der Republik – eine Reminiszenz, welche die rheinische Bevölkerung alarmiert und latente Ängste vor einer nahen Annexion ihrer Heimat an Frankreich geweckt hätte, wäre sie ihr vorgesetzt worden:

> Danton s'inspirait sans doute des réflexions de Jean-Jacques Rousseau: *La situation des montagnes de l'Europe,* écrit l'auteur du *Contrat social, des mers et des fleuves qui servent de bornes aux nations qui l'habitent semble avoir décidé du nombre et de la grandeur de ces nations, et l'on peut dire que l'ordre politique de cette partie du monde est, à certains égards, l'ouvrage de la nature. (...) Ce n'est pas dire que les Alpes, le Rhin, la mer, les Pyrénées soient des obstacles même insurmontables à l'ambition, mais ces obstacles sont soutenus par d'autres qui les fortifient ou ramènent les États aux mêmes limites quand des efforts passagers les en ont écartés.* C'est conformément à cette idée que les hommes de la Révolution déclarèrent que *les droits des nations dérivent de la nature et que l'exercise de ces droits doit s'arrêter seulement au point où la nature même en a marqué la limite.*[81]

Publizisten, die sich in den zwanziger Jahren zur Rechtfertigung der meist strategisch motivierten Forderung nach militärischer Kontrolle über das linke Rheinufer[82] auf

79 Vgl. Schalck de la Faverie, *Georges Forster. Député de Mayence à la Convention – Der Mainzer Abgeordnete beim französischen Konvent,* in: *Le Rhin Illustré* Nr. 38, 24.1.1920 und Nr. 39, 31.1.1920, und A. Aulard, *Le Mayençais Adam Lux – Der Mainzer Adam Lux,* in: *Le Rhin Illustré* Nr. 52, 1.5.1920.

80 G. Blondel, *La Rhénanie, son passé, son avenir,* Paris 1921, S. 18.

81 Ebd., S. 25.

82 Vgl. ebd., S. 174: »Oui, nous avons besoin de garanties pour l'avenir. ... Il faut que le

den revolutionären Diskurs eines Danton beriefen, mußten den Erfolg der französischen Propaganda gefährden, wollten sie ihre Leser doch auf diesem Wege glauben machen, die Grenzen eines Staates seien von der Natur vorgegeben, und Frankreich könne langfristig gar nicht anders, als nach dem Rhein greifen. Der *Service Presse et Information* war daher gut beraten, die Unverbesserlichen unter den französischen Rheinautoren in den besetzten Gebieten erst gar nicht zu Wort kommen zu lassen oder doch dafür zu sorgen, daß ihre Schriften allenfalls in Kreisen der Besatzungsarmee Verbreitung fanden[83]. So sehr die Militärverwaltung darauf achtete, daß die Geschichte der Revolution und des Empire auf dem linken Rheinufer in ihrer historischen Propaganda nur in Form einer Laudatio auf Frankreich und seine zivilisatorischen Großtaten präsentiert wurde, so konnte sie es doch nicht verhindern, daß Jean de Pange in der Revolutionshistorie weniger einen Zivilisationstransfer als vielmehr die Geschichte einer gewöhnlichen Eroberung erblickte und ihren Nutzen für die französische Publizistik am Rhein füglich bezweifelte; er entwickelte ein alternatives Modell historischer Propaganda, das ihm unverfänglicher erschien.

3. Vom Nachteil der Revolutionshistorie für die französische Propaganda

Jean de Pange hatte frühzeitig moniert, »[que] ... ce n'est pas sans inconvéniants que certains hommes politiques français ont justifié notre politique rhénane dans les souvenirs de la Révolution et de l'Empire.« Denn »rien n'était plus propre à réveiller des susceptibilités ombrageuses et à faire craindre, de la part de la France, une arrière-pensée d'annexion«[84]. Da nützte es offenbar wenig, daß die Historiographen unter den Autoren des *Rhin Illustré* und der *Revue Rhénane* sich alle erdenkliche Mühe gaben, um die Darstellung der revolutionären Außenpolitik nicht in eine Annexionsapologetik abgleiten zu lassen, und jedes historische Ereignis sorgsam ausklammerten, das zu dem Schluß verleiten könnte, Paris wolle das linke Rheinufer über kurz oder lang Frankreich angliedern; für de Pange war jegliche Anspielung auf den Export der Revolution durch die Revolutionsarmeen und die napoleonischen Heere gleichbedeutend mit der Legitimation annektionischer Politik. Diese Art historischer Propaganda

grand fleuve redevienne une protection et une barrière. Il faut, si nous ne pouvons pas revenir aux frontières de l'ancienne Gaule, que nous soyons du moins délivré des appréhensions qui ont si longtemps troublé notre existence.«

83 G. Blondel hatte dem *Haut Commissariat français* von sich aus angeboten, zwischen dem 28.3. und 10.4.1921 die besetzten Rheinlande zu einer Vortragsreise zu besuchen. Das Gesuch ist offenbar abschlägig beschieden worden; jedenfalls ist eine Realisierung dieses Projekts in den Quellen nicht belegt. Seine zitierte Schrift *La Rhénanie, son passé, son avenir*, Paris 1921, ist, ebenfalls auf seine Initiative hin, am Rhein verbreitet worden, allerdings lediglich unter den führenden Offizieren der Rheinarmee. Vgl. die Vorgänge in: AN, AJ^9 6314-24.

84 J. de Pange, *Un grand rhénan. Nicolas de Hontheim*, in: *La Revue Rhénane 3* (1922/23), S. 6-10, hier S. 6.

sei zumindest irreführend, da es Frankreich doch nur darum gehen könnte, der Rheinlandbewegung in wohlerwogenem Eigeninteresse das Rückgrat zu stärken[85]. Die französische Propaganda am Rhein sollte es sich vielmehr angelegen sein lassen, lückenlos zu belegen, »[que] ... la véritable politique de la France n'était pas d'étendre ses frontières, mais de faire respecter l'autonomie dans la région rhénane«[86]. De Pange ging mit gutem Beispiel voran und entwarf in einem Vortrag, den er am 23. April 1921 vor der *Société des anciens Élèves et Élèves de l'École libre des Sciences politiques* hielt[87], ein alternatives Modell von den Traditionen der französischen Deutschlandpolitik, das weit davon entfernt zu sein schien, diesseits – und jenseits – des Rheins verbreiteten Ängsten vor einer bevorstehenden Annexion des linken Rheinufers Auftrieb zu verschaffen. Im ersten Teil seiner langatmigen Ausführungen bemühte er sich um den Nachweis eines historischen Rechts der Rheinlande auf Unabhängigkeit: Das Rheinland sei die Wiege des fränkischen, mehr noch, des *Heiligen Römischen Reiches Deutscher Nation* gewesen, und während die französischen Könige das karolingische Erbe angetreten und bewahrt hätten, habe sich die Situation jenseits des Rheins mit der Einsetzung der Ottonen in die Kaiserwürde dramatisch verändert, denn das Fundament ihrer Herrschaft sei nicht mehr theokratischer, sondern rein militärischer Natur gewesen. Von diesem Zeitpunkt an hätten die deutschen Kaiser moralisch das Recht verwirkt, über die Rheinlande zu gebieten[88]. Ein kühnes Raisonnement, das de Pange mit der ebenso gewagten Behauptung zu rechtfertigen suchte, es lasse sich ein Bogen der Kontinuität vom ottonischen Herrschaftsideal zum preußischen Militarismus wilhelminischer Prägung schlagen:

> Même quand l'empereur va se faire couronner à Rome ... son armée proclame le droit de la force et s'écrie en pénétrant dans la Ville Éternelle: *Reçois, Rome, le fer de l'Allemagne que ton seigneur t'offre pour la couronne.* On voit apparaître la doctrine qu'à partir du quatorzième siècle les juristes de l'Allemagne orientale ... formuleront en ces termes: *C'est l'armée qui fait l'empereur. (Den Kaiser macht das Heer.)* Et, s'il est vrai que l'esprit d'une race se transmette de génération en génération, sans modifications essentielles, l'esprit prussien ne nous est-il pas révélé dès le moyen âge par cette brutale maxime qui, répétée tout le long de l'histoire de la Prusse, a reçu sa suprême application le 22 janvier 1871, dans la galerie des glaces de Versailles, quand le roi Guillaume s'est fait acclamer empereur par les détachements de son armée.[89]

85 Vgl. ders., *Les Libertés rhénanes*, Paris 1922, S. XXXII: »... l'objet de notre politique rhénane est de réveiller dans ces populations le sentiment de leur autonomie et de les décider à revendiquer, conformément à l'article 18 de la constitution de Weimar, le droit de former un nouvel État.«

86 Ders., *La France et les Pays Rhénans*, Strasbourg 1921, S. 1.

87 Ders., *Le rôle historique de la France dans les pays de la Moselle et du Rhin*, in: *La Rhénanie. Conférences organisées par la Société des anciens Élèves et Élèves de l'École libre des Sciences politiques*, Paris 1922, S. 3-61.

88 Vgl. ebd., S. 15: »Il suffit de constater qu'à l'époque carolingienne le sacre est le signe essentiel de la légitimité du pouvoir, pour mesurer la distance qui sépare ces deux théories de l'Empire. Que vont devenir les pays rhénans, où naquit l'empire carolingien qui réalisait leurs aspirations les plus profondes? L'Empire a-t-il encore le droit de les maintenir en sa sujétion, du moment où il perd son caractère religieux et universel pour ne plus se réclamer que d'une origine temporelle?«

89 Ebd., S. 14. Die Dämonisierung der Ottonen verleitete de Pange im übrigen dazu, das

Das moralische Recht der rheinischen Staaten auf weitgehende Autonomie sei 1648 auch politisch abgesichert worden, da der Westfälische Friede den deutschen Territorialherren das Recht auf eine selbständige Außenpolitik eingeräumt habe. Die engen und freundschaftlichen Beziehungen, die seit der frühen Neuzeit zwischen den französischen Königen und den rheinischen Kurfürsten gewachsen und gepflegt worden seien, seien daher völkerrechtlich erlaubt und keineswegs moralisch verwerflich gewesen. Frankreich habe in dieser Zeit das Streben der rheinischen Metropoliten nach Unabhängigkeit tatkräftig unterstützt, jedoch niemals daran gedacht, die Rheinlande zu annektieren[90]. Vergennes, ein Berater Ludwigs XVI. in Fragen der auswärtigen Politik und Befürworter einer diskreten Unterstützung der rheinischen Erzbischöfe durch Frankreich, stehe sozusagen sprichwörtlich für das Bemühen der französischen Krone, die *libertés rhénanes* zu garantieren. Es sei eine Politik des langen Atems gewesen, welche durch die Revolution zunichte gemacht worden sei, noch bevor sie Früchte habe tragen können. Der Schaden, den die Revolutionskriege, die Annexion des linken Rheinufers und die Eroberungskriege Napoleons der bis dahin friedfertigen französischen Diplomatie zugefügt hätten, sei beträchtlich:

> L'annexion ... a été ... funeste ... à la politique extérieure de la France qu'elle a entraînée dans la voie des compensations. ... quand la France, en 1815, rentre dans ses anciennes limites, elle n'est plus couverte par le boulevard que formaient jadis les petits États rhénans. En les annexant, elle a travaillé pour le roi de Prusse auquel les traités abandonnent le territoire des anciens Électorats ecclésiastiques.[91]

Das revolutionäre Frankreich habe leichtfertig bewährte Strategien französischer Außenpolitik über Bord geworfen, viel riskiert und alles verloren, vor allem den *cordon sanitaire* am Rhein; dies sei um so schwerwiegender als Napoleons Eroberungswahn »le principal agent de l'unification allemande«[92] gewesen sei und die Gefahr, die Frankreich seit alters her von seinem östlichen Nachbarn drohe, vergrößert habe. Es sei geradezu fatal gewesen, auf Hoche nicht gehört und das Projekt der *République Cisrhénane* abgeschmettert zu haben, denn die revolutionäre Annexions- und Eroberungspolitik habe den Franzosen nicht die ersehnte Sicherheit, sondern akute Bedrohung eingebracht. Aus der Sicht Jean de Panges war die auswärtige Politik der Ersten Republik und des Empire mit der Annexion des linken Rheinufers auf Abwege geraten und mußte in einem Fiasko enden. Er hätte es daher lieber gesehen, wenn die französische Propaganda am Rhein das Zeitalter der Revolution stillschweigend über-

seit der Niederlage von 1871 eingebürgerte Theorem der *deux Allemagnes* bereits auf das Mittelalter anzuwenden, verkörperten das mittelalterliche Kaisergeschlecht und die preußischen Monarchen doch den gleichen Herrschaftstyp; vgl. ebd., S. 22: »Ne faut-il pas ... reconnaître le divorce qui, à la fin du moyen âge, va s'accusant toujours entre les deux Allemagnes? D'une part, l'Allemagne *d'au-delà de l'Elbe*, qui n'a pas été soumise par Charlemagne ... et qui a pour idéal un empire dans lequel *c'est l'armée qui fait l'empereur.* D'autre part, l'Allemagne rhénane qui, fidèle à la tradition carolingienne, ne saurait séparer les intérêts de l'Empire de ceux de l'Église, et qui s'incarne au quinzième siècle dans l'effort tenté par le grand cardinal Nicolas de Cues ... pour sauver l'unité catholique.«

90 Ebd., S. 25f.

91 Ebd., S. 57f.

92 Ebd., S. 60.

gangen hätte. De Panges tiefe Skepsis angesichts des Gebrauchs der Revolutionshistorie durch den *Service Presse et Information* beruhte nicht allein auf pragmatischen Erwägungen, nach denen revolutionäre und napoleonische Reminiszenzen von vornherein auszuschließen waren, weil sie unweigerlich das Dogma der *frontières naturelles* und die expansive französische Außenpolitik der Jahre 1794 bis 1814 in Erinnerung riefen; er schien überhaupt zu bezweifeln, daß die Revolution den Rheinlanden großen Nutzen gebracht hätte: Er wehrte sich entschieden dagegen, daß das *ancien régime* im allgemeinen in Bausch und Bogen als »époque d'obscurantisme«[93] verurteilt wurde, denn gerade die rheinischen Kurfürsten hätten sich der Aufklärung geöffnet und ein vergleichsweise mildes Regiment geführt:

> La tutelle des électeurs ecclésiastiques semble avoir été légère à leurs subordonnés à tel point qu'un des plus récents historiens du pays rhénan [Ph. Sagnac] croit y reconnaître avant la Révolution une *harmonie préétablie* entre les institutions et les hommes. *Il fait bon vivre sous la crosse épiscopale („Unter dem Krummstab ist gut wohnen")*, répétaient ces populations paisibles, amies du plaisir et des fêtes, ... Malheureusement pour les électeurs ecclésiastiques, leur histoire a été généralement écrite par leurs adversaires, qui ont poussé au noir le tableau de leur administration. On leur reproche d'avoir insuffisamment favorisé la diffusion des lumières dans leurs États. Aucun reproche n'est plus injuste, car précisément à la veille de la Révolution, ils venaient de faire de profondes réformes, non seulement dans l'enseignement primaire, mais encore dans l'enseignement supérieur.[94]

Mit der Aufwertung der kurfürstlichen Ära im Rheinland setzte sich de Pange ein weiteres Mal über die Usancen der historischen Propaganda seines Landes in den besetzten Gebieten hinweg. Die unkonventionelle Rehabilitierung des *ancien régime* mußte die Maßstäbe verändern, an denen die Taten der *grands administrateurs* der rheinischen *Départements* gemessen werden konnten, sie implizierte in der Tat eine angemessene Abwertung der Errungenschaften der Revolution. Daraus sollte indessen nicht der Schluß gezogen werden, de Pange habe die einseitige Präsentation der Revolution in der Publizistik des *Haut Commissariat français* überwinden und zu einem ausgewogenen Urteil über das epochale Ereignis und seine Folgen für das linke Rheinufer gelangen wollen; es ging ihm vielmehr darum, eine möglichst unverfängliche historische Argumentation zu kreieren, die vor allem rheinische Separatisten katholisch-zentristischer Couleur vom Vorteil einer Verständigung mit Frankreich überzeugen sollte. De Pange bevorzugte in diesem Zusammenhang eine möglichst unvoreingenommene Darstellung der politischen Zustände am Rhein unter dem Regiment der geistlichen Kurfürsten gegenüber beschwichtigenden Stellungnahmen zum Verhältnis von Staat und Kirche in Frankreich seit der Revolution, welche kaum geeignet schienen, einem Anhänger der Zentrumspartei den Wert der Trennung von Kirche und Staat näherzubringen[95]. Vor allem aber kam es ihm darauf an, einen großen

93 J. de Pange, *Un grand rhénan*, S. 6.
94 Ders., *Le rôle historique de la France*, S. 41f.
95 Vgl. *Frankreich und die religiöse Freiheit*, in: *Le Rhin Illustré* Nr. 8, 28.6.1919: »Es ist nun unbedingt nötig, die Deutschen über die tatsächliche Haltung Frankreichs der Kirche gegenüber aufzuklären. Im Auslande war man lange der Ansicht, daß das Gesetz betr. Trennung von Staat und Kirche zum offiziellen Unglauben geführt habe. Ein absoluter Irrtum. Die Katholiken kümmerten sich um das Gesetz nicht, und es war niemals davon

Bogen um den Sündenfall der französischen Deutschlandpolitik, die Annexion des linken Rheinufers im Jahre 1797, zu schlagen und demgegenüber zu betonen, daß, wenn es denn eine Kontinuität Pariser Außenpolitik gebe, diese darin bestünde, daß Frankreich sich seit Jahrhunderten für die Unabhängigkeit der Rheinlande eingesetzt habe. Jean de Panges alternativer Entwurf für eine erfolgversprechende historische Legitimation der französischen Besatzungspolitik führte jedoch ein Schattendasein in der Publizistik der Militärverwaltung am Rhein. Dies dürfte weniger darauf zurückzuführen sein, daß de Pange die Revolutionshistorie als Gegenstand der Propaganda verwarf. Vielmehr lag die Ursache für die marginale Präsenz seines Modells vermutlich darin, daß sein Diskurs eine Spur zu durchsichtig war: de Pange, der die *libertés rhénanes* geradezu penetrant in den Vordergrund seiner propagandistischen Elaborate stellte, machte die Intention der französischen Besatzungspolitik, die Rheinlandbewegung moralisch zu unterstützen und für ihre Zwecke einzuspannen, nur allzu offenkundig und verstieß damit seinerseits gegen das Gebot der Diskretion. Ein offenes Eingeständnis separatistischer Absichten hätte den erhofften Erfolg der Propaganda nicht weniger gefährdet als der gefürchtete Vorwurf, Frankreich wolle die besetzten Gebiete annektieren. Auch wenn kaum bestritten werden kann, daß Frankreich mit den Ergebnissen des Versailler Vertrages nicht zufrieden war und das linke Rheinufer doch noch seinem Einfluß unterziehen wollte, der Erfolg seiner Besatzungspolitik schien davon abzuhängen, ob es dem Presse- und Informationsbüro in Koblenz gelang, der Bevölkerung der besetzten Rheinlande die wahren Absichten der französischen Diplomatie so zu präsentieren, daß sie keinen Verdacht schöpfen konnte.

Jean de Panges Ausscheren aus der Formation jener Publizisten, welche einmütig Frankreichs nationale Größe am Beispiel des Exports seiner Großen Revolution in die Rheinlande demonstrierten, zeigt einmal mehr, daß der Einsatz historischer Argumente in der politischen Propaganda noch keine Garantie für deren Unverfänglichkeit darstellte. Es bedurfte daher sehr wohl der Überlegung, welche Reminiszenzen sich für den propagandistischen Gebrauch eigneten und welche dem Unternehmen zum Nachteil gereichten. Da die Mehrzahl derer, die historische Beiträge in der französischen Presse am Rhein namentlich kennzeichneten, aus dem Umkreis der *École libre des Sciences politiques* stammte[96], liegt der Schluß nahe, daß sie in besonderer Weise

die Rede, die freie Ausübung des Gottesdienstes in den Kirchen zu verhindern. Man übte die kirchlichen Zeremonien genau nach wie vor. ... Das Trennungsgesetz eröffnete in der Republik ein Zeitalter strengster Neutralität. Diese Neutralität ist der festgelegte Grundsatz der französischen Republik. ... Solange die Franzosen auf dem linken Rheinufer bleiben, können die Rheinländer bezüglich ihrer Freiheit beruhigt sein. Insbesondere wird ihre Freiheit in der Religionsausübung niemals angetastet werden, selbst wenn die Gründung der neuen deutschen oder einer rheinischen Republik die Trennung von Kirche und Staat ins Leben rufen sollte.« Diese Ausführungen konnten einen Zentrumspolitiker nur teilweise beruhigen, denn der Laizismus, wäre er auch in Deutschland verwirklicht worden, hätte das Ende des politischen Katholizismus bedeutet.

96 R. Pinon und J. de Pange waren Schüler, F. Funck-Brentano Dozent der *École libre des Sciences politiques*; Ch. Schmidt war u.a. Mitglied der *Commission des archives diplomatiques au Ministère des Affaires étrangères* sowie der *Commission pour la recherche et la publication des documents relatifs de la vie économique de la Révolution française* und von daher mit dem Anliegen, nationale Geschichte der französischen Außenpolitik dienstbar

für Probleme der nationalen Selbstdarstellung im Ausland sensibilisiert und für ein Engagement im Rahmen der französischen Kulturpolitik in den besetzten Gebieten geradezu prädestiniert waren. Daß de Pange und seine andersdenkenden Kollegen sich darüber streiten konnten, welches historiographische Modell Frankreichs Rheinpolitik am vorteilhaftesten zur Geltung zu bringen vermochte, und ob es sich empfehle, das Zeitalter der Revolution *en bloc* zu verwerfen oder nicht, lag in der Vielgestaltigkeit und Mehrdeutigkeit der historischen Ereignisse selbst begründet: Die Geschichte der Französischen Revolution im Rheinland trug durchaus ambivalente Züge, war der Transfer der Revolution doch eine unauflösliche Verbindung von Eroberung und Befreiung. Die Publizisten und Historiker im Dienste der französischen Militärverwaltung am Rhein waren nicht die ersten, die sich mit der Geschichte der Revolution in den Rheinlanden auseinandersetzten und die Fakten so arrangierten, daß sie den übergeordneten propagandistischen Zielen dienlich waren; vielmehr orientierten sich die erwähnten Kolumnisten an bereits vorhandenen Studien französischer Historiker über die auswärtige Politik der Ersten Republik und des Empire. Jean de Pange berief sich mehrfach auf A. Sorels monumentales Werk *L'Europe et la Révolution française*[97], um seine These zu untermauern, die expansive Außenpolitik der *Convention* und des *Directoire* breche mit den diplomatischen Traditionen der französischen Könige und stelle eine beklagenswerte Ausnahme der in der Regel friedfertigen auswärtigen Politik Frankreichs dar, welche die Propaganda des *Service Presse et Information* wohl besser verschweigen sollte. Der ehemalige Professor für Geschichtswissenschaft an der *École libre des Sciences politiques* ließ zwar keinen Zweifel daran, daß die Revolution kriegerisch gewesen sei und mehrere *guerres de limites* geführt habe, daß sie Europa schließlich das Prinzip des Nationalstaats und damit das Schwert gebracht habe; er vermochte aber nicht zu sehen, daß die französische Kriegs- und Eroberungslust etwas Revolutionäres gewesen sei, im Gegenteil: Sorel vertrat die Ansicht, daß die Revolution und die Revolutionskriege nicht außerhalb des kontinuierlichen Verlaufs der Geschichte anzusiedeln seien, sondern das schlüssige Ergebnis eines allgemeinen Desaggregationsprozesses darstellten, der das ausgehende *ancien régime* und die europäische Staatenordnung am Vorabend der Revolution befallen habe. De Panges Rezeption der Ideen Sorels kann daher als eklektisch und durchaus kreativ klassifiziert werden. Die Mehrheit der am Rhein engagierten Publizisten griff indessen auf Ph. Sagnacs während des Krieges erschienene Studie *Le Rhin français pendant la Révolution et l'Empire*[98] zurück: Dies lag nahe, ging der als Spezialist für Verwaltungs- und Wirtschaftsgeschichte geltende Historiker im zweiten Teil seines Werkes doch ausführlich auf die Errungenschaften der französischen Administration von 1802 bis 1814 ein, welche den Rheinlanden den Weg in das Zeitalter der Industrialisierung geebnet habe. Es sei jedoch daran erinnert, daß Sagnac sich im ersten Buch seiner umfangreichen Studie

zu machen, vertraut. Zur genannten *École* vgl.: P. Rain, *L'École libre des Sciences politiques 1871-1945*, Paris 1963; Chr. Simon, *Staat und Geschichtswissenschaft in Deutschland und Frankreich 1871-1914. Situation und Werk von Geschichtsprofessoren an den Universitäten Berlin, München, Paris*, Bd. 1, Bern/Frankfurt a.M./New York/ Paris 1988, S. 591ff.

97 So der Titel des achtbändigen Werkes, das zwischen 1874 und 1904 in Paris erschien.

98 Erschienen in Paris 1917. Vgl. S. 21.

detailliert mit der von der historischen Propaganda später tabuisierten Geschichte der Eroberung des linken Rheinufers durch die Revolutionsarmeen auseinandersetzte und in diesem Kontext zugestand, daß diese Zeit mit erheblichen Belastungen für das rheinisch-französische Verhältnis verbunden gewesen sei, da Ausstattung und Versorgung der französischen Soldaten miserabel gewesen seien und dazu geführt hätten, daß sich diese an der rheinischen Bevölkerung schadlos gehalten hätten. Der unbefangene Umgang der am Rhein engagierten französischen Historiker und Kolumnisten mit ihren historiographischen Vorlagen ist nur ein weiteres Indiz für den instrumentellen Charakter ihrer publizistischen Erzeugnisse; als ehemalige Absolventen und Dozenten der *École libre des Sciences politiques* fühlten sie sich berufen, der französischen Außenpolitik zu dienen und ihren Beitrag zu einer erfolgreichen Rheinlandbesetzung zu leisten. Das Unternehmen schien nur dann Aussichten auf Erfolg zu haben, wenn die von Paul Tirard ausgegebene Maxime der Diskretion, die das Handeln der französischen Besatzungsbehörden bestimmen sollte, auch in der Geschichtspropaganda angewandt wurde. Es war vor allem die Furcht, verbreiteten Ängsten vor einer Annexion des linken Rheinufers an Frankreich unnötig Vorschub zu leisten, welche die französischen Publizisten umtrieb und dazu bewog, zahlreiche Manipulationen vorzunehmen und nur solche Reminiszenzen zuzulassen, die aller Voraussicht nach geeignet waren, ein glanzvolles Bild der auswärtigen Politik und zivilisatorischen Mission Frankreichs zu zeichnen.

II. Die deutsche Antwort

A. Differenzen zwischen den Berliner Zentralbehörden und der Lokalverwaltung im Rheinland um die Strategie des „Abwehrkampfes"

Frankreichs Kulturpolitik in den besetzten Gebieten ist in Deutschland und im Rheinland selbst zweifellos auf Ablehnung und Gegenwehr gestoßen; dennoch wurde die französische Politik insgeheim beneidet, schien ihr doch eine verhältnismäßig straff organisierte, provokative propagandistische Offensive am Rhein gelungen zu sein. Die deutsche Entgegnung entbehrte nämlich der gebündelten Schlagkraft, die der französischen Propaganda auf dem linken Rheinufer wohl nicht abgesprochen werden konnte und ebenso bewundert wie gefürchtet wurde. Dabei fehlte den zuständigen deutschen Behörden durchaus nicht der Wille, zu einem kräftigen Gegenschlag auszuholen; allein die Vielzahl befugter Stellen in der Reichs- und Landeshauptstadt Berlin und in der Rheinprovinz führte zu Reibungsverlusten und schadete dem Auf- und Ausbau der deutschen Gegenpropaganda am Rhein. Der Wettbewerb um eine angemessene Entgegnung auf die französische Kulturpolitik auf dem linken Rheinufer, in den das Reich, Preußen und die Rheinprovinz von Amts wegen involviert waren, verschärfte mehr oder minder latente Rivalitäten zwischen den einzelnen Verwaltungsebenen und war der gemeinsamen Sache daher kaum förderlich. So spiegeln die vielschichtigen Bemühungen um „Satisfaktion" die konfliktgeladene föderalistische Grundstruktur des Reiches, deren Solidität angesichts der hohen Auflagen des Versailler Vertrages zusätzlichen Belastungs- und Bewährungsproben ausgesetzt war; die nachteilige Pluralität der Ansätze zu einer deutschen Gegenpropaganda kann allein vor dem Hintergrund vielfältiger innerdeutscher Interessenkonflikte nachvollzogen werden. Im folgenden Kapitel wird der Versuch unternommen, die deutsche Auseinandersetzung mit der französischen Kulturpolitik am Rhein in ihrer Originalität zu schildern[1].

1 Der Vielzahl der Institutionen, die auf deutscher Seite zur „Abwehr" der französischen Kulturpropaganda berufen waren, entspricht eine weite Streuung der Archivalien, die diesem Kapitel zugrundeliegen. Das Quellen- und Dokumentationsmaterial stammt aus dem *Archiv des Landschaftsverbandes Rheinland* in Brauweiler (künftig abgekürzt: ALVR), dem *Landeshauptarchiv Koblenz* (LHAK), dem *Hauptstaatsarchiv Düsseldorf* (HSTAD), dem *Zentralen Staatsarchiv Potsdam* (ZSTAP), dem *Zentralen Staatsarchiv* Dienststelle *Merseburg* (ZSTAM) und dem *Politischen Archiv des Auswärtigen Amtes* in Bonn (PAAA).

1. Administrative Voraussetzungen

Obgleich die deutsche Verwaltungshoheit im besetzten Rheinland durch die Bestimmungen des Rheinlandabkommens vom 28.Juni 1919 nicht in Frage gestellt worden war, so hatte das Besatzungsstatut dennoch vorübergehende Veränderungen im Gefüge der deutschen Administration am Rhein zur Folge, die von den betroffenen Behörden nicht widerspruchslos hingenommen wurden und von Anfang an die Führung der Amtsgeschäfte belasteten: Es hätte nicht nur gegen die Gepflogenheiten des internationalen Protokolls verstoßen, sondern auch ein düsteres Licht auf den nationalen Selbstbehauptungswillen der Reichsregierung geworfen, wenn diese es unterlassen hätte, der *Haute Commission Interalliée des Territoires Rhénans* einen eigenen Vertreter als Gesprächspartner entgegenzustellen. Die preußische Staatsregierung teilte den Wunsch der Reichsregierung nach einer protokollarisch adäquaten Vertretung der deutschen Interessen gegenüber den in der Rheinlandkommission vertretenen Staaten der Entente.

Die gemeinsamen Überlegungen, die in die Zeit des Waffenstillstands zurückreichen, führten bereits im Juni 1919, als sich die Besetzung des linken Rheinufers durch die Siegermächte deutlich abzeichnete – wenngleich das Rheinlandabkommen auch noch nicht unterzeichnet war –, zur Ernennung des Kölner Regierungspräsidenten von Starck zum Reichs- und Staatskommissar für die besetzten rheinischen Gebiete[2]. Von Starck nahm im August 1919 seine Tätigkeit in Koblenz auf, nachdem er durch die Siegermächte – auf Widerruf – akkreditiert worden war; der Reichskommissar war zunächst dem Reichsinnenminister unterstellt, als Repräsentanten der einzelnen Länder, welche von der Rheinlandbesetzung unmittelbar betroffen waren, amtierten ihm nachgeordnete Staatskommissare, außerdem war ihm ein achtzehnköpfiger parlamentarischer Beirat zugeordnet, dessen Besetzung dem Proporz der politischen Parteien im besetzten Rheinland entsprach. Dem neuen Amt und dem doch recht stattlichen Apparat, der dem Amtsträger ausreichende Unterstützung in der Wahrnehmung seiner Pflichten gewährleisten sollte, waren im wesentlichen repräsentative Aufgaben zugedacht: Da der gesamte Verkehr zwischen der *H.C.I.T.R.* und den in Besatzungsangelegenheiten verwickelten Reichs- und Länderbehörden im Büro des Reichskommissars für die besetzten rheinischen Gebiete gebündelt und weitergeleitet wurde, fungierte der Reichskommissar als privilegiertes Sprachrohr der deutschen Interessen im besetzten Rheinland[3]. Am diplomatischen Charakter des Amtes konnte angesichts der

2 Zur Vertretung der Interessen der besetzten Rheinlande durch die Reichsregierung vgl. H. Romeyk, *Verwaltungs- und Behördengeschichte der Rheinprovinz 1914-1945*, Düsseldorf 1985, S. 109ff.

3 Vgl. die Dienstanweisung des Reichsinnenministers vom 17.11.1919 an den Reichskommissar für die besetzten rheinischen Gebiete: »...2.) Der Reichskommissar hat sich der aus der Besetzung ergebenden besonderen Interessen des besetzten Gebiets und seiner Bevölkerung anzunehmen und diese Interessen aufgrund der ihm vom Reich erteilten Vollmacht gegenüber der Hohen Kommission der Besatzungsmächte zu vertreten. 3.) Der Reichskommissar ist dem Reichsminister des Innern unterstellt. Die Reichsministerien verkehren, soweit es sich um ihren Geschäftsbereich handelt, unmittelbar mit dem Reichskommissar, der auch unmittelbar an sie berichtet. Der Reichskommissar hat den

ausdrücklichen Verfügung des Reichsinnenministers, der zufolge »der Reichskommissar ... keine Zwischeninstanz zwischen den ordentlichen Provinzialbehörden und den Zentralbehörden« bildete und auch nicht befugt war, »... in den Geschäftsbereich der ordentlichen Provinzialbehörden des Reichs und der Länder einzugreifen ...«[4], schließlich kein Zweifel bestehen.

Dennoch bereitete die Integration des Reichskommissariats in die originäre Verwaltung der preußischen Rheinprovinz offenbar erhebliche Schwierigkeiten. So schien die notwendige Amtshilfe durch die Länderbehörden zunächst ausgeblieben oder nur halbherzig geleistet worden zu sein[5]. Vor allem der Oberpräsident der preußischen Rheinprovinz, der bislang unumstritten Herr im rheinischen Hause Preußens war, reagierte empfindlich auf seinen neuen Kollegen in Koblenz, den er als Rivalen betrachtete[6] – dazu mag nicht zuletzt der Umstand beigetragen haben, daß von Starck

Anweisungen der Reichsministerien Folge zu leisten; soweit es sich um Angelegenheiten politischer und handelspolitischer Natur im Verhältnis zum Ausland handelt, sowie um Fragen, welche die Ausführung des Friedensvertrages betreffen, ist für die vom Reichskommissar bei der Hohen Kommission zu veranlassenden Schritte die Zustimmung des Auswärtigen Amtes erforderlich. Über seine Verhandlungen in grundsätzlichen Fragen hat der Reichskommissar den zuständigen Ministerien fortlaufend zu berichten und ihre Anweisungen einzuholen. ...5.) Der Verkehr mit den beteiligten Landesregierungen vollzieht sich durch Vermittelung der von den Landesregierungen bestellten Staatskommissare, ... 8.) Der schriftliche und mündliche Verkehr mit der Hohen Kommission ist ausschließlich dem Reichskommissar auf Grund der ihm vom Reich erteilten Vollmacht vorbehalten. ...« – LHAK 403, 14829 Bll. 3-7.

4 Ebd., Bl. 5.

5 Vgl. das Schreiben von Starcks vom 9.2.1920, das an den Oberpräsidenten der Rheinprovinz, die preußischen Regierungspräsidenten sowie die Staatskommissare von Hessen, Bayern, Baden und Oldenburg gerichtet war: »Zur Vertretung der Interessen der Bevölkerung des besetzten Gebietes bei der Hohen Interalliierten Kommission bedarf ich der raschen und zuverlässigen Information über alle wichtigen Vorgänge auf dem Gebiete der Besatzungsangelegenheiten, wie sie nur durch regelmäßige Mitteilungen seitens der Landesbehörden zu erlangen ist. ... Es wäre mir daher erwünscht, wenn mir etwa gegen Ende jeden Monats die neuesten Beobachtungen und Erfahrungen und hierbei auch die Wünsche mitgeteilt würden, welche hinsichtlich der bei der Hohen Interalliierten Kommission zu tuenden Schritte bestehen. ...« – LHAK 403,13451 Bl. 123.

6 Man hat offenbar von Anfang an damit gerechnet, daß es zu Interessenkollisionen zwischen dem Oberpräsidium der Rheinprovinz und dem Reichs- und Staatskommissariat kommen würde: Vgl. ein Schreiben des Preußischen Ministers des Innern vom 28.12.1919 an von Groote, den Oberpräsidenten der Rheinprovinz: »... Es bedarf keiner besonderen Hervorhebung, daß auch für ein ersprießliches Wirken der preußischen Behörden der Rheinprovinz unter den gegenwärtigen Verhältnissen ein reibungsloses Zusammenarbeiten mit dem Reichs- und Staatskommissar von größtem Wert ist. Ich vertraue darauf, daß auch die preußischen Behörden es sich angelegen sein lassen werden, vertrauensvolle und rege dienstliche Beziehungen zum Reichs- und Staatskommissar zu pflegen, um die beiderseitige Tätigkeit auf dem gemeinsamen Arbeitsgebiet nach Möglichkeit zu erleichtern und zu fördern.« – LHAK 403, 148239 Bl. 9. Zu den verwaltungsinternen Schwierigkeiten vgl. auch H. Romeyk, a.a.O., S. 113ff. und K.H. Pohl, *Der „Rheinlandkommissar" und die besetzten deutschen Gebiete. Regionale Einflüsse bei den innenpolitischen Auseinandersetzungen um die „Rückwirkungen" von Locarno*, in: *Jahrbuch für die westdeutsche Landesgeschichte* 5 (1979), S. 273-301, hier S. 282f.

und sein Nachfolger von Hatzfeld[7] gleichzeitig das Amt des Reichs- und preußischen Staatskommissars bekleideten und auf diese Weise mit einer beängstigenden Machtfülle ausgestattet zu sein schienen. Der Streit konnte im Laufe der Zeit einvernehmlich beigelegt werden. Auf der einen Seite wurde der Oberpräsident der Rheinprovinz an der diplomatischen Mission des Reichskommissars beteiligt: Er sicherte sich die Vermittlung zwischen den preußischen Provinzialbehörden und dem Reichskommissariat[8], zudem erhielt er ein Mandat im parlamentarischen Beirat des Reichskommissars. Es gelang es ihm so, seine angeschlagene Position im Gefüge der Provinzialverwaltung wieder zu festigen. Auf der anderen Seite verlor das Amt des Reichskommissars an Bedeutung: Seit 1925 war der Reichskommissar nicht mehr zugleich preußischer Staatskommissar und auch nicht mehr dem Reichsinnenminister unterstellt, sondern an die Weisungen aus dem 1923 geschaffenen Reichsministerium für die besetzten Gebiete gebunden. Diese Veränderungen führten – neben anderen Faktoren – dazu, daß sich das politische Klima in der Rheinprovinz merklich erholte. Die Spannungen zwischen dem Oberpräsidenten und dem Reichskommissar, die immerhin die schwierigsten Jahre der Rheinlandbesetzung überschatteten, dokumentieren die Anfälligkeit des föderalistischen deutschen Staatsaufbaus für Integrationskonflikte administrativer Natur. Ließ sich der Streit schon deshalb kaum vermeiden, weil der Oberpräsident als bislang höchster Repräsentant der preußischen Rheinprovinz in einem Reichskommissar einen unliebsamen Rivalen erblicken mußte – daran vermochte auch der Umstand, daß die Bestellung des Reichskommissars ursprünglich auf ein vitales Interesse der Reichs- und – preußischen – Staatsbehörden zurückging, nichts zu ändern –, so hat die Rheinlandbewegung[9] sicherlich ein Übriges zum Kampf

7 Von Hatzfeld war vom 14.10.1921 bis zum 17.4.1923 Reichs- und preußischer Staatskommissar für die besetzten rheinischen Gebiete. Das Amt des Reichskommissars wurde erst 1925, in einem Klima allgemeiner Entspannung in Europa, mit dem Berufsdiplomaten Langwerth von Simmern neu besetzt.

8 Vgl. ein Schreiben des preußischen Innenministers vom 27.12.1925 an den Oberpräsidenten und die jenem nachgeordneten Regierungspräsidenten der preußischen Rheinprovinz, in dem die – von ihm offenbar eigenmächtig modifizierte – Dienstanweisung des Reichsministers für die besetzten Gebiete an den Reichskommissar erläutert und kommentiert wird: »... Gemäß Ziffer III der Richtlinien habe ich dahingehend Bestimmung getroffen und den Herrn Reichsminister für die besetzten Gebiete unterrichtet, daß die nachgeordneten Landesbehörden im besetzten Gebiet mit dem Reichskommissar durch die Vermittelung des Herrn Oberpräsidenten in Coblenz zu verkehren [haben], und umgekehrt jeder Verkehr des Reichskommissars mit den nachgeordneten Landesbehörden im besetzten Gebiet durch Vermittelung des Herrn Oberpräsidenten in Coblenz zu erfolgen hat.« – LHAK 403, 14830 Bl. 105.

9 Vgl. die in Anm. 25, S. 33 angegebene (ausgewählte) Literatur. Ergänzend sei auf R. Morsey, *Die Rheinlande, Preußen und das Reich 1914-1945*, in: *Rheinische Vierteljahresblätter 30* (1965), S. 176-222 verwiesen, der die Rheinlandbewegung in einen größeren Zusammenhang einordnet, indem er die neuere Geschichte der Rheinlande als die Geschichte einer politischen Landschaft im Spannungsfeld zwischen Reich und Preußen zu deuten versucht. »Stärke und Eigenart eines spezifisch westdeutschen Regionalismus« werden »... aus föderalistischen und teilweise großdeutschen Wurzeln« (S. 183) heraus erklärt. Es sollte aber nicht übersehen werden, daß das Selbstverständnis des Staates Preußen in ähnlicher Weise föderalistisch und nationalistisch zugleich war. Daher kann mit einiger Berechtigung angenommen werden, daß im Rheinland der zwanziger Jahre

des Oberpräsidenten um seine Selbstbehauptung beigetragen.

Nicht allein die preußischen Provinzialbehörden gerieten in den Jahren der Rheinlandbesetzung in Konflikt mit der Reichsadministration; auch die rheinische Selbstverwaltung mußte sich mit den Ansprüchen der Reichsregierung auseinandersetzen. Die Anordnungen, die vom Reichsminister des Innern erlassen wurden und auf dem Dienstwege, durch Übermittlung des preußischen Innenministers und nachgeordnete Stellen, in die Rheinprovinz gelangten, waren meist kompromißlos und verpflichteten hohe und niedere Amtsträger zu größtmöglicher Distanz im Verkehr mit den Besatzungsbehörden. So war es ihnen – von genehmigungspflichtigen Ausnahmen abgesehen – verwehrt, an Veranstaltungen oder Festen teilzunehmen, die von den Besatzungsbehörden ausgerichtet wurden[10]; die Mitwirkung deutscher Stellen bei der Veröffentlichung von Presseerklärungen und Verordnungen der Besatzungsbehörden war entsprechenden Einschränkungen unterworfen[11]. Im Jahre 1923, auf dem Höhepunkt der internationalen Krise, schlug die amtlich verordnete Spröde in den Beziehungen zwischen den deutschen Lokalbehörden und den Besatzungsmächten auf Geheiß der Reichsregierung in eine offene Obstruktionshaltung der rheinischen Administration um; der passive Widerstand gegen die französische Ruhrpolitik verlangte den Behörden vor Ort, ebenso wie der Reichsregierung in Berlin, große Opfer ab[12] und mußte schließlich abgebrochen werden. Mit der Beilegung der Ruhrkrise normalisierten sich später auch die Verhältnisse im besetzten Rheinland. Allerdings

zwei konkurrierende föderalistische Konzepte, das rheinische und das preußische, unversöhnlich aufeinander stießen und zu einer weiteren Verschärfung des politischen Klimas führten.

10 Vgl. die Übermittlung einer entsprechenden Verfügung des preußischen Innenministers durch den Oberpräsidenten an die Regierungspräsidenten der Rheinprovinz am 3.12.1920: »Der Herr Preußische Minister des Innern hat bezüglich der wegen der Beteiligung von Behörden pp. an Veranstaltungen von Besatzungsbehörden folgendes angeordnet: „Damit in Zukunft Zweifel über die einzunehmende Haltung vermieden werden, bestimme ich, daß die mir nachgeordneten Behörden und Beamten sich grundsätzlich allen von den Besatzungsbehörden ausgehenden Veranstaltungen und Festlichkeiten fernzuhalten haben; etwa ergehende Einladungen sind höflich, aber bestimmt abzulehnen. Sollten ausnahmsweise besondere Gründe ein anderweitiges Vorgehen gerechtfertigt erscheinen lassen, so ist in jedem Falle unter eingehender Darstellung der Umstände nötigenfalls telegraphisch meine zuvorige Genehmigung einzuholen.“ ...« – LHAK 403, 14736 Bl. 169; vgl. auch ein Schreiben des Reichskommissars für die besetzten Gebiete vom 21.4.1921 an Tirard, in dem er dem Hochkommissar auf dessen Anfrage vom 19.4.1921 hin bestätigt, daß der Reichsinnenminister den deutschen Beamten in der Rheinprovinz Abstinenz hinsichtlich aller von den Besatzungsbehörden ausgerichteten Veranstaltungen verordnet habe. – Ebd., Bll. 617/618.

11 Vgl. etwa die einschlägigen Beschlüsse einer „großen“ Kabinettssitzung vom 9.2.1923, an der die Reichs- und die preußische Staatsregierung teilnahmen: »... Die Mitwirkung bei der Veröffentlichung aller Befehle, die gegen die deutschen Gesetze verstoßen, ist abzulehnen. Ebenso die Veröffentlichung derjenigen, die eine unmittelbare Unterstützung der wirtschaftlichen Maßnahmen des Gegners fordern, ... Jegliche Mitwirkung bei gegnerischer Propaganda, auch versteckter, hat zu unterbleiben.« – ZSTAM Rep. 77, Tit. 4041, 157 Bll. 34/35.

12 Zu den Auswirkungen der Ruhrkrise auf die Tätigkeit der deutschen Behörden in der besetzten Rheinprovinz vgl. H. Romeyk, a.a.O., S. 98ff.

zeigten sich nicht alle Würdenträger der Rheinprovinz den hohen Anforderungen gewachsen, die in Form von kompromißlosen Verfügungen der Reichs- und preußischen Staatsregierung an sie gestellt wurden. Vor allem Repräsentanten rheinischer Kommunen, die einerseits dem Druck der Besatzungsbehörden ausgesetzt waren und andererseits ihr politisches Handeln an rigorosen Berliner Vorstellungen von einem angemessenen Umgang mit den Besatzungsmächten orientieren sollten, gerieten zwangsläufig in ein Dilemma. Pragmatismus und Kompromißbereitschaft erwiesen sich oft als einziger Ausweg; politische Lösungen lokaler Konflikte wurden „jenseits“ des Rheins in der Regel nicht begrüßt, im Gegenteil, sie zogen amtliche Schelte nach sich.

Ein Beispiel möge genügen, um die mitunter wenig beneidenswerte Lage rheinischer Kommunalpolitiker in den zwanziger Jahren zu illustrieren: Der Bürgermeister der Stadt Bonn war im Vorfeld der Napoleonfeiern[13] im Frühjahr 1921 dem Ersuchen des französischen Delegierten der Rheinlandkommission Bessy de Boissy um behördliche Unterstützung der Festvorbereitungen weitgehend entgegengekommen, teils weil er aus Erfahrung wußte, daß der im Rheinlandabkommen verbriefte Anspruch der Besatzungsmächte auf angemessenen Unterhalt der Truppen von den fränzösischen Delegierten im allgemeinen recht großzügig ausgelegt wurde, teils weil er fürchtete, daß Widerstand erfolglos wäre und nur nachteilige Folgen für Bonn hätte. Auf diese Weise wurde der französische Delegierte ermächtigt, den Chor der Münsterkirche, das städtische Orchester und das Stadttheater in die Ausrichtung der Napoleonfeiern miteinzubeziehen – ein durchaus brisanter Vorgang, der im unbesetzten Deutschland große Empörung ausgelöst hat. Der Kölner Regierungspräsident, an den sich der Bonner Bürgermeister schließlich gewandt hatte, nahm den Vorfall zum Anlaß, um bei seinen Vorgesetzten in Berlin um Verständnis für die schwierige Lage der deutschen Behörden in der besetzten Rheinprovinz zu bitten[14]; seine detaillierten Ausführungen, in denen er das Vorgehen seines Bonner Kollegen in Schutz nahm, ließen an Deutlichkeit nichts zu wünschen übrig: Prinzipientreue führe unter den gegebenen Verhältnissen im besetzten Rheinland lediglich zu »billig erkaufte[m] Märtyrertum«[15] und

13 Vgl. S. 55ff.

14 Vgl. das Schreiben des Kölner Regierungspräsidenten vom 15.6.1921 an den Preußischen Minister des Innern und den Minister für Wissenschaft, Kunst und Volksbildung – LHAK 403, 14736 Bll. 221-228.

15 Vgl. ebd., Bl. 226: »Wenn jedoch ein Beamter sich weigert, einer Anordnung [der Besatzungsmächte] nachzukommen, so tut er das wohlverstanden auf seine eigene Gefahr und setzt sich, wenn diese Beweisgründe nicht anerkannt werden, behördlichen und gerichtlichen Strafen aus. Die Reichsregierung hat gegen viele der Anforderungen Einspruch erhoben, Erfolg aber wenig gehabt. Welche Stellung sollen bei dieser Sachlage diejenigen Beamten einnehmen, denen die traurige Aufgabe des unmittelbaren Verkehrs mit der Besatzungsbehörde obliegt? Ein Leichtes wäre es, sich zu widersetzen und die Ausführung irgendeines Verlangens unter Hinweis auf seine Ungesetzlichkeit abzulehnen; der Erfolg wäre dann ein billig erkauftes Märtyrertum; der Beamte würde bestraft, im Wiederholungsfalle seines Amtes enthoben und ausgewiesen. Er würde durch einen anderen ersetzt, und wenn dieser im gleichen Sinne verfährt, so wiederholt sich die Sache. Ist das ein erstrebenswerter Zustand? Diese Frage ist nach jeder Richtung hin zu verneinen.«

einem unverantwortlichen Verschleiß von Verwaltungspersonal; ein pragmatisches Eingehen auf die Anliegen der Besatzungsmächte, seien sie nun berechtigt oder gesetzeswidrig, könne dagegen helfen, das Schlimmste zu verhindern und gelegentlich Vorteile für die Bevölkerung der besetzten Rheinprovinz herauszuschlagen[16]. Die kompromißbereite Haltung des Bonner Magistrats erhielt nicht zuletzt deshalb den Segen des Regierungspräsidenten, weil jedermann, der »die rheinischen Verhältnisse genau kennt, ... weiß, daß, von verschiedenen Ausnahmen abgesehen, die ganze rheinische Bevölkerung, Hoch und Niedrig, den Versuch der französischen *Republik*, durch eine Gedenkfeier für den *Kaiser* Napoleon den Rheinländern einen Gefallen zu erweisen, sich bei ihnen beliebt zu machen, als ein vollkommen mißglücktes törichtes Unternehmen belacht...«[17]. Zweifel an den patriotischen Gefühlen der Bonner Bürger, wie sie in Teilen der rechtsrheinischen Presse offenbar angemeldet wurden, wies der Regierungspräsident daher empört zurück und forderte im Gegenzug mehr »verständnisvolles Mitgefühl« für »die üble Lage der Bewohner der besetzten Gebiete«[18]. Dem Vorstoß des Regierungspräsidenten war kein Erfolg beschieden, sein Plädoyer für einen pragmatischeren Umgang mit den Besatzungsbehörden wurde in Berlin nicht gehört. Stattdessen wurde ihm nahegelegt, »... den Oberbürgermeister von Bonn in geeigneter Weise darauf hinzuweisen, daß bei voller Würdigung der schwierigen Lage der Beamten des besetzten Gebietes es sich nicht empfiehlt, in den Fragen, welche die weiteste Öffentlichkeit berühren, den geäußerten Wünschen der Besatzungsbehörden in zu nachgiebiger Weise nur deshalb nachzukommen, um eine Requisition zu vermeiden«[19]. Die Affäre um die Napoleonfeiern in Bonn ist gewiß ein aussagekräftiges Indiz dafür, daß die rheinische Kommunalverwaltung zuweilen erheblichen Pressionen ausgesetzt war und sich zwischen zwei Fronten behaupten mußte: Hielt sie sich an die kompromißlosen Anweisungen aus Berlin und verharrte sie in Distanz zu den Besatzungsbehörden, handelte sie sich Verstimmung auf Seiten der Besatzungsmächte ein[20],

16 Vgl. ebd., Bl. 227: »Wenn man die Sache so beurteilt, und ich tue das, so kommt man zu dem Ergebnis, daß man der Allgemeinheit und dem Deutschtum den besten Dienst dadurch erweist, daß man auf seinem Posten aushält, Vorteile für die Allgemeinheit zu erreichen sucht, soweit es irgend möglich ist, Nachteile abwendet, wo eine Abwendung zu erreichen ist. Ein solches Bestreben erfordert ein ständiges Lavieren mit der Besatzungsbehörde, eine Aufgabe, die ungemein schwer ist für jeden deutschfühlenden Beamten.«

17 Vgl. ebd., Bl. 228.

18 Ebd.

19 Vgl. das Antwortschreiben des Preußischen Innenministers vom 16.7.1921 – LHAK 403, 14736 Bl. 233.

20 Auch dazu sei ein repräsentatives Beispiel angeführt: Im Gefolge des Londoner Abkommens von 1924 sind dem Koblenzer Oberbürgermeister vom Koblenzer Delegierten Bonnel sowie von Tirard höchst persönlich mehrere Angebote unterbreitet worden, die persönliche Kontakte zwischen den deutschen Behörden im Rheinland und der französischen Militärverwaltung fördern sollten. Der Koblenzer Magistrat lehnte ab und begründete seine reservierte Haltung damit, »... daß nach [s]einer Auffassung derartige Zusammenkünfte zum mindesten verfrüht wären, da in den Deutschen, insbesondere in den Rheinländern, die Ereignisse der letzten Jahre zu stark nachzitterten. ... Die Stadt Coblenz, die nach wie vor Unsägliches durch die Besatzung leiden muß, ... würde gegen den Bürgermeister, der es wagen würde, irgendwie gegen diese Empfindung des Volkes

übertrat sie aber die Berliner Weisungen und signalisierte sie Kompromißbereitschaft gegenüber den Wünschen der Besatzungsbehörden, so riskierte sie einen Konflikt mit Berlin.

Die interalliierte Rheinlandbesetzung war eine Herausforderung für die differenzierte deutsche Administration in den besetzten Gebieten. Die deutschen Behörden wußten theoretisch zwar um die Dringlichkeit und Effektivität einer konzertierten Aktion[21]; in der Praxis konnte davon dann aber kaum die Rede sein. Die Besetzung des linken Rheinufers durch die Siegermächte des 1. Weltkriegs hatte Bewegung in das komplexe Verwaltungsgefüge der preußischen Rheinprovinz gebracht und althergebrachte Spannungen zwischen Berlin und der rheinischen Provinz reaktiviert. Während die Investitur des Reichskommissars für die besetzten rheinischen Gebiete einen langwierigen Streit um Kompetenzen mit dem Oberpräsidenten der Rheinprovinz zur Folge hatte, stießen die strengen Anweisungen der Reichs- und preußischen Staatsregierung zum Umgang der lokalen Behörden mit der interalliierten Militärverwaltung auf das Unverständnis der zuweilen eher pragmatisch gesinnten rheinischen Kommunalverwaltung. Das Besatzungsstatut hatte die preußische Provinzialverwaltung und die kommunale Selbstverwaltung des Rheinlands keineswegs zu unzertrennlichen Komplizen in ihrem Kampf um Selbstbehauptung gegenüber Berlin werden lassen; auch die von der Besatzung unmittelbar betroffenen lokalen Behörden des Rheinlands hatten untereinander Streit. Die kritische Solidarität, die das mitunter recht gespannte Verhältnis der verschiedenen Verwaltungsinstanzen zueinander prägte, war auch beim Auf- und Ausbau der deutschen Gegenpropaganda am Rhein spürbar. Von einem einheitlichen Konzept und einer einmütigen Gestaltung einer gegenläufigen Propaganda kann zunächst keine Rede sein; verschiedene Stellen im Reich, in Preußen und in der Rheinprovinz beschritten eigene Wege und gerieten dabei aneinander; schließlich konnte man sich resigniert auf ein wenig spektakuläres Modell einigen.

2. Die Rheinische Volkspflege

Die Rheinische Volkspflege (RVP) war als Tarnorganisation nichtamtlichen Charakters[22] aus der Reichszentrale für Heimatdienst (RfH) hervorgegangen und damit

zu handeln, in der entschiedensten Weise Stellung nehmen. Persönlich müßte ich es auch ablehnen, einer derartigen Direktive zu folgen.« – Vgl. das Schreiben des Bürgermeisters vom 6.10.1924 an den Oberpräsidenten der Rheinprovinz und den Regierungspräsidenten von Koblenz – LHAK 403, 14736 Bll. 547-551. Das Vorgehen des Koblenzer Oberbürgermeisters forderte einerseits den Groll der französischen Behörden heraus, fand aber andererseits wohlwollende Zustimmung in Berlin.

21 Vgl. etwa den eindringlichen Appell des Preußischen Ministerpräsidenten Braun an den Reichskanzler Cuno vom 23.7.1923, gemeinsame Sondersitzungen des Reichskabinetts und der preußischen Staatsregierung einzuberufen, um den „Abwehrkampf" im altbesetzten Rheinland und im neubesetzten Ruhrgebiet zu koordinieren – ZSTAM Rep. 77, Tit. 4041-230.

22 Ihrem nichtoffiziellen Charakter entsprechend, wanderte die Rheinische Volkspflege im

beauftragt, im Namen der Reichsregierung einen angemessenen Beitrag zur Entwicklung und Gestaltung der deutschen Gegenpropaganda im besetzten Rheinland zu leisten. Ihre Mission bestand, allgemein formuliert, darin, »den Zusammenhang der besetzten Gebiete mit dem unbesetzten Deutschen Reich aufrechtzuerhalten und zu pflegen«[23]. Allein der Umstand, daß Frankreich seine vorübergehende militärische Präsenz am Rhein nahezu ungestört zum Auf- und Ausbau einer separatistischen Propaganda nutzte, wurde als Ärgernis empfunden und forderte entsprechende Gegenmaßnahmen des Reiches heraus; die französische Kulturpropaganda in den besetzten Gebieten war aber nicht der einzige Anhaltspunkt für die Arbeit der Rheinischen Volkspflege: Die Rheinische Volkspflege wollte durch »politische Aufklärungsarbeit«[24] in den besetzten ebenso wie in den unbesetzten Gebieten des Reiches vor allem auch den Zusammenhalt der Nation fördern – indem sie einerseits die deutsche Öffentlichkeit jenseits des Rheins permanent mit Fragen des besetzten Westens konfrontierte und andererseits die Bevölkerung des besetzten Rheinlands vor den vielfältigen Gefahren des Separatismus nachdrücklich warnte[25]. Die Mission der Rheinischen Volkspflege war zweifellos politischer Natur[26], da sie sowohl der nationalen Selbstbehauptung

Laufe ihrer (kurzen) Geschichte durch verschiedene Berliner Behörden: Im August 1919 wurde unter Leitung von Wrochems in der Reichszentrale für Heimatdienst eine Sonderabteilung, die sogenannte B.G.-Stelle, eingerichtet, die die RfH entlasten und sich auf die „Abwehrarbeit“ in den besetzten rheinischen Gebieten spezialisieren sollte. Kopf- und Umschlagstellen vor Ort, so in Düsseldorf, Köln-Gummersbach, Frankfurt, Mannheim und Heidelberg, arbeiteten ihr zu. 1920 wurde die B.G.-Stelle der Aufsicht der RfH entzogen und dem Reichsminister des Innern unterstellt und in Rheinische Volkspflege umbenannt. Seit Mai 1921 beaufsichtigte der Staatssekretär für die besetzten Gebiete im Reichsinnenministerium die RVP. 1923 schließlich fand sie in dem neu geschaffenen Reichsministerium für die besetzten rheinischen Gebiete eine dauerhafte Bleibe, bis sie im September 1930 aufgelöst wurde. Vgl. hierzu: K.W. Wippermann, *Politische Propaganda und staatsbürgerliche Bildung. Die Reichszentrale für Heimatdienst in der Weimarer Republik*, Köln 1976, S. 200ff. und K. Reimer, *Rheinlandfrage und Rheinlandbewegung (1918-1933)*, Frankfurt/Bern/Las Vegas 1979, S. 177ff., der sich auf Wippermann stützt. Einschränkend muß hinzugefügt werden, daß Wippermanns und Reimers Ausführungen ergänzungs- und korrekturbedürftig sind, da die Autoren die einschlägigen Bestände des Zentralen Staatsarchivs in Potsdam offenbar nicht haben einsehen können.

23 Vgl. den – vermutlich von einem führenden Mitglied der RVP stammenden – anonymen *Bericht über den Aufbau der Rheinischen Volkspflege und ihre einzelnen Arbeitszweige* vom 21.8.1920, S. 1-22, hier S. 2 – PAAA Polit. Abteilung IIa, Bes. Gebiete – Reichszentrale für Heimatdienst, Bd. 2.

24 Ebd., S. 3.

25 Vgl. ebd., S. 3f.: »Ein weiteres wichtiges Ziel der politischen Aufklärungsarbeit war, das Rheinland wachsam und scharf zu erhalten gegen die Abtrennungsbestrebungen, die überall und in verschiedener Form auftauchten. ... Im Hinblick auf die stark einsetzende kulturelle Propaganda der Franzosen ... war es dringend notwendig, der Bevölkerung das Wesen und die endgültigen Ziele dieser Kulturoffensive klarzumachen und sie zur Aufmerksamkeit und zur Abwehr gegen sie zu erziehen.«

26 Vgl. auch die einleitenden Erläuterungen zum Charakter der Kulturpolitik des Reiches in den besetzten Gebieten in den *Richtlinien für die Verteilung der Mittel zu kulturellen Zwecken* des Reichsinnenministers vom 21.2.1923: »Da die Kulturpflege in erster Linie Aufgabe der Länder ist, greift die Förderung dieser Zwecke in den besetzten Gebieten durch das Reich nur ergänzend ein; und zwar einmal soweit die übliche Kulturpflege durch die besonderen Besatzungsverhältnisse besonders erschwert wird, dann auch soweit

gegenüber der französischen Politik am Rhein als auch der Unterweisung der Bewohner des besetzten linken Rheinufers in Fragen der nationalen Einheit diente. Bei der Erfüllung ihres anspruchsvollen Auftrags stieß die Rheinische Volkspflege auf ungeahnte Schwierigkeiten, die schließlich zu Abstrichen von ihrem umfassenden Programm führten.

Zur Entwicklung und Gestaltung einer erfolgversprechenden deutschen Gegenpropaganda gehörte die unablässige Beobachtung der französischen Propaganda am Rhein. Die Rheinische Volkspflege observierte gründlich, wenngleich ihre Erkenntnisse in mancher Hinsicht erstaunlich lückenhaft blieben. Sie durchschaute natürlich die separatistische Politik der Franzosen im besetzten Rheinland und ließ sich durch die französische Kulturpolitik nicht blenden; gleichwohl zeigte sie sich von der straffen Organisation der französischen Propaganda am Rhein durchaus angetan und versuchte, dem französischen Beispiel folgend, die Regie in Fragen der Inszenierung der deutschen Gegenpropaganda an sich zu reißen[27].

Es gelang der Rheinischen Volkspflege offenbar nicht, den Urheber der französischen Kulturpolitik am Rhein in der französischen Militärverwaltung zu orten, sie vermutete ihn in der *Union des Grandes Associations Françaises*[28], einem Zusammen-

eine besondere Förderung über den üblichen Rahmen hinaus mit Rücksicht auf die französische Kulturpropaganda und die Absonderungsbestrebungen erforderlich und wünschenswert erscheint. Die Kulturarbeit des Reiches im besetzten Gebiet ist demnach politischer Natur, ...« – ZSTAP Reichsministerium für die bes. Gebiete, Abteilung I – 598, Bl. 35.

27 Vgl. den zitierten *Bericht über den Aufbau der Rheinischen Volkspflege und ihre einzelnen Arbeitszweige* vom 21.8.1920, S. 9f.: »... so wird mit der Ausführung eines bereits vorliegenden Planes begonnen werden, dessen Grundgedanke ist, der aktiven und einheitlich geleiteten Pressepolitik der Franzosen mit einer ebenso aktiven und einheitlich geleiteten von Seiten Deutschlands entgegenzutreten. Grundbedingung dafür ist allerdings, daß die Mittel ausschließlich vom Reich bewilligt und von ihm auch natürlich unter genauester Kenntnis der jeweiligen örtlichen Verhältnisse angewandt werden.« Vgl. auch das Resümee S. 15: »Die im Vorstehenden eingehend geschilderten Arbeitsgebiete der RVP haben wohl zur Genüge erwiesen, welchen Einfluß die RVP schon auf weitere Kreise des Rheinlandes gewonnen hat. Hier werden überaus wichtige nationale Fragen in enger Zusammenarbeit mit der Bevölkerung der rheinischen Gebiete, wo das Deutschtum überaus schwer bedroht ist, gefördert, und ein gewisser Erfolg läßt sich bereits überall nachweisen. Dieser gesamte Apparat ist in der Hand der Reichsbehörden, d.h. bei einer einheitlichen Leitung ein nicht außer Acht zu lassendes Instrument.« – PAAA Polit. Abteilung IIa, Bes. Gebiete – Reichszentrale für Heimatdienst Bd. 2.

28 Vgl. P. Hartmann, *Französische Kulturarbeit am Rhein*, Leipzig 1921, S. 25ff. P. Hartmann ist ein Pseudonym, hinter dem sich der Berliner Professor für Geschichte und Staatskunde Paul Rühlmann (1875-1933) verbirgt. Rühlmann, der sich durch eine Reihe von Veröffentlichungen zu Fragen der politischen Bildung und staatsbürgerlichen Erziehung, der öffentlichen Meinung sowie der Schul- und Kulturpolitik hervorgetan hatte, hat sich offenbar von Anfang an der RVP zur Verfügung gestellt und sie zuletzt bis zu ihrer Auflösung im Jahre 1930 auch geleitet. Im Rahmen seiner Tätigkeit im Reichsinnenministerium und im Reichsministerium für die besetzten rheinischen Gebiete setzte er sich nahezu ausschließlich mit der französischen Kulturpolitik auseinander und schien geradezu besessen von der Vorstellung zu sein, daß die Bevölkerung des besetzten Rheinlands die Hintergründigkeit der französischen Politik am Rhein nicht von selbst erkenne und deshalb über die vielfältigen Gefahren der Abtrennungsbestrebungen erst aufgeklärt werden müsse, um gegen sie gewappnet zu sein.

schluß privater Gruppierungen vom Schlage einer *Ligue des Patriotes* oder eines *Comité de la Rive Gauche du Rhin*, die sich zum Teil schon vor dem Ersten Weltkrieg in Frankreich für die Annexion des linken Rheinufers eingesetzt hatten. Diese Fehlinformation mag zunächst überraschen; sie ist weniger befremdlich, wenn man berücksichtigt, daß Deutschland die militärische Niederlage im Weltkrieg und das Versailler Friedensdiktat nicht verwunden hatte und noch intensiv damit beschäftigt war, die Vorgeschichte, die in die nationale Katastrophe einmündete, zu rekonstruieren. Die Auseinandersetzung mit der jüngsten Vergangenheit führte bekanntlich nur am Rande zum Eingeständnis eigener Fehler, diese wurden vielmehr weitgehend tabuisiert. Dagegen wurde die Schuld für die innen- und außenpolitische Misere des Deutschen Reiches in der Nachkriegszeit ausschließlich den Siegermächten zugeschoben, deren nationale Interessen eine gedeihliche Existenz des Reiches nicht zuzulassen schienen. Es verwundert daher nicht, wenn der französische Nationalismus in seinen bis dahin bekannten Erscheinungsformen in den Mittelpunkt des argwöhnischen Interesses der Rheinischen Volkspflege rückte und den Blick für das geschäftige Treiben im Schoß der französischen Militärverwaltung trübte. Es ist jedenfalls ein kennzeichnender Zug der deutschen Entgegnung auf die französische Propaganda im Rheinland, daß sie vehement gegen den französischen Nationalismus in seinen vielfältigen historischen Ausprägungen anschrieb. Wenngleich der deutsche „Abwehrkampf" dem französischen Nationalismus schlechthin galt, so setzte sich die rheinische Volkspflege doch auch im Detail mit der französischen Kulturpolitik am Rhein auseinander.

Es entging der Rheinischen Volkspflege beispielsweise nicht, daß die französische Besatzungsmacht großen Wert auf »die propagandistische Ausnutzung der rheinischen Geschichtsfragen« legte, in der Hoffnung, »... im Rheinlande und vielleicht auch im Ausland den Anschein zu erwecken, als ob die Rheinländer mit ihren Sympathien eigentlich stets auf französischer Seite gestanden hätten und die preußische Periode nur vorübergehenden Charakter habe«[29]. Die Geschichtspropaganda des *Haut Commissariat français* war eine Provokation und konnte nicht widerspruchslos hingenommen werden. Auf dem Spiel stand nicht allein die nationale Ehre, die Frankreich gegenüber behauptet werden mußte; die Maßnahmen, die die Rheinische Volkspflege im Sinne einer Entgegnung auf die französische Politik ergriff, galten hauptsächlich der rheinischen Bevölkerung – aus einem einfachen Grund: als Zielgruppe der französischen Propaganda wurden die Bewohner der besetzten Gebiete natürlich auch das Objekt der deutschen Gegenpropaganda. Hinter den Bemühungen der Reichsregierung um propagandistische „Satisfaktion" am Rhein verbarg sich nämlich ein von tiefem Mißtrauen überschattetes Verhältnis zwischen den zentralen Berliner Behörden und der rheinischen Provinz: Die Rheinische Volkspflege glaubte, daß die patriotische Gesinnung der rheinischen Bevölkerung brüchig sei und der Herausforderung durch die französische Kulturpropaganda nicht standhalten würde, und verwandte ihre Kräfte in erster Linie darauf, an das nationale Gewissen der Bewohner der besetzten

29 P. Rühlmann in einer undatierten *Denkschrift über die rheinische Geschichte im Dienste der französischen Propaganda*, die von Wrochem am 22.10.1921 dem Reichsminister des Innern zukommen ließ – ZSTAP Reichsministerium für die bes. Gebiete, Abteilung I – 597, Bll. 127-130, hier Bl. 127f.

Gebiete zu appellieren; eine Stärkung der vaterländischen Gesinnung am Rhein erhoffte sie sich nicht zuletzt von einer historisch abgesicherten Bestimmung der Identität der Rheinländer als Deutsche. Die Rheinische Volkspflege unterstützte daher zahlreiche Initiativen, die eine verstärkte Auseinandersetzung und Identifikation mit der rheinischen Landesgeschichte als einem festen Bestandteil der deutschen Nationalgeschichte erwarten ließen.

1921 organisierte der Verband der deutschen Geschichtslehrer in Zusammenarbeit mit der Rheinischen Volkspflege eine sogenannte „Rheinische Woche für deutsche Geschichtslehrer"[30]; eingeladen waren vor allem Geschichtslehrer aus dem besetzten Rheinland, die nach dem Willen der Veranstalter »in den Stand gesetzt« werden sollten, »... den in der rheinischen Presse und im Vortragswesen von den Franzosen zu durchsichtigen politischen Zwecken verbreiteten bewußt einseitigen Darstellungen der rheinischen Geschichte mit dem Rüstzeug der neuesten wissenschaftlichen Forschungsergebnisse entgegentreten zu können, sei es in der Schule, sei es in der freien Volksbildung«[31]. Die Tagung erfüllte offenbar die in sie gesetzten Erwartungen[32], der Erfolg ließ jedenfalls eine Wiederholung des Experiments wünschenswert erscheinen. Im Jahre 1925 konnten die Geschichtslehrer der Rheinprovinz dann zu einem „II. Rheinischen Fortbildungskursus für Geschichtslehrer" nach Heidelberg[33] geladen werden.

Die Rheinische Volkspflege beließ es indessen nicht bei der Fortbildung der Lehrerschaft; sie dachte von Anfang an auch daran, die in der historischen Forschung tätigen Professoren und Archivare auf die Bedrohung hinzuweisen, der das Deutschtum im besetzten Rheinland ausgesetzt zu sein schien, und sie an die Wahrnehmung ihrer nationalen Pflichten zu gemahnen[34]. 1924 wurden die rheinischen Historiker –

30 Sie tagte vom 18.-20.5.1921 in Frankfurt a.M.

31 Neubauer, der damalige Vorsitzende des Verbandes der deutschen Geschichtslehrer, in einem Schreiben vom 5.2.1921 an das preußische Kultusministerium, in dem er das Vorhaben skizziert – ZSTAP Rhein. Volkspflege – 2418, Bll. 399-401, hier Bl. 400.

32 Vgl. den Abschlußbericht Neubauers vom 26.5.1921 sowie ein Schreiben Rühlmanns an von Wrochem vom 24.5.1921 – ZSTAP Rhein. Volkspflege – 2418, Bl. 467f. und Bl. 474.

33 Er wurde vom 2.6.-6.6.1925 abgehalten und schien ebenfalls erfolgreich abgeschlossen worden zu sein, hatte er doch Gelegenheit gegeben, »... dort Material für die Tausendjahrfeiern der Schulen zu sammeln.« So urteilte Rühlmann in einem Schreiben vom 10.6.1925 an den Reichsminister für die besetzten rheinischen Gebiete – ZSTAP Rhein. Volkspflege – 2419 (ohne Foliierung).

34 Vgl. das zitierte Schreiben von Wrochems vom 22.10.1921 an den Reichsminister des Innern: »Danach [d.h. gemäß dem Gutachten Rühlmanns über die rheinische Geschichte im Dienste der französischen Propaganda] ist eine gewisse Planmäßigkeit und Zähigkeit von Seiten des französischen Propagandadienstes nicht zu verkennen, die nicht ohne entsprechende deutsche Gegenmaßnahmen bleiben kann. Als gangbarer Weg hat sich nach dem Frankfurter Vorgang in den Pfingstferien 1921 ein Kursus für rheinische Geschichtslehrer erwiesen. ... Es fragt sich, ob dies genügt, oder ob nicht auch die wissenschaftliche Forschung und die Archivverwaltung von der Sachlage unterrichtet werden müßten. Dies könnte geschehen durch eine vom Herrn Staatssekretär für die besetzten Gebiete einzuberufende vertrauliche Besprechung im kleinen Kreise, zu der die führenden Herren des rheinischen Archivdienstes, der landeskundlichen Einzelforschung und die in Frage kommenden Universitätslehrer einzuladen wären. ...« – ZSTAP Reichsministerium für die bes. Gebiete, Abteilung I – 597, Bl. 126.

zusammen mit ihren Kollegen aus der Geographie – im Namen der Mittelstelle für zwischeneuropäische Fragen[35] und der Rheinischen Volkspflege zu einer Fortbildungstagung nach Heppenheim[36] geladen und daran erinnert, daß es ihre vaterländische Pflicht sei, »... sich den Problemen der Deutschtumspflege mehr als bisher zuzuwenden«[37]. Die anwesenden Geschichtswissenschaftler und Geographen wurden dazu aufgerufen, ihr Scherflein zur „Pflege des Deutschtums" im besetzten Rheinland beizutragen; von den Historikern erwartete man, daß sie sich mit größerem Einsatz der Erforschung der rheinischen Geschichte widmeten und auf diese Weise die Verflechtung von rheinischer Landes- und deutscher Nationalgeschichte zweifelsfrei nachwiesen. Die Aufforderung zu einer engagierten Auseinandersetzung mit der Geschichte des linken Rheinufers sollte die Historiker gewiß nicht zu einem fruchtbaren Dialog mit ihren französischen Kollegen über Fragen der rheinischen Geschichte befähigen, der es ermöglicht hätte, kontroverse Standpunkte offen zu diskutieren und als unterschiedliche Perspektiven zu begreifen, die die historische Forschung bereicherten. Im Gegenteil, das aus nationaler Verantwortung heraus erneuerte Studium der Geschichte des Rheinlands, zu dem die außerordentlichen Fortbildungskurse die in Wissenschaft und Unterricht tätigen rheinischen Historiker anregen wollte, galt der propagandistischen Aufrüstung. Geschichtslehrer, Archivare und Universitätsprofessoren im besetzten Gebiet sollten das nötige Rüstzeug erhalten, um Frankreichs historischer Propaganda am Rhein prononciert entgegentreten zu können[38].Diesem Streben nach propagandistischer Auf- und Nachrüstung diesseits und jenseits des Rheins diente auch die Veröffentlichung und Verbreitung zahlreicher historischer Abhandlungen von unterschiedlichem Wert und Volumen mit den Mitteln der Rheinischen Volkspflege[39]. Die verschiedenen Schriften, die die Rheinische Volkspfle-

35 Es handelt sich offenbar um eine informelle Vereinigung von Wissenschaftlern verschiedener Disziplinen aus dem unbesetzten Reichsgebiet, die es sich zur Aufgabe gemacht hatte, patriotisches Engagement in der Wissenschaft zu fördern. Es sei in diesem Kontext erwähnt, daß der Frankfurter Historiker F. Kern sich am 8.7.1921 schriftlich an Rühlmann gewandt und ihm den Vorschlag unterbreitet hat, Frankfurt als »Kulturwacht im Westen« auszubauen – ZSTAP Rhein. Volkspflege – 2392, Bl. 16. Ein Zusammenhang zwischen beiden Unternehmen ist nicht auszuschließen.

36 Sie fand zwischen dem 5. und 7.10.1924 statt und wurde, wie ein Blick in die Teilnehmerliste lehrt, immerhin von renommierten Vertretern der Geschichtswissenschaft besucht: Neben den rheinischen Historikern Aubin, Huyskens, Kötzschau, Platz, Schulte, Spahn, Steinbach und Wentzcke nahmen auch Kern, Oncken, Schmitthenner, Schnabel und Skalweit teil. – ZSTAP Reichsministerium für die bes. Gebiete, Abteilung I – 598, Bl. 130f.

37 Vgl. das Einladungsschreiben zur Tagung – ZSTAP Reichsministerium für die bes. Gebiete, Abteilung I – 598, Bl. 126.

38 Vgl. ebd.: »In der Kriegszeit und Nachkriegszeit hat es sich gezeigt, daß wir Deutschen dem wissenschaftlichen oder in wissenschaftlicher Form vorgebrachten feindlichen Material von unserer Seite oft nichts entgegenstellen konnten und unsere Vertreter daher unseren Gegnern unterlegen waren. Für die Wissenschaft besteht daher die Pflicht, sich den Problemen der Deutschtumspflege mehr als bisher zuzuwenden.«

39 Dazu zählten – gemäß einer Zusammenstellung der RVP aus dem Jahre 1924 – u.a. B. Kuske, *Rheingrenze und Pufferstaat*, Bonn 1919; J. Kühn, *Historische und polemische Aufsätze zur französischen Politik*, Bonn 1920; *Rheinlande und Reich. Mahnworte eines ehrlichen Rheinländers*, Frankfurt 1920; H. Oncken, *Die Franzosen in der Pfalz*, Berlin

ge lancierte, waren in der Regel nicht als Handreichung für Mitglieder der Historikerzunft konzipiert, sondern zur historisch-politischen Aufklärung einer breiten Leserschaft über die nationale Identität der Bevölkerung des linken Rheinufers bestimmt[40]; sie wurden daher gezielt an Zeitungsverlage, öffentliche Büchereien und Volksbildungsvereine im Rheinland gesandt[41]. Die Rheinische Volkspflege orientierte sich in der Auswahl der Manuskripte, deren Drucklegung und Vertrieb sie zu fördern gedachte, an ihrer Absicht, breite Bevölkerungsschichten im Rheinland für die „Abwehr“ der französischen Propaganda zu mobilisieren: Ein Manuskript galt daher als förderungswürdig, wenn es durch eine bewußt einseitige Darstellung provozierte und zu einer engagierten Auseinandersetzung mit der Rheinlandfrage aufforderte[42], wenn der

1920; P. Hartmann [i.e. P. Rühlmann], *Französische Kulturarbeit am Rhein*, Leipzig 1921; A. Karll, *Französische Regierung und Rheinländer vor 100 Jahren*, Leipzig 1921; W. Platzhoff, *Die Stellung der Rheinlande in der deutschen Geschichte*, Bonn/Leipzig 1921; E. Bertram, *Rheingenius und Génie du Rhin*, Bonn 1922; H. Conrady, *Die Rheinlande in der Franzosenzeit*, Stuttgart 1922; H. Oncken, *Die historische Rheinpolitik der Franzosen*, Stuttgart/Gotha 1922; H. Coblenz [i.e. P. Wentzcke], *Frankreichs Ringen um Rhein und Ruhr. Eine Schriftenreihe*, Bde 1-12, Berlin 1923; M. Springer, *Frankreich und seine Freunde am Rhein*, Leipzig 1923; A. Schulte, *Der Rhein und seine Funktionen in der Geschichte*, Köln 1923 – ZSTAP Rheinische Volkspflege – 2568, Bll. 217-225. A. Schultes Schrift *Frankreich und das linke Rheinufer*, Stuttgart 1918, sowie die französische Ausgabe *La France et la Rive Gauche du Rhin*, Lausanne 1919, wurden nachträglich in das Förderungsprogramm der RVP aufgenommen. Zu den von der RVP betreuten Veröffentlichungen gehörte auch die Schriftenreihe *Rheinische Schicksalsfragen*, die folgende historische Abhandlungen umfaßte: K. Linnebach, *Deutsche und französische Okkupationsmethoden 1871-73/1920-?*, Berlin 1925; H. Göring, *Die Großmächte und die Rheinfrage in den letzten Jahrhunderten*, Berlin 1926; K. Linnebach, E. Hengstenberg, *Die gerechte Grenze im deutschen Westen – ein tausendjähriger Kampf*, Berlin 1926.

40 Vgl. H. Oncken in einer Begutachtung der Studie *Die Franzosenherrschaft in der Pfalz 1792-1814* von M. Springer, die er im Auftrag der RVP am 13.12.1923 angefertigt hat: »... Wenn ich so den wissenschaftlichen Wert des Buches sehr hoch stelle, so ist seine politische Bedeutung im Moment außer jeder Frage. Es bietet für jede auf die Franzosenzeit zurückgreifende Frage ein Arsenal und sollte daher in der Pfalz in aller Hände sein, in jeder Zeitungsredaktion, jeder öffentlichen Behörde, jeder Schule; es fördert echte Heimatliebe und deutsche Gesinnung und verhilft in der Pfalz der französischen Geschichtswissenschaft gegenüber zu einer unbedingt überlegenen Position. Ich würde daher im wissenschaftlichen wie im politischen Interesse für gleich wünschenswert erachten, wenn aus öffentlichen oder privaten Mitteln eine Drucklegung gesichert werden könnte.« – ZSTAP Rhein. Volkspflege – 2568, Bl. 64b.

41 Dies geht aus den Anlagen eines nicht datierten Tätigkeitsberichtes der RVP hervor. – PAAA Polit. Abteilung IIA, Bes. Gebiete – Reichszentrale für Heimatdienst Bd. 1 (nicht foliiert).

42 So wurde beispielsweise W. Mommsens umfangreiches Werk *Richelieu, Elsaß und Lothringen. Ein Beitrag zur elsaß-lothringischen Frage*, Berlin 1922, nicht in das Förderungsprogramm der RVP aufgenommen und am 28.8.1922 an den Staatssekretär für die besetzten rheinischen Gebiete im Reichsinnenministerium, der es offenbar empfohlen hatte, mit folgendem Kommentar zurückgesandt: »Eine besondere Propagandawirkung wird von dem Buch nicht erwartet, weil das Buch zu wissenschaftlich und breit angelegt ist.« – ZSTAP Rhein. Volkspflege – 2567. Ausschlaggebend für die abweisende Haltung der RVP war vielleicht weniger die epische Breite der Ausführungen Mommsens als vielmehr das differenzierte Urteil, das er nach sorgfältiger Abwägung über Richelieus Verhältnis zur elsaß-lothringischen Frage fällt. Vgl. W. Mommsen, a.a.O., S. 360f.: »Den

Anteil Preußens an der neueren Geschichte des Rheinlands gebührend herausgestellt wurde[43] und wenn mit Rücksicht auf den starken Rückhalt des Zentrums in der Rheinprovinz antikatholische Affekte vermieden wurden[44]. Die Kriterien, nach denen die Rheinische Volkspflege eingereichte oder empfohlene Schriften beurteilte und in ihre Förderung aufnahm, zeigen einmal mehr, daß sie nicht daran dachte, zu einem grenzüberschreitenden fairen Dialog über Fragen der rheinischen Geschichte anzuregen, daß sie vielmehr an einer Verhärtung der Fronten in der deutsch-französischen Auseinandersetzung um die Rheingrenze interessiert war und darauf setzte, daß die Rheinländer sich unter dem Eindruck eines mächtigen Feindbildes zur einmütigen „Abwehr" der französischen Propaganda formieren würden. Die Historiker waren daher aufgefordert, ein geradezu vernichtendes Urteil über Frankreich und seine Versuche, sich auf dem linken Rhein- ufer dauerhaft zu etablieren, zu fällen und im Gegenzug die Geschichte der Rheinlande als preußische Provinz in leuchtenden Farben zu schildern. Das schloß eine vorurteilsfreie Bewertung der französischen wie der preußischen Anteile an der rheinischen Geschichte von vornherein aus; eine zunehmend unkritische Haltung gegenüber Preußen konnte dann leicht zu despektierlichen Urteilen über den rheinischen Katholizismus führen. Diese antikatholischen Affekte waren in den Augen der Rheinischen Volkspflege oft harmlose stilistische Unebenheiten; gleichwohl wurde darauf geachtet, daß sie aus den Schriften buchstäblich herausgebessert wurden[45].

zahlreichen Äußerungen Richelieus, die die Behauptung und Unschädlichmachung Lothringens als unbedingtes Bedürfnis für die innere und äußere Sicherheit Frankreichs bezeichnen, stehen entsprechende Äußerungen über das Elsaß nicht zur Seite. Das Ziel der Erwerbung des Elsaß und damit der Rheingrenze ist so ein integrierender Bestandteil der Politik Richelieus nicht gewesen.« Eine größere propagandistische Wirkung versprach sich die RVP dagegen von einem schmalen Bändchen von Wrochems mit dem plakativen Titel *Die Kolonisation der Rheinlande durch Frankreich*, Berlin 1922. – ZSTAP Rhein. Volkspflege – 2568, Bl. 3.

43 Vgl. ein – nicht datiertes – kritisches Gutachten Landsbergs, eines Beschäftigten der RfH, über ein Manuskript P.Wentzckes mit dem Titel *Rheinlande und Reich. Mahnworte eines ehrlichen Rheinländers*, das 1920 anonym erschien (vgl. S. 102, Anm. 39): »Ihrem Kerne nach erscheint die Schrift bei einer hinreichenden Straffung durchaus zur Verbreitung geeignet. Der Verfasser sollte die Epoche der französischen Herrschaft stärker mit dem außerordentlichen Aufschwung, den die Rheinlande seit 1815 genommen haben, kontrastieren und dafür durchweg auf die weiter zurückliegenden historischen Dinge verzichten. ...« – ZSTAP Rhein. Volkspflege – 2564, Bl. 31. Wentzcke erklärte sich mit den vorgeschlagenen Änderungen einverstanden. – Ebd., Bl. 35. Die überarbeitete Fassung wurde daraufhin publiziert.

44 So sah sich die RfH außerstande, die Drucklegung der *Gegenwartsbilder aus rheinischer Vergangenheit* von P. Wentzcke zu finanzieren, nachdem ein Gutachter des Reichsinnenministeriums moniert hatte, »... daß sich die Broschüre in erster Linie als eine Anklage gegen die Rheinländer darstellt und sich an mehreren Stellen gegen die ultramontane Partei und die katholische Strömung wenig liebevoll ausspricht.« Vgl. ein diesbezügliches Schreiben der RfH vom 19.4.1920 an Wentzcke – ZSTAP Rhein. Volkspflege – 2564, Bl. 53.

45 Rühlmann hatte beispielsweise M. Springer am 23.3.1923 das Manuskript *Frankreich und seine Freunde am Rhein* mit der Bitte um Korrekturen zurückgesandt: »An verschiedenen Stellen werden die katholische Kirche und das Zentrum als ultramontan oder römisch-katholisch bezeichnet. Da diese in protestantischen Kreisen häufig gebrauchten

Zusammenfassend kann zunächst festgehalten werden, daß die mit den Mitteln der Reichsregierung zustandegebrachte deutsche Gegenpropaganda am Rhein von janusköpfiger Gestalt war: Auf der einen Seite diente sie natürlich der nationalen Selbstbehauptung gegenüber der als Provokation empfundenen französischen Kulturpropaganda im besetzten Rheinland; auf der anderen Seite richtete sie sich an die Bevölkerung des linken Rheinufers, nachdem zuletzt die Rheinlandbewegung das Mißtrauen der Reichsbehörden geweckt und zu Zweifeln an der patriotischen Gesinnung und dem Willen der Rheinländer zu einer entschlossenen „Abwehr" der französischen Propaganda Anlaß gegeben hatte. Gerade historische Propaganda schien geeignet, um an das nationale Gewissen der Bewohner der besetzten Gebiete zu appellieren; die Hoffnungen, die die Rheinische Volkspflege offenbar in die Wirkung historischer Propaganda auf die eigenen Landsleute am Rhein gesetzt hatte, kommen nicht zuletzt in der Sorgfalt zum Ausdruck, welche die Tarnorganisation bei ihrer verlegerischen Tätigkeit walten ließ.

Die Aufmerksamkeit, die die Rheinische Volkspflege der Edition ihres propagandistischen Schriftums zugute kommen ließ, war dennoch vergeblich, sie konnte nicht verhindern, daß die Rheinische Volkspflege im besetzten Rheinland in das Kreuzfeuer heftiger Kritik geriet. Dort fühlte man sich angesichts der Agitation der Rheinischen Volkspflege in höchst überflüssiger Weise in Sachen Vaterlandsliebe und Reichstreue belehrt und brachte den Unmut auch unverhohlen zum Ausdruck: Von Wrochem wurde von einem Vertrauensmann der Rheinischen Volkspflege beispielsweise folgende Äußerung eines nicht genannten Rheinländers übermittelt, die an Deutlichkeit wohl kaum noch übertroffen werden kann:

> ... man sollte sich doch stets vergegenwärtigen, wie dadurch der Stolz und das Selbstwertgefühl des Rheinländers getroffen wird, der lange vorher deutsch war, ehe Berlin auch nur im entferntesten existierte. Es ist wirklich allerhöchste Zeit, daß man sich in Berlin endlich darüber klar wird, daß die Rheinländer durch und durch deutsch sind und sich westlichen Einflüssen bis auf wenige, ganz wenige, Ausnahmen, die überall vorkommen, mit aller Energie verschließen. Der Umstand, daß eine mehr oder minder starke föderalistische Bewegung sich breit macht, ändert nichts an dieser Tatsache. Föderalismus ist eine politische Anschauung, die mit Hochverrat und undeutscher Gesinnung nichts zu tun hat. ... Man rede also nicht mehr von dem Deutschtum der Rheinländer, das sich ganz von selbst versteht, denn die einzige Frucht dieser Propaganda ist eine immer tiefer greifende Erbitterung und ein grenzenloses Mißtrauen gegen alles, was von Berlin kommt.[46]

Den vorwurfsvollen Worten des unbekannten Rheinländers zufolge, forderte bereits das Konzept, das die Rheinische Volkspflege der Entwicklung und Gestaltung einer deutschen Gegenpropaganda zugrundegelegt hatte, zu entschiedenem Widerspruch heraus. Die politisch interessierte Öffentlichkeit in den besetzten Gebieten hat offenbar schnell begriffen, daß die von der Rheinischen Volkspflege forcierte propagandi-

Ausdrücke als nicht korrekt empfunden werden, dürfte man vielleicht daraufhin die Arbeit noch einmal überprüfen.« – ZSTAP Rhein. Volkspflege – 2568, Bll. 99f. Die korrigierte Fassung der Broschüre ist noch 1923 erschienen (vgl. S.122, Anm. 39).

46 Von Wrochem sandte das Schriftstück am 11.5.1921 mit der Bitte um Kenntnisnahme an den Reichsminister des Innern. – ZSTAP Reichsministerium des Innern – 5763, Bll. 264f.

stische Nachrüstung nur vordergründig der französischen Propaganda am Rhein, eigentlich aber der Bevölkerung des besetzten Rheinlands selbst galt, deren Loyalität gegenüber Preußen und dem Reich die Berliner Bürokratie nicht zu trauen schien. Einflußreiche Kreise in den besetzten Gebieten verwahrten sich jedoch energisch gegen die Unterstellung, daß ihr nationales Rückgrat der Stärkung bedürfe, und baten den Reichskommissar für die besetzten Gebiete, im Reichsinnenministerium vorzusprechen und sich dafür einzusetzen, daß dieser empörenden Art der propagandistischen Agitation Einhalt geboten werde[47]. Mit ihrem unglücklichen Vorgehen versetzte die Rheinische Volkspflege nicht allein die öffentliche Meinung in den besetzten Rheinlanden in Aufruhr; sie brachte darüber hinaus die preußische Provinzialverwaltung in Harnisch, da sie das Monopol auf den Auf- und Ausbau der deutschen Gegenpropaganda am Rhein beanspruchte und das Prinzip der Kulturhoheit der Länder in Frage stellte[48]. Die preußischen Behörden legten ihr zur Last, daß sie »...durch ihre Tätigkeit in besonderem Maße zu der Verwirrung der Kompetenzen beigetragen hat«[49].

Zur Normalisierung des administrativen Alltags in der Rheinprovinz schlug die preußische Verwaltung daher vor, die Kompetenzen der Rheinischen Volkspflege auf das einer nichtamtlichen Stelle gebührende Maß zurückzuschrauben und sie als

47 Vgl. etwa ein Schreiben der Handelskammer Köln vom 27.8.1920 an den Reichskommissar für die besetzten Gebiete: »Im Zusammenhang mit den gestrigen Verhandlungen mit dem Reichsministerium des Innern, in denen von allen Seiten der gute deutsche Geist der Rheinländer emporgehoben wurde und in denen der Minister am Schluß darauf hinwies, daß eine nationale Propaganda in den Rheinlanden gänzlich überflüssig sei, möchten wir Ew. Hochwohlgeboren auf die Bestrebungen der in Berlin bestehenden „Rheinischen Volkspflege" (Kronprinzenufer 27) hinweisen. ... Wir haben den Eindruck, daß man dort eine solche Propaganda in den Rheinlanden betreiben will. Bezeichnend für die an manchen Berliner Stellen bestehenden Auffassungen ist eine Äußerung des Professors Dr. Rühlmann, ... der gelegentlich der Begutachtung einer wissenschaftlichen Arbeit erklärt, daß alles getan werden müsse, „um *gegebenenfalls den Rheinländern das nationale Rückgrat zu stärken.*" Wir halten es für angebracht, ... den Reichsminister des Innern auf diese Dinge hinzuweisen.« – ZSTAP Reichsministerium des Innern – 2883, Bl. 45. Der Reichskommissar für die besetzten rheinischen Gebiete griff das Anliegen auf und übte in einer Eingabe vom 15.10.1920 an das Reichsinnenministerium harsche Kritik am Vorgehen der RVP: »... Nicht minder entschieden ist der Auffassung entgegenzutreten, daß eine Aufklärung der Bevölkerung des besetzten Gebietes zur Bekämpfung der Abtrennungs- und Verwelschungsbestrebungen durch die Rheinische Volkspflege erforderlich sei. Ich stehe nicht an zu erklären, daß ein derartiger Plan gerade das Gegenteil von dem ist, was die Sachlage erfordert. Das deutsche Empfinden ist im Rheinlande in Folge der Erfahrungen der Besetzungszeit stärker denn je.« – Ebd., Bl. 112.

48 Vgl. ein Protestschreiben des preußischen Innenministers vom 24.5.1921 an den Staatssekretär für die besetzten Gebiete im Reichsministerium des Innern: »... besteht der Kern des Vorschlagsentwurfs der Rheinischen Volkspflege in der Forderung nach der Federführung auf einem Gebiet, auf dem grundsätzlich die Federführung den Ländern vorbehalten sein muß, weil es sich um kulturelle ... Maßnahmen handelt. Obendrein wird diese Federführung von einer Stelle in Anspruch genommen, welche einen nichtamtlichen Charakter hat, die gleichwohl den Aufgabenkreis der Ministerien der Länder nach ihren Richtlinien beschränken will.« – ZSTAP Reichsministerium für die bes. Gebiete, Abteilung I – 612, Bll. 237-240, hier Bl. 237.

49 Vgl. eine Eingabe des preußischen Innenministers an das Reichsministerium des Innern vom 29.4.1921 – Ebd., Bll. 221-223, hier Bl. 223.

»Durchgangsstelle«, nicht aber als »selbständig entscheidende Verteilungsstelle«[50] im Rahmen der Entwicklung und Gestaltung einer gegenläufigen Propaganda anzuerkennen. Sie hoffte, den störenden Einfluß der Rheinischen Volkspflege auf diese Weise marginalisieren und die Lage wieder in den Griff bekommen zu können. Die der Reichsregierung mittelbar unterstellte Rheinische Volkspflege hatte im Rheinland Schiffbruch erlitten; ihr Untergang konnte gleichwohl verhindert werden.

Der äußerst umstrittene Vorstoß der Reichsregierung zur nationalen Selbstbehauptung gegenüber der französischen Propaganda am Rhein war eines von mehreren größeren und kleineren Beben, die als Rückwirkungen der Rheinlandbesetzung die politische und administrative Landschaft der Rheinprovinz erschütterten. Er offenbart einmal mehr die Anfälligkeit der ohnehin spannungsreichen föderalistischen Grundstruktur des Reiches für Integrationskonflikte administrativer und politischer Natur, die der gemeinsamen Sache der Reichs-, Staats- und Provinzialbehörden im Rheinland gewiß nicht zuträglich waren. Eine konzertierte Aktion schien notwendiger denn je, und die mit der Aufstellung und Ausrüstung einer deutschen Abwehrfront beauftragten Stellen in Berlin und am Rhein gaben sich daran, aus dem Debakel der Rheinischen Volkspflege Lehren zu ziehen.

3. Subvention statt Intervention

Wohl niemand rechnete damit, daß die Bevölkerung des besetzten Rheinlands, die als Zielscheibe der französischen Propaganda und als Objekt der Gegenpropaganda der Reichsregierung zwischen die Fronten der deutsch-französischen Auseinandersetzung um die Rheingrenze geriet, sich wenig um den Beschuß von französischer Seite kümmerte, dagegen um so mehr unter den Angriffen aus Berlin litt und sich gegen die Vorbehalte der Reichsbehörden gegenüber ihrer nationalen Zuverlässigkeit energisch zur Wehr setzte. Die propagandistische Intervention der Rheinischen Volkspflege in den besetzten Gebieten hatte einen nationalen Streit um die Entwicklung und Ausgestaltung einer wirksamen Gegenpropaganda heraufbeschworen, der die Abwehrfront am Rhein zu sprengen drohte. Eine eilige Revision der bisherigen propagandistischen Strategie der Berliner Zentralbehörden war notwendig, um den entstandenen politischen Schaden zu beheben: Zunächst schien Berlin gewillt, dem bislang in Zweifel gezogenen Patriotismus der rheinischen Bevölkerung mehr Vertrauen entgegenzubringen – gleichwohl verbarg sich hinter der deutschen Gegenpropaganda nach wie vor die Absicht, »den französischen Bestrebungen auf geistige Durchdringung und damit auf politische Abtrennung des linken Rheinufers in irgendeiner Form entgegenzuwirken«[51] und die Bevölkerung der besetzten Gebiete »in geeigneter Form« immer wieder daran zu erinnern, »daß ihre eigene Kultur mit der gesamten deutschen Kultur

50 Vgl. das zitierte Protestschreiben des preußischen Innenministers vom 24.5.1921 – Ebd., Bl. 239.

51 Vgl. ein Schreiben des Reichsinnenministers vom 18.12.1920 an den Reichskanzler – ZSTAP Reichsministerium des Innern – 5762, Bl. 82.

im tiefsten immer fest und untrennbar verbunden ist«[52]. Das Mißtrauen Berlins gegenüber der nationalen Verläßlichkeit der besetzten Provinz saß tief und war nur allmählich zu überwinden. Es kam daher vor allem darauf an, das Berliner Unbehagen am rheinischen Partikularismus vor der kritischen Öffentlichkeit der besetzten Gebiete zu verbergen. Um der Gefahr eines erneuten öffentlichen Aufruhrs in der Rheinprovinz vorzubeugen, verlegte sich die Reichsregierung nun darauf, das reichhaltige kulturelle Angebot der Provinz nachhaltig zu unterstützen und zu fördern[53]. Auf diese Weise konnte sie die den Rheinländern so lästige Belehrung in Fragen der rheinischen Geschichtskunde und deutschen Nationalgeschichte erheblich einschränken; sie hoffte indessen, das nationale Rückgrat der rheinischen Bevölkerung auf Umwegen, über eine großzügige Kulturförderung, dennoch stärken und dadurch die Gefahren der französischen Kulturpolitik am Rhein abwenden zu können. Die preußische Staatsregierung fand sich in dieser wichtigen Angelegenheit zu einem Schulterschluß mit der Reichsregierung bereit und griff in den Staatssäckel, um ihren Beitrag zur Subventionierung der Kultur im Rheinland zu leisten. Hier bot sich zudem eine günstige Gelegenheit, das Ansehen des preußischen Staates in der Rheinprovinz zu heben[54].

52 Vgl. eine Denkschrift von Grootes, des Oberpräsidenten der Rheinprovinz, vom 22.2.1921 über die Erfolgsaussichten der französischen Kulturpropaganda im Rheinland – ZSTAP Reichsministerium des Innern – 5762, Bll. 331-349, hier Bl. 349. Wenige Zeilen vorher hatte er dagegen noch erklärt: »Der treudeutsche Charakter der rheinischen Bevölkerung widerstrebt den Versuchen der Romanisierung, und sie ist in ihrer überwältigenden Mehrheit nicht so töricht zu glauben, daß mit jener Propaganda das Beste der Rheinländer und Deutschlands beabsichtigt sei. Im übrigen hat das Verhalten der französischen Behörden ... einer kulturellen Annäherung sehr starke Riegel vorgeschoben.« So spiegeln die Ausführungen von Grootes das nach wie vor schwierige Verhältnis zwischen Berlin und der rheinischen Provinz. Die nationale Zuverlässigkeit der Bevölkerung der Rheinlande flößte den Berliner Behörden offenbar zu gleichen Teilen Zuversicht und Mißrauen ein.

53 Vgl. das zitierte Schreiben des Reichsinnenministers vom 18.12.1920 an den Reichskanzler: »Die zielbewußten Bestrebungen der Franzosen, durch kulturelle Propaganda das besetzte rheinische Gebiet zu verwelschen, lassen es als eine unabweisbare Pflicht der Reichsregierung erscheinen, geeignete Gegenmaßnahmen zu treffen. Wenngleich ich eine kulturelle Propaganda im besetzten Gebiet, die von Berlin aus selbständig Neues zu schaffen versuchte, im allgemeinen für unerwünscht, ja für schädlich halte, so erachte ich es dagegen für eine politische Notwendigkeit, die kulturellen Bestrebungen, die im Rheingebiet selbst bestehen und erwachsen, nachdrücklich zu fördern.« – ZSTAP Reichsministerium des Innern – 5762, Bl. 82.

54 Vgl. eine nicht datierte Denkschrift Trendelenburgs, Staatssekretär im Preußischen Ministerium für Kunst, Wissenschaft und Volksbildung, über die preußischen Pflichten gegenüber der besetzten Rheinprovinz: »Es darf ja nicht vergessen werden, daß die besetzten Gebiete im Westen uraltes Kulturland sind, dessen Bevölkerung allen sinnlichen Eindrücken zugänglich, kunstfreudig und lebensfroh, seit Jahrhunderten gewöhnt ist, auf dem Gebiete von Kunst und Wissenschaft pfleglich behandelt zu werden. An dieser Erziehung zur Kunst und durch Kunst hat die katholische Kirche, deren Dasein kunstgesättigt ist, ihren gar nicht hoch genug einzuschätzenden Anteil. ... Mehr als die anderen deutschen Stämme werden die Bewohner der Saar- und Rheingegenden sowie der Pfalz daher in ihren allgemeinen Anschauungen über das Verhältnis der besetzten Gebiete zum übrigen Deutschland abhängig sein von der Behandlung, die ihnen der Staat auf den Gebieten der Kunstpflege in den nächsten Jahren zuteil lassen wird. Zeit ist hier um so weniger zu verlieren, als bereits die Tätigkeit der Franzosen in Richtung einer organisierten kulturellen Beeinflussung zugunsten Frankreichs eingesetzt hat. Unter zwei Hauptge-

Auch das wichtigste Organ der rheinischen Selbstverwaltung, der Provinzialausschuß, hatte einen Dispositionsfonds eingerichtet, um zusätzlich Kulturprojekte der Provinz fördern zu können. Die am Aufbau der Gegenpropaganda beteiligten deutschen Behörden waren durch die Proteste aus den Reihen der Bevölkerung der besetzten Gebiete gegen den propagandistischen Kurs der Rheinischen Volkspflege aufgeschreckt und in die Reserve verwiesen worden. Um weiteren Konflikten aus dem Weg zu gehen, begnügten sie sich damit, auf entsprechende Unterstützungsanträge hin Geldmittel bereitzustellen, und bemühten sich, möglichst allen Anträgen stattzugeben, auch wenn sie nicht in jedem Fall die gewünschte Summe zur Verfügung zu stellen vermochten. Der aus Schaden klug gewordene Staat verzichtete daher im Rahmen der Bemühungen um eine schlagkräftige Gegenpropaganda am Rhein weitgehend darauf, die Initiative zu ergreifen[55].

Obgleich auf diesem Wege zermürbende innerdeutsche Auseinandersetzungen zweifellos vermieden werden konnten, verhinderte das Subventionsprinzip eine schlagfertige und effiziente Reaktion auf die französische Propaganda. Es führte unweigerlich zu einer Bürokratisierung der deutschen Gegenpropaganda, die ihrer Schlagkraft abträglich war. Mit dem Subventionsprinzip waren zeitliche Verzögerungen und administrative Komplikationen verbunden. So bedurfte es einer genauen Abstimmung der verschiedenen Verwaltungsinstanzen untereinander über das jeweilige Vorgehen, um ein unentwirrbares Geflecht von Subventionen gar nicht erst entstehen zu lassen[56]. Der Rheinischen Volkspflege kam hier eine assistierende Funktion zu, da sich ihre Tätigkeit nunmehr auf das Management der Rheinischen Kulturkonferenz konzentrierte, einer Vereinigung, deren Mitglieder, die Vertreter des kulturellen Lebens im Rheinland, in unregelmäßigen Intervallen an verschiedenen Orten jenseits des Rheins zusammentraten, um über die Finanzierung anstehender Projekte zu beraten und

sichtspunkten dürfte die Kunstpolitik Preußens in den besetzten Gebieten zu betrachten sein. Zunächst und in erster Linie muß alles vermieden werden, was als eine Vernachlässigung, ein Gleichgültigwerden, ein Aufgeben oder Vergessen dieser Gebiete gedeutet werden könnte. Wichtiger aber noch als all dies bleibt die positive Förderung des Zusammengehörigkeitsgefühls und der Anhänglichkeit an Preußen durch besondere Leistungen und Aufwendungen des Staates für die besetzten Gebiete.« – ZSTAP Reichsministerium des Innern – 5761, Bll. 46-54, hier Bl. 46f.

55 Eine spektakuläre Ausnahme stellt die Jahrtausendfeier des Jahres 1925 dar; sie ist Gegenstand des folgenden Kapitels.

56 Vgl. folgenden Passus aus den *Richtlinien für die Verteilung der Mittel zu kulturellen Zwecken*, die das Reichsinnenministerium am 21.2.1923 herausgebracht hatte: »Da die Kulturpflege in erster Linie Aufgabe der Länder ist, greift die Förderung dieser Zweige in den besetzten Gebieten durch das Reich nur ergänzend ein. ... Die politische Reichsunterstützung der Kulturarbeit der Länder verlangt eine stets enge Fühlungnahme mit den Länderregierungen. Da außerdem die örtliche Nachprüfung des Bedürfnisses und der Sachlage nur durch die nachgeordneten Länderbehörden erfolgen kann, ist vor der Entscheidung zunächst die Stellungnahme der zuständigen Staatsregierung herbeizuführen. Einlaufende Unterstützungsanträge sind zu diesem Zweck den Länderregierungen zuzuleiten. Die Länderregierungen reichen ihrerseits die bei ihnen eingehenden Anträge nach Prüfung mit Vorschlägen dem Staatssekretär (für die besetzten Gebiete beim Reichsminister des Innern) ein.« – ZSTAP Reichsministerium für die bes. Gebiete, Abteilung I – 598, Bl. 35.

kritisch geprüfte Förderungsanträge an die zuständigen Behörden weiterzuleiten[57]. Mit ihren Beschlüssen diente die Rheinische Kulturkonferenz nicht nur der Verwaltung, konnte diese doch davon ausgehen, daß Projekte, die den Segen der Kulturkonferenz erhalten hatten, kulturellen Bedürfnissen der Bevölkerung in den besetzten Gebieten entsprachen und deshalb nicht der Gefahr ausgesetzt waren, die Rheinländer zu kränken; auch die Rheinische Volkspflege profitierte von den Debatten der Rheinischen Kulturkonferenz, die ihr einen unmittelbaren Einblick in die politischen Verhältnisse und kulturellen Anliegen der besetzten Rheinprovinz gewährten – die Einbindung in das Management der Rheinischen Kulturkonferenz hinderte die Rheinische Volkspflege allerdings nicht daran, auch weiterhin grundsätzlich am ursprünglich eingeschlagenen Kurs festzuhalten[58] und, wenngleich in geringerem Umfang, publizistische Erzeugnisse der belehrend-verletzenden Art diesseits des Rheins zu verbreiten; die vereinzelten Interventionen der Rheinischen Volkspflege fielen offenbar nicht weiter ins Gewicht, da Proteste aus den Reihen der rheinischen Bevölkerung nunmehr ausblieben. Kennzeichnend für die deutsche Gegenpropaganda am Rhein war vielmehr der Umstand, daß die öffentliche Hand nicht von sich aus zupackte, sondern zuwartete, bis sie um Sukkurs angerufen wurde. Die Beschränkung auf – zusätzliche – staatliche Subventionen für kulturelle Projekte und Veranstaltungen im besetzten Rheinland hatte zudem den großen Nachteil, daß viel Zeit verging, bis ein Plan alle Hürden der föderalistischen Administration überwunden hatte und, finanziell weitgehend abgesichert, in die Tat umgesetzt werden konnte.

Dieses komplizierte Procedere unterschied die deutsche Gegenpropaganda wesentlich von der französischen Kulturoffensive am Rhein, die in den Händen der französischen Militärverwaltung lag, welche weitgehend frei schalten und walten durfte. Die am Auf- und Ausbau der Gegenpropaganda beteiligten deutschen Stellen haben im Bewußtsein ihrer eigenen mehrfach geschwächten Abwehrkräfte Frankreichs Kulturpolitik in den besetzten Gebieten ebenso bewundert wie gefürchtet. Noch ein weiterer Unterschied fällt auf: Die französische Propaganda richtete sich an die Eliten der rheinischen Gesellschaft; die deutsche Gegenpropaganda war dagegen auf Breitenwirkung bedacht und bediente sich daher volkstümlicher Medien[59]. Verschiedene Initativen und Projekte, welche die rheinische Landesgeschichte zum Gegenstand hatten, stellten lediglich einen kleinen, wenn auch nicht unbedeutenden Teil des umfangreichen Kontingents von kulturellen Anliegen der Rheinprovinz, die aus gegebenem politischem Anlaß staatlich subventioniert wurden.

57 Vgl. den zitierten *Bericht über den Aufbau der Rheinischen Volkspflege und ihre einzelnen Arbeitszweige* vom 21.8.1920, S. 12ff. – PAAA Polit. Abteilung IIa, Bes. Gebiete – Reichszentrale für Heimatdienst, Bd. 2.

58 Die ausgebliebenen Korrekturen des einmal eingeschlagenen Kurses der RVP lagen sicherlich auch in der Unbelehrbarkeit ihrer „Matadoren“ – zu nennen wäre vor allem P. Rühlmann – begründet. Vgl. S. 99, Anm. 28.

59 Vgl. das Protokoll der 1. Rheinischen Kulturkonferenz, die am 4.5.1920 in Fulda zusammengetreten war: Dort werden u.a. Volkstheater, Wandertheater, Dialekttheater, Freilichtbühnen, Volksbüchereien und Volkshochschulen genannt. – ZSTAP Rheinische Volkspflege – 2386, Bll. 177-222, hier Bl. 181.

4. Vorteile für die rheinische Landesgeschichte

Zu den prominenteren Unternehmen, die von den außergewöhnlichen Umständen profitierten, welche durch die Rheinlandbesetzung hervorgerufen worden waren, zählen einige Projekte, in deren Mittelpunkt die historische Gestalt Joseph Görres stand: Anfang der zwanziger Jahre nahm die Görres-Gesellschaft einen Plan aus dem Jahre 1914 wieder auf und beauftragte den Aachener Gymnasiallehrer und Ministerialrat Wilhelm Schellberg damit, eine Gesamtausgabe der Werke des streitbaren Publizisten zu besorgen. Um die Finanzierung des ebenso umfangreichen wie kostspieligen Unternehmens[60] zu sichern, wandte sich die Görres-Gesellschaft mit Bedacht an die rheinische Provinzialverwaltung und drängte sie förmlich zur Bereitstellung von Geldmitteln, indem sie auf die rheinische Abkunft Görres' und die Aktualität seiner Schriften für den politischen Alltag vor allem in den besetzten Gebieten verwies[61]. Es ist daher kaum verwunderlich, wenn die Görres-Gesellschaft dem Provinzialausschuß der Rheinprovinz versicherte, daß Joseph Görres als vorbildlicher Patriot und bedeutender Denker der deutschen Einheit, »als einer der größten Vorkämpfer politischer und religiöser Freiheit, der niemals händeringend an der Zukunft des deutschen Volkes verzweifelte, sondern, den Sinn für die idealen Bestrebungen stets offen, die Grundlinien des neuen Reiches zog, ohne je in das gelobte Land eingetreten zu sein«, aus der in Angriff genommenen Gesamtausgabe seiner Werke hervorgehen und »dem gesamten deutschen Volke ohne Unterschied der Partei und des Glaubens«[62] auf seinem Weg aus der „Versailler Gefangenschaft" vorangehen werde. Der rheinische Provinzialausschuß gab dem Antrag der Görres-Gesellschaft auf finanzielle Unterstützung ihres verlegerischen Projektes statt und bewilligte im Herbst 1922 einen beachtlichen Zuschuß aus seinem Dispositionsfonds zur Edition der Werke Joseph Görres'[63],

60 Für die Werkausgabe waren ursprünglich 25 Bände veranschlagt worden. Vgl. das *Verzeichnis der für die Gesamtausgabe der Werke von Josef Görres in Aussicht genommenen Bände* aus dem Jahre 1922 – ALVR – 11152, Bl. 10f. 1925 wurde die Edition auf 20 Bände projektiert. Vgl. ein Schreiben des Präsidenten der Görres-Gesellschaft vom 21.2.1925 an J. Horion, den Landeshauptmann der Rheinprovinz – Ebd. (nicht paginiert).

61 Vgl. von Grauert, Präsident der Görres-Gesellschaft, und Schellberg in einer ersten formlosen Bitte um finanzielle Unterstützung der Edition der gesammelten Werke Görres vom 14.6.1922 an K. Adenauer, Oberbürgermeister von Köln und Vorsitzender des Provinzialausschusses: »Wir erlauben uns, die aus der beigefügten Drucksache ersichtliche Monumentalausgabe der Werke und Briefe von Josef Görres ihrer freundlichen Beachtung zu empfehlen. Zu keiner Zeit dürfte die Erneuerung des Gesamtwerkes des großen rheinischen Publizisten und Politikers notwendiger sein als in der Gegenwart. Eine solche Erneuerung ist nicht nur eine Tat des Dankes, sondern auch der nationalen Pflicht. ... Es gilt ein großes nationales Werk zu schaffen, das auch der Gegenwart reichste Werte zu spenden vermag. Wir wären Ihnen zu lebhaftem Danke verpflichtet, wenn Sie dem Werke Ihre freundliche Förderung schenken wollten, sei es durch Subskription, oder, was vor allem erwünscht ist, durch Zuweisung einer finanziellen Unterstützung.« – Ebd., Bl. 6f.

62 Vgl. die Drucksache Nr. 9, die dem Provinzialausschuß der Rheinprovinz anläßlich seiner Tagung vom 30.-31.10.1922 zur Beratung und Beschlußfassung vorlag. – Ebd., Bl. 26.

63 Vgl. ein Schreiben Horions vom 9.11.1922 an von Grauert, in dem er mitteilt, daß der Provinzialausschuß am 30./31.10.1922 30000Mark für die Werkausgabe bewilligt habe.

nachdem die Reichsregierung, Preußen, Hessen, Bayern und die Stadt Koblenz bereits großzügige Subventionen zugesagt hatten. Die zur Verfügung gestellten öffentlichen Gelder fielen der Inflation zum Opfer, und das groß angelegte Unternehmen stagnierte vorübergehend[64]. Im Frühjahr 1925 wandte sich die Görres-Gesellschaft erneut an den Provinzialausschuß und erbat für die in jenem Jahr geplante zweibändige Edition des historischen *Rheinischen Merkurs* eine Beihilfe von tausend Reichsmark, die der Ausschuß auch genehmigte[65]; in den folgenden Jahren hat der Provinzialausschuß jeden Teilband der Werkausgabe des großen Rhenanen mit fünfhundert Reichsmark subventioniert.

Das höchste Gremium der rheinischen Selbstverwaltung war bei der Auswahl geeigneter Projekte offenbar starkem Druck ausgesetzt und daher bemüht, Initiativen unterschiedlicher politischer Färbung gleich zu behandeln und die Mittel seines Dispositionsfonds gerecht zu verteilen[66]. Überhaupt verlangte die befristete interalliierte Okkupation der Administration der Rheinprovinz Außerordentliches ab: Die rheinischen Behörden hatten mit einer wachsenden Zahl von unterschiedlichen Eingaben und Anträgen aus der Bevölkerung zu kämpfen, die staatliche Hilfe in Anspruch nahm, um den Besatzungsalltag leichter bewältigen zu können. Obgleich kulturelle Anliegen Gesuchen um Entschädigung oder Lastenausgleich an Dringlichkeit nachstanden, wurden sie kaum vernachlässigt; im Gegenteil, die defensive Haltung, die die deutsche Administration in der Frage einer geeigneten Entgegnung auf die französische Kulturoffensive eingenommen hatte, führte dazu, daß die Kultur in den besetzten Gebieten vergleichsweise großzügig gefördert wurde.

Jedenfalls hat die Görres-Gesellschaft es in den Jahren der Rheinlandbesetzung geradezu meisterhaft verstanden, sich die differenzierte Verwaltungsstruktur der Rheinprovinz zunutze zu machen und verschiedene Geldquellen aufzuspüren, aus denen sie schöpfte, um neben wissenschaftlichen auch gesellschaftliche Vorhaben realisieren zu können. Ein wichtiges gesellschaftliches Ereignis war zweifellos die 50. Generalversammlung der Görres-Gesellschaft vom 11. - 15. September 1926, die aus

– Ebd., Bl. 27; die Reichs- und preußische Staatsregierung hatten bereits je 100000 Mark beigesteuert.

64 Die durch die Inflation herbeigeführte Unterbrechung des Editionsprojektes war kein Einzelfall. Die rapide Geldentwertung zwang nahezu alle kulturellen und wissenschaftlichen Einrichtungen zu empfindlichen Einschränkungen ihrer Tätigkeit; in vielen Fällen führte die Inflation auch zum Ruin der Institution.

65 Vgl. die an den Landeshauptmann gerichteten Anträge Schellbergs und Finkes, des damals amtierenden Präsidenten des Görres-Gesellschaft, vom 1.2.1925 und vom 21.2.1925, die Drucksache Nr. 28 der Sitzung des Provinzialausschusses vom 14.3.1925 und den Subventionsbescheid Horions an Finke vom 17.3.1925 – ALVR – 11152 (nicht foliiert).

66 Auf seiner Sitzung vom 19.12.1927 lagen dem Provinzialausschuß beispielsweise ein Antrag der Görres-Gesellschaft auf Unterstützung einer zweibändigen Reprintausgabe des *Rheinischen Merkurs* sowie eine Bitte des sozialdemokratischen Druckerei- und Verlagsbetriebes Konzentration AG um Subventionierung eines Neudrucks der von Karl Marx redigierten *Neuen Rheinischen Zeitung* des Jahrgangs 1848/49 vor. Beide Reprinteditionen sollten pünktlich zur Pressa-Köln 1928 erscheinen; der Provinziallandtag bewilligte beiden Unternehmen einen Zuschuß von je 6000Mark. – Vorgänge in: ALVR – 11152 und ALVR – 11139.

Anlaß der 150. Wiederkehr des Geburtstages Joseph Görres' nach Koblenz, dessen Vaterstadt, einberufen worden war; die Reichs- und preußische Staatsregierung ließen sich in die Pflicht nehmen und trugen mit erheblichen Aufwendungen[67] zum Gelingen der Jubiläumsveranstaltung bei. Zum Gedenken an den 150. Geburtstag des berühmten Rheinländers wurde im Rahmen der 50. Vollversammlung der Görres-Gesellschaft der Grundstein zu einem Görres-Denkmal gelegt – eine Zeremonie, die die Jubiläumsversammlung der Görres-Gesellschaft zu einem politischen Ereignis von lokaler und regionaler Bedeutung aufwertete und die Investitionen des Reiches und Preußens gerechtfertigt erscheinen ließ, war die Errichtung eines Denkmals für den prominenten rheinischen »Vorkämpfer nationaler, politischer und religiöser Freiheit«[68] an der Koblenzer Rheinpromenade zu jener Zeit doch ein recht spektakulärer Beitrag zur deutschen Gegenpropaganda im besetzten Rheinland. Das vollendete Monument verfehlte denn auch nicht seine Wirkung auf die französischen Besatzungsbehörden: Als im Juni 1928 die feierliche Enthüllung des Görres-Denkmals nahte, wuchs die Nervosität des französischen Hochkommissars. Er wandte sich an den Koblenzer Oberbürgermeister und den Reichskommissar für die besetzten Gebiete und erklärte ihnen, daß er selbst die Festrede anläßlich der Einweihung des Denkmals halten wolle; dahinter steckte der – verständliche – Wunsch, Einfluß auf die Ausrichtung der Feierlichkeiten nehmen und auf diese Weise ein Abgleiten in eine lärmende patriotische Kundgebung verhindern zu können[69]. Tirard konnte sich mit seinem Vorschlag bei den deutschen Behörden nicht durchsetzen. Um den politischen Schaden, der nun unvermeidlich war, zu begrenzen, untersagte er die Übertragung der Festrede des Koblenzer Oberbürgermeisters im Radio und hoffte, das für die französische Militärverwaltung ohnehin ärgerliche Spektakel werde über die Koblenzer Region hinaus keine weiteren Kreise ziehen[70]. Der Erfolg, mit dem die Görres-Gesellschaft in den

67 Das Reichsministerium für die besetzten rheinischen Gebiete und das Preußische Ministerium für Kunst, Wissenschaft und Volksbildung stellten, einem Antrag der Görres-Gesellschaft auf Unterstützung der Vollversammlung Folge leistend, im August 1925 je 6000 Reichsmark zur Verfügung. – Vorgänge in: LHAK – 403, 16242 Bl. 4f.

68 Vgl. den Aufruf zur Errichtung des Denkmals vom 1.12.1924 – Ebd., Bll. 1-3, hier Bl. 2.

69 Vgl. die Schreiben Tirards an den Koblenzer Oberbürgermeister Russel vom 20.5.1928 und an den Reichskommissar Langwerth von Simmern vom 23.5.1928. Die Hintergründigkeit der Konsultationen des französischen Hochkommissars geht aus dessen Berichterstattung an das französische Außenministerium vom 4.6.1928 hervor: »Dans le désir d'éviter les manifestations publiques et les discours susceptibles de soulever des incidents avec la garnison, en raison du caractère de provocation que n'aurait pas manqué de revêtir la cérémonie projetée, je fis discrètement effectuer diverses démarches verbales auprès du Comte Adelmann adjoint au Commissaire d'Empire pour lui signaler l'aspect inopportun et même déplacé que revêtirait une telle manifestation, dans une ville occupée par nos troupes et sous les fenêtres même du Haut Commissariat français. ... Ayant le désir de ne pas recourir à une mesure d'interdiction, j'ai pensé qu'en rappellant aux Autorités allemandes la collaboration de Görres avec Hoche, dans un but pacifique et en offrant moi-même la mémoire du héros rhénan, il serait vraisemblablement difficile aux organisateurs de la cérémonie de ne pas lui donner ce caractère de rapprochement républicain qu'elle devrait conserver.« – AN, AJ^9 – 4567.

70 Vgl. ein weiteres Informationsschreiben Tirards an den französischen Außenminister vom

zwanziger Jahren finanzielle Ressourcen der rheinischen Provinzialverwaltung für einige ihrer Projekte zu nutzen verstand, erstaunt nicht, da mit Joseph Görres ein Mann im Mittelpunkt ihrer Anliegen stand, dessen unruhiger Lebensweg zwischen Revolution und Reaktion ein ausgewogenes Urteil erschwerte und eine einseitige Parteinahme für den liberalen oder den konservativen Görres geradezu provozierte[71]; die ebenso lebendige wie schillernde Gestalt des bekannten rheinischen Publizisten eignete sich daher hervorragend zur Verwertung in politischen Auseinandersetzungen. Das propagandistische Potential, das in der historischen Gestalt Joseph Görres' steckte, veranlaßte die rheinischen Behörden dazu, die Görres-Gesellschaft freigiebig zu fördern; sie taten offensichtlich gut daran, gelang es mit der Aufstellung des Görres-Denkmals an der Koblenzer Rheinpromenade doch, ein propagandistisches Signal zu setzen, welches die französische Miltärverwaltung in Harnisch brachte.

Die landesgeschichtliche Forschung stellte in Gestalt des 1920 gegründeten Instituts für Geschichtliche Landeskunde der Rheinlande an der Universität Bonn einen weiteren bedeutenden Posten des staatlichen Kulturförderungsprogramms dar; die Aufmerksamkeit, die das Preußische Ministerium für Wissenschaft, Kunst und Volksbildung der Erforschung der rheinischen Landesgeschichte nunmehr widmete, war allerdings keineswegs selbstverständlich: In Deutschland waren landesgeschichtliche Ansätze mit der Entstehung und Bewährung des Nationalstaates in Mißkredit geraten[72], da sie zur historischen Legitimation der 1871 geeinten Nation nichts beizutragen vermochten und dem überwunden geglaubten Partikularismus auch noch Vorschub zu leisten schienen; die politische Geschichtsschreibung preußisch-deutscher

25.6.1928: »Dès que j'ai été mis au courant du projet de la Municipalité, je me suis borné à faire observer au Commissaire d'Empire que, conformément aux dispositions de l'Arrangement rhénan, aucune installation de télégraphie sans fil ne pouvait être établie en territoires occupés sans une autorisation préalable des autorités militaires alliées et associées, et qu'au surplus, si cette autorisation était demandée, elle ne serait pas accordée, à l'effet d'empêcher que cette cérémonie ne dégénérât en une manifestation de propagande contre l'Occupation et ... qu'elle ne se transformât, même apparemment, en un évènement national allemand.« – Ebd.

71 Dem Patrioten und *praeceptor Germaniae* Joseph Görres stellten die Franzosen den begeisterten Revolutionär und überzeugten Liberalen Görres entgegen. Vgl. das zitierte Schreiben Tirards vom 4.6.1928 an das französische Außenministerium: »La figure complexe de Görres a été quelque peu altérée par l'Histoire, et surtout par les historiens allemands. Coblençais de naissance, Görres fut au nombre des Rhénans qui se prononcèrent avec enthousiasme pour l'idéal révolutionnaire symbolisé par les Armées de la République victorieuses sur le Rhin. Il fut le collaborateur ardent et dévoué de Hoche, dans son oeuvre de pacification et de restauration des administrations locales ...; en particulier, Görres seconda ardemment les plans de Hoche, qui tendaient à favoriser l'instauration d'une république cisrhénane et le maintien des libertés locales. La brusque éviction de Carnot du Directoire entraîna le renversement de la politique de Hoche que la mort surprit dans le temps même où il allait recevoir de Paris les instructions prescrivant l'annexion pure et simple des Provinces rhénanes ... Görres ... prit alors position contre la dictature française. ... Il est vrai qu'après les traités de Vienne, il tourna son activité contre la Prusse dont il dénonça avec la même violence la tyrannie, au point qu'il dut se réfugier en terre française, à Strasbourg.« – Ebd.

72 Vgl. I. Veit-Brause, *The Place of Local and Regional History in German and French Historiography*, in: *Australian Journal of French Studies 16* (1979), S. 447-478, hier S. 455ff.

Oboedienz beherrschte die deutsche Geschichtswissenschaft[73], und die Landeshistoriker sahen sich dem Vorwurf ausgesetzt, daß es ihnen an nationalem Bewußtsein fehle und vielmehr darauf ankomme, das Andenken an die „Kleinstaaterei" der Vergangenheit zu wahren[74]. Was für die Landesgeschichte im nationalen Vergleich galt, fand seine Entsprechung auf der Ebene der Teilstaaten des Reiches: in zahlreichen größeren und kleineren Städten der Preußischen Rheinprovinz wurden in der zweiten Hälfte des 19. Jahrhunderts historische Vereine ins Leben gerufen[75], die sich, mit den Methoden wissenschaftlichen Arbeitens durchaus vertraut, der Auseinandersetzung mit der Geschichte der engeren Heimat verschrieben hatten. Die zunehmende Popularität der Heimatforschung in der Rheinprovinz irritierte die preußischen Behörden, stärkte die Heimatforschung doch den Lokalpatriotismus, welcher der erwünschten Integration der Rheinländer in den preußischen Staat gewiß nicht förderlich war.

Die Gründung der Gesellschaft für rheinische Geschichtskunde im Jahre 1881 war ein politisches Signal: Die Gesellschaft hatte von Anfang an die gesamte preußische Rheinprovinz zu ihrem Wirkungsfeld erklärt[76] und versuchte daher, die rheinische Geschichtsforschung aus ihrer Vereinzelung und lokalen Enge herauszuführen und

73 Der Verweis auf das Standardwerk G.G. Iggers, *Deutsche Geschichtswissenschaft. Eine Kritik der traditionellen Geschichtsauffassung von Herder bis zur Gegenwart*, München 1971, möge an dieser Stelle genügen.

74 Folgende Kontroverse unter rheinischen Historikern vermittelt einen Eindruck von dem Makel, der den Landesgeschichtlern anhaftete: J. Hansen, Direktor des Kölner Stadtarchivs und Vorsitzender der Gesellschaft für rheinische Geschichtskunde, verwahrte sich entschieden gegen die Idee einer „rheinischen Eigenart", wie sie beispielsweise von seinem Kollegen an der Kölner Universität, J. Hashagen, in der Broschüre *Rheinischer Volkscharakter und rheinische Geistesentwicklung*, Bonn/Leipzig 1922, formuliert worden war. Hansen erwiderte in der Schrift *Rheinland und Rheinländer*, Bonn/Leipzig 1925, S. 39ff.: »Wenn so etwas behauptet und wenn darauf der Anspruch des rheinischen „Volkes" auf das politische Selbstbestimmungsrecht der Völker zurückgeführt wird, so beweist das nur eines: Die deutsche Geschichte hat nicht nur unter dem Unstern des Partikularismus begonnen, sondern ihn auch bis heute noch nicht zu überwinden verstanden. ... In der gefährdeten und unwürdigen Lage, in der sich unser Vaterland befindet, hat indessen das Rheinland, der Vorposten des Deutschtums im Westen, gewiß nicht den Beruf, den staatlichen Partikularismus für sich geltend zu machen, der, seit wir die Deutschen geschichtlich kennen, mehr als alles andere ihre politische Gestaltungskraft gelähmt und gehindert hat. ... Soll unser entkräftetes und vor die Schicksalsfrage gestelltes Volk ... in seiner Weltstellung wieder ebenbürtig in den Kreis der Großstaaten einrücken, so ist seine Entwicklung zum geschlossenen deutschen Nationalstaat eine unerbittliche Notwendigkeit. Das Rheinland aber ... hat den geschichtlichen Beruf, sich in die erste Reihe der Träger des deutschen Einheitswillens zu stellen.«

75 Im folgenden sind die wichtigsten Vereinsgründungen aufgeführt: 1854 wurde der Historische Verein für den Niederrhein, »insbesondere das alte Erzbistum Köln«, gegründet, 1879 folgten der Aachener Geschichtsverein, 1880 der Verein für Geschichts- und Altertumskunde von Düsseldorf und Umgegend und der Historische Verein für Stadt und Stift Essen, 1902 der Verein Alt-Köln und 1907 der Verein für Trierische Geschichte und Denkmalpflege. Zu den bedeutendsten Zeitschriften zählten die seit 1882 herausgegebenen *Mitteilungen aus dem Stadtarchiv Köln* und die ebenfalls 1882 zum ersten Mal publizierte *Westdeutsche Zeitschrift für Geschichte und Kunst*. Vgl. M. Braubach, *Landesgeschichtliche Bestrebungen und historische Vereine im Rheinland. Überblick über ihre Entstehung und Entwicklung*, Düsseldorf 1954, S. 43ff.

76 Vgl. J. Hansen, a.a.O., S. 5.

ihre Erkenntnisse zu einem landesgeschichtlichen Mosaik zusammenzusetzen. Die wissenschaftlichen Leistungen der Gesellschaft für rheinische Geschichtskunde sind unbestritten und liegen im Bereich der landesgeschichtlichen Grundlagenforschung[77]; von politischer Bedeutung war der Versuch, die rheinische Heimatforschung in ein überregionales Konzept einzubinden und auf diese Weise ihres antipreußischen Potentials zu entkleiden. Es leuchtet ein, daß die Gesellschaft für rheinische Geschichtskunde das Vertrauen der Provinzialverwaltung genoß[78] und auf deren finanzielle Unterstützung zählen konnte[79]. Die Gesellschaft für rheinische Geschichtskunde war indessen eine Ausnahme; die preußischen Behörden beäugten die Tätigkeit der historischen Vereine der Rheinprovinz weiterhin mehr oder minder mißtrauisch.

Um so bemerkenswerter erscheint daher der staatlich geförderte Auf- und Ausbau einer neuen landesgeschichtlichen Einrichtung in Gestalt des Instituts für geschichtliche Landeskunde der Rheinlande an der Universität Bonn im Jahre 1920. Das Institut, das seiner interdisziplinären Arbeitsweise und seines kulturmorphologischen Schwerpunktes wegen über die Grenzen der Rheinprovinz hinaus bekannt wurde[80], verdankte seine Gründung nicht zuletzt der Umsicht seiner Initiatoren H. Aubin, A. Schulte, Th. Frings und A. Spiethoff, die es verstanden hatten, die Administration vom politischen Nährwert des Projektes zu überzeugen: Das Bonner Institut sollte nach dem Willen ihrer Gründer zum Zentrum der rheinischen Heimat- und Landeskunde avancieren. Dahinter steckten nicht nur praktische Überlegungen des Wissenschaftsmanagements, sondern auch handfeste politische Absichten[81]. Die politische Mission des Instituts für geschichtliche Landeskunde der Rheinlande bestand darin, den

77 Stellvertretend seien der *Geschichtliche Atlas der Rheinprovinz*, hrsg. von der Gesellschaft für rheinische Geschichtskunde, Bde. 1-8, Bonn/Leipzig 1894-1923, sowie J. Hansens Quellenedition *Quellen zur Geschichte des Rheinlandes im Zeitalter der Französischen Revolution*, Bde. 1-4, Bonn 1931-1938, genannt.

78 Wenn der Provinzialverband den einschlägig ausgewiesenen rheinischen Landeshistoriker und Vorsitzenden der Gesellschaft für rheinische Geschichtsforschung J. Hansen damit beauftragte, zum 100. Geburtstag der Preußischen Rheinprovinz eine Festschrift mit dem Titel *Die preußische Rheinprovinz 1815-1915* herauszugeben, so dürfte dies ein untrüglicher Beweis des politischen Vertrauens von Seiten der Provinzialverwaltung gewesen sein. Die Festgabe konnte, verschuldet durch saumseliges Verhalten einiger Autoren, erst Ende des Jahres 1917 in Bonn erscheinen. – Vgl. die Vorgänge um die langwierige Entstehungsgeschichte der Jubiläumsschrift in: Archiv der Stadt Köln, Gesellschaft für rheinische Geschichtskunde – 201/2.

79 Vgl. Archiv der Stadt Köln, Gesellschaft für rheinische Geschichtskunde – 6/6 und ALVR – 3638.

80 Zum methodischen Ansatz des Bonner Instituts vgl. E. Ennen, *Hermann Aubin und die geschichtliche Landeskunde der Rheinlande*, in: *Rheinische Vierteljahresblätter 34* (1970), S. 9-42; I. Veit-Brause, a.a.O., S. 456ff.; A. Gerlich, *Geschichtliche Landeskunde des Mittelalters. Genese und Probleme*, Darmstadt 1986, S. 77ff.

81 Vgl. die klare einleitende Aussage einer Denkschrift, die der Ausschuß zur Errichtung eines Instituts für geschichtliche Landeskunde der Rheinlande, dessen Mitglieder die Bonner Professoren Aubin, Schulte, Frings und Spiethoff waren, am 21.5.1920 an das preußische Ministerium für Kunst, Wissenschaft und Volksbildung gesandt hatte: »Die Errichtung eines Instituts für geschichtliche Landeskunde der Rheinprovinz ist eine nationale und wissenschaftliche Notwendigkeit. ...« – HSTAD, NW5 – 604, Bll. 13-18, hier Bl. 13.

rheinischen Lokalpatriotismus mit dem umfassenderen Nationalpatriotismus zu versöhnen. Angesichts der Rheinlandbesetzung stand die Dringlichkeit dieser Aufgabe wohl außer Zweifel. Während die Historikerzunft der Heimatforschung im allgemeinen wenig Aufmerksamkeit schenkte, setzten sich die Bonner Universitätslehrer unter dem Druck der unbequemen politischen Verhältnisse am Rhein mit der Tätigkeit der historischen Vereine der Rheinprovinz auseinander. Indem sie die Bedeutung der Heimatkunde für die Bewahrung und Pflege des kulturellen Erbes hervorhoben und in der Verbundenheit der Rheinländer mit ihrer engeren Heimat den Ursprung nationalen Fühlens und Denkens erblickten[82], rehabilitierten sie zunächst die bislang wenig geschätzte Heimatforschung. Führten die historischen Vereine der Rheinprovinz im Kern offenbar Positives im Schilde, so schienen sie doch nach wie vor leicht der Gefahr zu erliegen, sich gegen die Außenwelt abzuschotten und ihre nationalen Pflichten zu vernachlässigen[83]. Das Institut für geschichtliche Landeskunde der Rheinlande sah seine vornehmste Aufgabe darin, hier vorbeugend und lenkend einzugreifen[84]. Es erklärte sich zum Kristallisationspunkt der landesgeschichtlichen Forschung der Rheinprovinz und ging in seinen Ambitionen weit über die Zielsetzung der Gesellschaft für rheinische Geschichtskunde hinaus, da es nicht nur ein Hort landesgeschichtlichen Wissens, sondern auch Ausbildungsstätte für rheinische Heimatforscher und Landeshistoriker sein wollte[85]. Die Schulung, welche die Bonner Wissenschaftler, deren patriotische Grundhaltung kaum in Zweifel gezogen werden konnte[86],

82 Vgl. H. Aubin: »Die vertiefte Erkenntnis der Vergangenheit verbindet die Menschen inniger mit dem Boden, auf dem sie leben, und aus der Liebe zur heimischen Scholle erwächst die Liebe zum größeren Vaterlande.« in: ders., *Das Institut für geschichtliche Landeskunde der Rheinlande an der Universität Bonn*, in: *Die Westmark 1* (1921), S. 1-5, hier S. 5.

83 Vgl. wiederum H. Aubin in einem Referat über das Thema *Heimat und Volksbildung*: »[Die heutige Heimatbewegung] ... ist oft allzu partikularistisch. Sie knüpft enge Bande an die nächste Scholle. Sie begeistert in romantischen Gedanken für die Heimat an sich, aber sie ist sich nicht immer, scheint mir, der Einheit des Volkes bewußt, welche über all den kleinen Heimatbezirken steht.« In: ders., *Geschichtliche Landeskunde. Anregungen in vier Vorträgen*, Bonn 1925, S. 89-105, hier S. 94.

84 Vgl. die zitierte Denkschrift des konstituierenden Ausschusses des Instituts für geschichtliche Landeskunde der Rheinlande vom 21.5.1920: »Auf größere Ziele den Heimatsinn zu lenken, ist eine der Aufgaben der Geschichte. Die Brücke vom Heimatsinn zur allgemeinen deutschen Geschichte schlägt ... die geschichtliche Landeskunde. Die Landeskunde ist geeignet, die im Heimatsgefühl liegenden Kräfte auf das ganze Vaterland hinzulenken, ...« – HSTAD, NW5 – 604, Bll. 13-18, hier Bl. 13.

85 In der oben genannten Denkschrift wurde zum Stichwort »Aufgaben des Instituts« folgendes vermerkt: »1. Aufstellung einer Handbibliothek rheinischer Geschichte im weitesten Umfange. 2. Seminaristische Übungen für Studenten. 3. Beschaffung von Kartenmaterial für den Unterricht und für Vorträge. 4. Arbeitsplätze für Forscher in der Provinz, welche die Bibliothek, etwa zur Fertigstellung eines Werkes oder einer Arbeit, benutzen wollen. 5. Ausleihen ganzer Zeitschriftenserien an Forscher der Provinz zu gleichen Zwecken. 6. Gelegenheit zu Benutzung auswärtiger Archivalien. 7. Fortbildungs- (Ferien-) Kurse für Forscher der Provinz. 8. Aufbewahrung nichtgedruckter Manuskripte ...« – Ebd., Bl. 16.

86 Vgl. etwa die einschlägigen Ausschnitte aus den Vorlesungsverzeichnissen der Rheinischen Friedrich-Wilhelms-Universität Bonn – HSTAD, NW5 – 461.

den zukünftigen rheinischen Lokalhistorikern angedeihen ließ, schien ausreichende Gewähr dafür zu bieten, daß diese ihre Quellenstudien vor Ort unter nationalen Gesichtspunkten durchführten[87] und in der Regionalgeschichte nur eine Manifestation der Nationalgeschichte sahen. Die Rheinische Friedrich-Wilhelms-Universität, die ihre Mittlerdienste anbot, um die rheinische Heimatforschung und die renommierte Nationalgeschichtsschreibung einander näher zu bringen, gab den Behörden zu verstehen, daß »... mit all dem nicht etwa eine äußere Tendenz in die Heimatpflege hereingetragen [werde], sondern nur auf die allerwesentlichsten wirklich vorhandenen Grundkräfte landschaftlichen Kulturlebens aufmerksam gemacht [werde], die derjenige, der sich mit den Merkwürdigkeiten und Absonderlichkeiten seines engeren Gebietes beschäftigt, nur allzu leicht zurücktreten läßt«, und daß dieses Ziel »auf dem Wege gemeinsamer wissenschaftlicher Arbeit ... ganz anders verfolgt werden [könne] als durch politische Propaganda«[88]. Die Gründerväter des Instituts für geschichtliche Landeskunde der Rheinlande räumten freimütig ein, daß schnelle und spektakuläre Erfolge der wissenschaftlichen Tätigkeit des Institutes nicht zu erwarten seien, und versicherten, daß die staatlichen Finanzmittel, um die sie das preußische Kultusministerium und den Reichminister des Innern baten, langfristig und gut angelegt seien[89].

Das Konzept der Bonner Professoren leuchtete der um Sukkurs angerufenen Administration unmittelbar ein[90], entsprach es doch weitgehend ihren eigenen all-

87 Vgl. folgenden Hinweis auf das Selbstverständnis der am landeskundlichen Institut der Bonner Universität lehrenden Professoren, der sich im Finanz- und Tätigkeitsbericht des Institutes über das Haushaltsjahr 1923/24 findet: »Es ist ganz sicher, daß ohne diese Leitung [d.h. die methodische Schulung durch die Universität] die heute so heftig einsetzende Heimatbewegung sich sehr bald totlaufen wird, weil sie ohne Kraftzufuhr aus den Quellen des höheren geistigen Lebens der Nation unweigerlich versanden muß. Die Aufgabe der Wissenschaft muß es sein, überall die Fäden nachzuweisen, die aus der lokalen Enge in den umfassenden Bau deutschen Volkstums hinüberführen.« – ALVR – 11057, Bll. 10-22, hier Bl. 20f.

88 Ebd., Bl. 21.

89 Vgl. das bereits mehrfach zitierte Gründungsmemorandum des Instituts für geschichtliche Landeskunde der Rheinlande vom 21.5.1920: »Das Institut erscheint so berufen, auf einem besonderen Wege für die Verbreitung wissenschaftlicher Bildung zu wirken, durch viele Kanäle die Provinz zu befruchten und den Geist der Heimatliebe zu ihr zu festigen. Der Weg führt nicht rasch, aber sicher zum Ziele, der Erfolg wird nicht gleich greifbar, aber er wird dauernd sein. Nationale Wirkung auf anderen Wegen zu erstreben, ist verlockend, weil sie dort rascher zu Tage tritt; entscheidend aber bleibt doch nur die planmäßig von den höchsten wissenschaftlichen Gesichtspunkten geleitete Forschung ...« – HSTAD, NW5 – 604, Bll. 13-18, hier Bl. 18.

90 Vgl. die den Antrag des Professorengremiums vom 21.5.1920 befürwortende Stellungnahme des Preußischen Ministers für Kunst, Wissenschaft und Volksbildung, die dieser am 27.9.1920 dem Reichsinnenminister zustellen ließ: »Das Institut für geschichtliche Landeskunde wird ohne Zweifel für das Rheinland von größter Bedeutung sein. Im Rahmen der durch die Kulturpropaganda der Besatzungsmächte wünschenswert gewordenen Abwehrmaßnahmen dürfte diese Einrichtung um so eher von Segen sein, als das Institut den reinen Zwecken der Forschung dient und damit von unangebrachter und ihre Zwecke verfehlender kulturpolitischer Betriebsamkeit ferngehalten wird. Andererseits wurzeln die Bestrebungen dieses Instituts so tief im Volksleben, daß dadurch neue geistige Kräfte im rheinländischen Volksleben geweckt werden könnten. Ich kann daher dringend zur Unterstützung dieses Instituts raten.« – HSTAD, NW5 – 604, Bl. 46.

mählich entwickelten Vorstellungen einer sinnvollen behördlichen Intervention beim Auf- und Ausbau einer deutschen Gegenpropaganda in den besetzten Gebieten: Staatliches Handeln schien gerechtfertigt und geboten, wenn aus der Rheinprovinz heraus kulturelle Anliegen an die Behörden herangetragen wurden, die einen bedeutenden Beitrag zur Gestaltung der Gegenpropaganda am Rhein erwarten ließen. Das geplante Institut für geschichtliche Landeskunde der Rheinlande erfüllte diese Voraussetzung, da es das patriotische Potential der rheinischen Heimatforschung zu bergen und gegen die Kulturpolitik der französischen Besatzungsmacht zu mobilisieren versprach. Die Reichs- und preußische Staatsregierung gingen auf das lukrative Angebot der Bonner Universitätslehrer ein und unterstützten die neue landesgeschichtliche Einrichtung der Rheinprovinz mit fortlaufenden Zahlungen aus den Mitteln des Reichsministeriums für die besetzten Gebiete und des preußischen Ministeriums für Wissenschaft, Kunst und Volksbildung[91]. 1925 nahm auch der Provinziallandtag die Förderung des Instituts auf[92]. Die wichtigste private Unterstützung erwuchs dem Institut durch den 1924 gegründeten Verein für geschichtliche Landeskunde der Rheinlande[93], dessen Dienste nicht allein materieller, sondern auch ideeller Natur waren: der Verein vertrat die junge landeskundliche Einrichtung der Rheinischen Friedrich-Wilhelms-Universität nach außen und warb in der rheinischen Öffentlichkeit um gebührendes Interesse für die Tätigkeit des Instituts.

Das Institut für geschichtliche Landeskunde der Rheinlande trat auch selbst an die Öffentlichkeit, indem es sich im Rahmen der alljährlichen Osterkurse der Universität Bonn mit einer eigenen Sektion an der Fortbildung der rheinischen Gymnasial- und Volksschullehrer beteiligte, denen diese Ferienkurse hauptsächlich gewidmet waren. Ein geeigneteres Publikum hätten die Vertreter des landeskundlichen Instituts sich kaum wünschen können, galten die Lehrer der Rheinprovinz doch als einflußreiche Künder der patriotischen Botschaft, welche die Auseinandersetzung mit der Heimat- und Landesgeschichte vermitteln sollte. Um Mißverständnisse über die politische Bedeutung des Studiums der Lokalgeschichte gar nicht erst aufkommen zu lassen, haben sich die Bonner Professoren offenbar nicht geniert, in popularisierender Form und deutlichen Worten zu grundlegenden Fragen der rheinischen Landeskunde Stellung zu beziehen[94].

91 Dies geht aus einem Schreiben H. Aubins, des Leiters des Bonner Instituts, vom 24.7.1924 an den Landeshauptmann J. Horion hervor. – ALVR – 11057, Bl. 10.

92 Vgl. H. Aubins Antrag auf finanzielle Unterstützung durch den Provinziallandtag vom 20.9.1924 und den Zahlungsbescheid des Landeshauptmanns vom 3.7.1925 – Ebd., Bl. 26 und Bl. 39.

93 Am Rande sei noch auf die engen Beziehungen des Vereins für geschichtliche Landeskunde der Rheinlande zu staatlichen Behörden verwiesen: Das Preußische Ministerium für Wissenschaft, Kunst und Volksbildung gewährte einen Gründungsbeitrag von 1000 Reichsmark und der Provinzialausschuß eine jährliche Gratifikation von 100 Reichsmark. Vgl. ein Schreiben Trendelenburgs, eines Staatssekretärs im preußischen Kultusministerium, an Horion vom 14.3.1925 und eine Mitteilung Horions an den Verein für geschichtliche Landeskunde der Rheinlande vom 20.1.1925 – ALVR – 11061 (nicht foliiert). Horion wurde am 18.3.1925 zum Vorsitzenden des Vereins gewählt.

94 Vgl. Gelin in einem Bericht vom 1.5.1922, in dem er Tirard über die Referate der landesgeschichtlichen Sektion der Bonner Osterkurse vom 19.-22.4.1922 informiert:

In der Mitwirkung des Instituts für geschichtliche Landeskunde der Rheinlande an den Osterkursen der Universität manifestierten sich einmal mehr die Aufgeschlossenheit zahlreicher Bonner Professoren für die Belange der Politik und ihre Bereitschaft, Wissenschaft in den Dienst der politischen Bildung breiterer Bevölkerungsschichten zu stellen[95] – Eigenschaften, die sie mit ihren Kollegen jenseits des Rheins teilten. Gerade die Geschichtswissenschaftler unter den deutschen Hochschullehrern, die ihr Handwerk unter Anleitung von Historikern der borussisch-national gesinnten Reichsgründungsgeneration gelernt hatten, sahen ihre eigentliche Aufgabe weniger in der zweckfreien Forschung als vielmehr in der Vermittlung – vermeintlich – nützlicher Lehren der Geschichte für politische Probleme und Entscheidungen der Gegenwart. Diesem Selbstverständnis zufolge, war es auch den Dozenten des Instituts für geschichtliche Landeskunde der Rheinlande ein ehrliches Bedürfnis, ihre Studierstuben vorübergehend zu verlassen, um der Bevölkerung der besetzten Rheinprovinz geographisch und historisch fundierte patriotische Lektionen zu erteilen. Die Bereitschaft

»L'idée directrice de tous les cours est celle que le Rhin n'est pas une frontière, mais un trait d'union entre les Pays allemands de la Rive gauche et les Pays allemands de la Rive droite. L'auditoire, 250 à 300 personnes en moyenne, comprenait de vieux professeurs de Lycée, de tout jeunes instituteurs et de nombreuses institutrices ..., qui n'ont pas ménagé leur sympathie aux professeurs et ont souligné par de vifs applaudissements toutes les phrases qui ont affirmé la fidélité des Pays Rhénans à l'idée, à l'unité, à la culture allemande. Il convient d'ajouter que les cours ont présenté le caractère de conférences de vulgarisation et n'ont pas dépassé le niveau élémentaire. On pourrait même dire que, si leur but n'avait pas précisément été de vulgariser quelques idées simples, ils auraient été indignes d'être professés dans une Université.« – AN, AJ^9 6177-64.

95 Aufschlußreich für die Neigung vieler Professoren zum politischen Engagement war nicht zuletzt auch eine unter dem Eindruck der Niederlage im Weltkrieg und des darauf folgenden politischen Umbruchs entstandene Initiative des Bonner Anglisten Dibelius, die zur Einrichtung von Vorträgen zu Tagesfragen mit anschließender Diskussion während der Vorlesungszeit führte. Ihr Ziel war es, die Studenten an der Rheinischen Friedrich-Wilhelms-Universität in die Demokratie einzuführen und die in der Kunst des politischen Streitens ungeübten Akademiker in die Lage zu versetzen, dem in dieser Hinsicht bislang überlegenen Arbeiterstand in Wortgefechten Paroli bieten zu können. – HSTAD, NW5 – 461, Bll. 218-222. Durch ihre ausgesprochen demokratische Stoßrichtung unterschied sich das Experiment des Bonner Anglisten von der Mehrzahl vergleichbarer politischer Initiativen deutscher Hochschullehrer. Vgl. auch folgende Klage des preußischen Ministerpräsidenten Otto Braun vom 21.1.1928 über den monarchisch-reaktionären Geist, in dem die Reichsgründungsfeiern zum 18. Januar eines jeden Jahres an den preußischen Universitäten begangen wurden. – ZSTAM, Rep. 76 V^a, Sektion 1, Tit. 1-20, Bd. 3, Bl. 74f. Der preußische Kultusminister bedauerte in seiner Replik wortreich, die Dinge angesichts verbriefter autonomer Rechte der Hochschulen nicht ändern zu können. – Ebd., Bll. 76-79. Zur Geschichte des schwierigen Verhältnisses der Deutschen im allgemeinen und deutscher Intellektueller im besonderen zur Demokratie atlantischer Prägung vgl.: E. Fraenkel, *Deutschland und die westlichen Demokratien*, Stuttgart 1964; W. von Hippel (Hg.), *Freiheit, Gleichheit, Brüderlichkeit? Die Französische Revolution im deutschen Urteil*, München 1989; R. Rürup, *Der „Geist von 1914" in Deutschland. Kriegsbegeisterung und Ideologisierung des Krieges im Ersten Weltkrieg*, in: B. von Hüppauf, *Ansichten vom Krieg. Vergleichende Studien zum Ersten Weltkrieg in Literatur und Gesellschaft*, Königstein 1984, S. 1-30; K. Sontheimer, *Antidemokratisches Denken in der Weimarer Republik. Die politischen Ideen des Nationalismus zwischen 1918 und 1933*, München 1962.

der Professoren, von sich aus die Initiative zu ergreifen und sich öffentlich für die deutsche Sache am Rhein zu engagieren, verhinderte es auch, daß die Strategie des Zuwartens, die das Reich, Preußen und die Rheinprovinz in der Frage der deutschen Entgegnung auf Frankreichs historische Propaganda am Rhein befolgten, in einem Fiasko endete: Die rheinischen Historiker wandten sich einerseits auf dem Dienstweg an die Behörden und unterbreiteten diesen Projekte, die – wie das Institut für geschichtliche Landeskunde der Rheinlande an der Universität Bonn – einen politischen Nährwert für die besetzte Provinz erkennen ließen[96]; andererseits gingen viele von ihnen einer regen publizistischen Tätigkeit nach und setzten sich in zahlreichen Einzelschriften[97] und Beiträgen in Lokal- und Regionalzeitungen der Rheinprovinz[98] mehr oder minder kämpferisch mit der Geschichtspropaganda des *Haut Commissariat français* auseinander. Das nationale Pflichtgefühl, das die Mehrzahl der Historiker, die in den Archiven der Rheinprovinz tätig waren oder einen Lehrstuhl an der Universität Bonn innehatten, dazu trieb, sich in der deutsch-französischen Auseinandersetzung um die Rheingrenze mehrfach und hörbar zu Wort zu melden, war daher gewiß von entscheidender Bedeutung für die Entstehung der deutschen Gegenpropaganda in den besetzten Gebieten.

96 In diesem Zusammenhang sei noch auf die Abteilung für westdeutsche Grenzlandfragen verwiesen, die 1928 auf Betreiben des zweiten Direktors des Instituts für geschichtliche Landeskunde der Rheinlande, F. Steinbach, dem genannten Institut angegliedert und unterstellt wurde. Die politisch relevante Zielsetzung der westdeutschen Grenzlandforschung der zwanziger Jahre bestand darin, die Kongruenz von natürlichen Räumen und Kulturlandschaften im deutsch-französischen Grenzgebiet nachzuweisen und auf diese Weise die politische Forderung nach einer Harmonisierung der geographischen, kulturellen und politischen Grenzen im Westen des Reiches zu unterstreichen. Das Ministerium für die besetzten rheinischen Gebiete hatte ein Startkapital von 100000 RM zur Verfügung gestellt. Vgl. die Vorgänge in: HSTAD, NW5 – 604, Bl. 214f. und in: ALVR – 11057, Bll. 63-69. Der Reichsminister für die besetzten Gebiete beließ es indessen nicht dabei, für den Sonderforschungsbereich der Grenzlandfragen beträchtliche Geldmittel bereitzustellen; er beobachtete offenbar auch die Verwendung der staatlichen Subventionsleistungen und ließ Steinbach gelegentlich darauf hinweisen, daß »eine Reihe für die Erforschung der westlichen Grenzlandfragen wichtiger und umfassenderer Themata noch der eingehenden Bearbeitung« harrten, und nannte in diesem Zusammenhang folgende Desiderata: »Genaue Darstellung der Tätigkeit der Reunionskammern mit entsprechendem Kartenmaterial«, »Darstellung der territorialen Änderungen des 2. gegenüber dem 1. Pariser Frieden von 1814/15« und »Zusammenfassende Darstellung der deutsch-französischen Friedenschlüsse von 1648-1871 in Bezug auf Besitzstand und besondere Rechte (Besatzungsrechte usw.) in den westdeutschen Gebieten«. Vgl. ein Schreiben des Reichsministers für die besetzten Gebiete vom 11.4.1930 an den preußischen Minister für Wissenschaft, Kunst und Volksbildung, der das Anliegen am 24.5.1930 an Steinbach weiterleitete. – HSTAD. NW5 – 604, Bll. 299 und 307.

97 Vgl. S. 102, Anm. 39.

98 Die in Zeitungen publizierten Beiträge rheinischer Historiker werden ebenso wie die selbständig erschienenen Broschüren im Kapitel „Historische Argumente der Gegenpropaganda“, S. 143ff., ausführlich behandelt und analysiert. Die Zeitungen der Rheinprovinz sind im allgemeinen, sieht man einmal von Ausgleichszahlungen der öffentlichen Hand im Jahre 1923 ab, nicht subventioniert worden. Vgl. einen entsprechenden Beschluß der 5. Rheinischen Kulturkonferenz vom 19.-21.10.1920 in Frankfurt a.M.: »Subventionen werden abgelehnt, ebenso die Zusammenlegung der bestehenden Zeitschriften. Die Unterstützung der R.K.K. soll sich auf Sondernummern der einzelnen Organe beschränken.« – ZSTAP, Reichsministerium des Innern – 5762, Bl. 43.

Als die Reichsregierung und ihr propagandistischer Vorposten, die Rheinische Volkspflege, bei ihrem Versuch, auf die Herausforderung, welche die französische Kulturpolitik auf dem linken Rheinufer zweifellos darstellte, angemessen zu reagieren, eine Abfuhr hinnehmen mußten, zeigte sich, daß sie das patriotische Potential der Bevölkerung der besetzten Rheinprovinz unterschätzt hatten. Das bestätigt nicht zuletzt die hohe Motivation, mit der die rheinischen Historiker sich in der nationalen „Abwehr" der französischen Propaganda engagierten. Es verwundert daher nicht, wenn dem Prinzip der „Propaganda von unten" gegenüber demjenigen der „Propaganda von oben" schließlich Vorrang eingeräumt wurde. Die Zurückhaltung, die die Behörden des Reiches, Preußens und der Rheinprovinz sich im Zusammenhang mit dem Auf- und Ausbau einer deutschen Gegenpropaganda am Rhein auferlegt hatten, war indessen nicht unproblematisch: die im allgemeinen strikt eingehaltene Weisung, auf entsprechende Anträge rheinischer Kommunen und anderer Träger kultureller Einrichtungen hin unter den gegebenen politischen Verhältnissen großzügiger als bisher kulturelle Anliegen der Rheinprovinz zu berücksichtigen und zu fördern, führte unweigerlich zu einer Bürokratisierung der deutschen Gegenpropaganda – mit nachteiligen Folgen für ihre Schlagkraft. Die deutschen Behörden waren sich ihrer Unzulänglichkeit auf dem Felde der Propaganda durchaus bewußt und haben die französische Kulturoffensive – insgeheim – ebenso bewundert wie gefürchtet. Auch wenn die Defizite der gegenläufigen deutschen Propaganda offensichtlich wurden, so bedeutete dies jedoch nicht, daß diese ein Schattendasein fristete; im Gegenteil, wie das Beispiel der Errichtung eines Görres-Denkmals an der Koblenzer Rheinpromenade dokumentiert, fand sie zweifellos die – freilich nicht entzückte – Beachtung der französischen Militärverwaltung. Den spektakulärsten Erfolg erzielte die deutsche Gegenpropaganda mit der Ausrichtung der Jahrtausendfeier im Jahre 1925, ein Ereignis, das auch deshalb aus dem Rahmen fällt, da es auf eine Initiative der rheinischen Provinzialverwaltung zurückzuführen ist. Um den ungewöhnlichen Umständen Rechnung zu tragen, die zur wirkungsvollen Inszenierung des Spektakels führten, sei den Feiern im folgenden ein eigenes Kapitel gewidmet.

B. Die Rheinische Jahrtausendfeier 1925

1. Der Anlaß

Mit der tausendjährigen Wiederkehr der Inkorporation Lotharingiens in das Ostfrankenreich wurde ein marginales Ereignis der westeuropäischen Geschichte zum Anlaß aufwendiger Jubelfeiern in der besetzten Rheinprovinz. Es erstaunt daher nicht, wenn die Ereignisse des Jahres 925 den doch recht geschichtsbewußten Zeitgenossen erst in Erinnerung gerufen und erklärt werden mußten[1]. Die Ankündigung der geplanten Jahrtausendfeiern in der rheinischen Presse im Sommer des Jahres 1924 führte sogar dazu, daß manch einer, der folgenschwere Mißverständnisse befürchtete, das Vorhaben energisch bekämpfte; die Einwände eines einflußreichen Bürgers aus Stolberg sind gewiß bezeichnend: »Eine solche, jeder Berechtigung entbehrende Feier kann nur schädigend wirken, da sie von unseren Feinden benutzt werden wird, nun zu sagen, die Rheinprovinz hätte früher nicht zu Deutschland gehört, & auf die Deutschen, die die Geschichte nicht genau kennen, nur irreführend wirken wird. Die Geschichte der Deutschen reicht doch über 2000 Jahre, & die Rheinprovinz hat in der Zeit immer [eine] deutsche Bevölkerung gehabt, & das Frankenreich, zu dem sie doch vor ca. 1500 Jahren schon gehörte, war doch ein deutsches Reich. ... so ist ... kein Grund zu einer Feier, da die Rheinprovinz zu einem nicht deutschen Lande nicht gehört hatte«[2].

Um Bedenken der vorgetragenen Art zu zerstreuen und ebenso voreiligen wie nachteiligen Mißverständnissen vorzubeugen, wurden die Veranstalter der Jahrtausendfeiern nicht müde, immer wieder zu betonen, daß ausschließlich der staatlichen Vereinigung Lotharingiens mit dem Ostfrankenreich gedacht werde, da die nationale Identität der Lothringer als Deutsche nicht in Frage gestellt sei, daß es sich daher auch »nicht um die *nationale* Zugehörigkeit der Rheinlande ...., sondern nur um ihre

1 Vgl. A. Schulte, *Was bedeutet das rheinische Jubiläum von 1925 und was bedeutet es nicht?*, in: *Kölnische Volkszeitung* Nr. 1005, 27.12.1924: »Die folgenden Zeilen wollen für jedermann verständlich eine Aufklärung darüber geben, warum die Rheinprovinz und darüber hinaus die im Reiche verstreuten Rheinländer im nächsten Jahre 1925 ein tausendjähriges Jubiläum feiern, was diese Jubelfeier bedeutet und was sie nicht bedeutet. Ein fränzösischer Geschichtsschreiber schrieb im Jahre 925 in seine Chronik die inhaltsschweren Worte: *Dem König Heinrich unterwerfen sich alle Lothringer.* Heinrich ist der deutsche König Heinrich I., der als Herzog von Sachsen zum Könige gewählt worden war. Die Lothringer sind aber nicht etwa die, welche wir heute als solche bezeichnen, sondern außer ihnen die Bewohner ... des größten Teils der Rheinprovinz und der deutschen Meeresküste bis gegen die Wesermündung. Der größte Teil der Rheinprovinz ... feiert also das Jahr, in dem man vor tausend Jahren sich freiwillig mit dem deutschen *Staatskörper* verband, um ihm ununterbrochen mit Ausnahme der 20 Jahre dauernden französischen Fremdherrschaft, die 1814 ihr Ende nahm, anzugehören. Es ist das Jubiläum einer tausendjährigen *politischen* Schicksalsgemeinschaft. ...«

2 So Kommerzienrat Schleicher in einem Schreiben vom 5.7.1924 an Landeshauptmann Horion – ALVR – 4898.

politische Stellung [handele]«[3]. Es bedurfte in der Tat zusätzlicher historischer Aufklärung über den »Sinn der rheinischen Tausendjahrfeier«: Die Erinnerung an die Vorgänge des Jahres 925 bot offensichtlich eine willkommene Gelegenheit zur Auseinandersetzung mit dem Verhältnis von Kulturnation und Staatsnation in der wechselvollen Geschichte der Rheinlande; eine kursorische Betrachtung der rheinischen Geschichte unter diesem Gesichtspunkt konnte den Schluß nahelegen, daß die politische Grenze im Westen des deutschen Reiches in der Regel seiner Kultur- und Sprachgrenze entsprochen habe, mehr noch, daß die Kongruenz von Staats- und Kulturgrenzen eine Norm darstelle, welcher auch künftige Generationen noch verpflichtet seien. Heinrich I. schien 925 als einer der ersten die Notwendigkeit einer Harmonisierung der kulturellen und politischen Grenzen des Ostreiches begriffen zu haben, als er Lotharingien seinem Herrschaftsbereich einverleibte. 1815 trat Preußen, das nach dem zwei Jahrzehnte währenden französischen Intermezzo die „Wacht am Rhein" übernahm, offenbar in die Fußstapfen des ersten sächsischen Kaisers[4]. Im Jahre 1925 diente die historische Retrospektive dazu, einer breiten Öffentlichkeit zu demonstrieren, daß die Staats- und Kulturgrenzen am Rhein seit 1919 abermals nicht mehr übereinstimmten, daß daher eine umgehende Revision des Versailler Vertrages erforderlich sei, um sie wieder zur Deckung zu bringen. Die konkreten Ereignisse des Jahres 925 traten 1925 allerdings in den Hintergrund, war das historische Lotharingien doch nur bedingt mit den besetzten Rheinlanden der zwanziger Jahre vergleichbar[5]; ledig-

3 Levison, *Der Sinn der rheinischen Jahrtausendfeier 925-1925*, Bonn 1925, S. 5; vgl. auch A. Schulte, *Tausend Jahre deutscher Geschichte und deutscher Kultur am Rhein*, Düsseldorf 1925, S. 1f.: »Keineswegs ist aber durch das Jubiläum ausgesprochen, daß nicht schon vorher die 925 gewonnenen Gebiete einmal zum Ostreiche, zum deutschen, gehört hätten. Und noch viel weniger darf der Glaube aufkommen, als sei das Recht des deutschen Volkes auf den rheinischen Boden erst im Jahre 925 begründet worden. Schon als der stolzeste der römischen Eroberer, Cäsar, 58 v. Chr. an des Rheines Ufer gelangte, hatten deutsche Stämme den Rhein überschritten.«

4 Vgl. W. Levison, a.a.O., S. 26: »So konnte nach dem kurzen Zwischenspiel der französischen Zeit der 870 und 925 vollends geknüpfte Faden 1814 wieder aufgenommen und verstärkt werden; vor allem Preußen übernahm fast widerwillig die Aufgaben, die einst Heinrich I. nach der Wiedergewinnung Lotharingiens unter anderen geistigen und materiellen Voraussetzungen und doch ähnlich gestellt worden waren: Trotz aller gewaltigen Unterschiede läßt sich die Lage von 925 und 1815 doch in etwa vergleichen.«

5 Vgl. ebd., S. 27: »Gewiß sind die Rheinlande nicht mehr dasselbe wie das Lothringen von 925. Die romanischen Grenzlande, einst die *Vorpostenstellungen des Reiches*, wird man in unserem Zeitalter des nationalen Einheitsgedankens meist unschwer missen und ihren Sprach- und Kulturverwandten überlassen; ... Die Schweiz, die Niederlande und Belgien sind besondere Wege gegangen und haben ein eigenes Staatsbewußtsein entwickelt. Elsaß und Deutsch-Lothringen sind abermals von Deutschland losgerissen worden. Daß aber die übrigen Rheinlande sich auf Gedeih und Verderb als ein Teil Deutschlands und deutschen Wesens ansehen, hat jüngst der Widerstand gegen den Separatismus auch dem Blindesten dartun können. ... die Tausendjahrfeier ... soll ihnen selbst und der Welt das Bewußtsein dafür schärfen, daß die Rheinländer nicht nur ... Deutsche sind, sondern daß bereits ein volles, fast ununterbrochenes Jahrtausend sie mit den Deutschen rechts vom Rhein zu einer Staats-, Schicksals- und Gesinnungsgemeinschaft verbunden hat, die sich von außen wohl stören, aber nicht zerstören läßt.« Dagegen schien der Regierungspräsident in Düsseldorf mit der bescheidenen Beschränkung auf einen Bruchteil ehemals deutscher Lande am Rhein nicht einverstanden gewesen zu sein; in einem Schreiben an

lich das dem historischen Geschehen vermeintlich zugrundeliegende dialektische Verhältnis zwischen Kultur- und Staatsnation besaß propagandistischen Nährwert. Die Botschaft der entlegenen Vorgänge, die tausend Jahre später Anlaß zu ausgedehnten Gedenk- und Jubelfeiern gaben, war daher gewiß ungewöhnlich abstrakt, und es bedurfte weiterer Analogien, um einem breiten Publikum den Sinn der Jahrtausendfeier zu vermitteln:

> Die Rheinlande rüsten sich ein Tausendjahrfest zu feiern. Unwillkürlich wenden sich die Gedanken zu einer früheren Jahrtausendfeier zurück, der Feier des Vertrages von Verdun, die, auch am Rhein, vor mehr als achtzig Jahren begangen worden ist und das Bewußtsein der tausendjährigen politischen Selbständigkeit eines Deutschen Reiches wachrufen sollte. Es war ein mattes Fest ... . Nur in *einem* Teile Deutschlands fand der Gedanke in den geistig führenden Kreisen einen wirklichen Widerhall, in der bereits vom Dänentum bedrohten Nordmark: die Universität Kiel benutzte den Anlaß, um in einer Feier die Zugehörigkeit zu Deutschland und die Gemeinschaft mit der deutschen Vergangenheit und Zukunft zu bekunden; die eindrucksvolle Festrede Johann Gustav Droysens war auf die Forderung eines vom ganzen Volke getragenen deutschen Bundesstaat eingestellt, ... Die Ähnlichkeit der damaligen Lage Schleswig-Holsteins mit der Gegenwart der zur deutschen Westmark gewordenen Rheinlande drängt sich auf: Auch die Tausendjahrfeier von 1925 ist ein Bekenntnis zum Deutschtum und zur Schicksalsgemeinschaft mit den übrigen Deutschen, ein Bekenntnis, das in seiner tausendjährigen und mehr als tausendjährigen Vergangenheit Begründung und Rechtfertigung findet.[6]

Der Vergleich der anstehenden rheinischen Tausendjahrfeier mit dem festlichen Gedächtnis des Vertrages von Verdun in Schleswig-Holstein 1843 vermag zweifellos klarzustellen, daß geschichtliche Begebenheiten historische Jubiläen keineswegs präjudizieren; vielmehr scheinen bestimmte politische Konstellationen zuweilen dazu zu führen, daß historische Ereignisse dankbar registriert und zum Gegenstand aufwendigen Gedenkens erhoben werden, welche unter anderen Umständen wenig Beachtung finden. Es ist deshalb auch nicht ungewöhnlich, wenn der Anlaß eines Jubiläums nicht unmittelbar einleuchtet und noch der Erläuterung bedarf. Die Plausibilitätsdefizite der Jahrtausendfeiern des Jahres 1925 zogen indessen keine Renaissance historischer Forschungen zum Beginn der deutschen Geschichte nach sich, richtete sich der Blick doch eher beiläufig auf die Vorgänge des Jahres 925. Im Mittelpunkt des Spektakels standen vielmehr zahlreiche politische Kundgebungen, auf denen sich die politische Prominenz der Rheinprovinz ausdrücklich zur Treue zum deutschen Volk und Reich bekannte; daher war es vor allem der Wunsch, der Forderung nach Wiederherstellung

den Oberpräsidenten der Rheinprovinz vom 23.1.1925 gab er folgendes zu bedenken: »... Für sehr viel wichtiger halte ich die Frage, ob Elsaß-Lothringen in die [Kölner] Ausstellung [zur Jahrtausendfeier] einzubeziehen ist. Die Begründung für die Verneinung wird nicht nur in der Abtrennung von Deutschland durch den Versailler Vertrag, sondern auch in der Unterbrechung der tausendjährigen Zugehörigkeit gefunden. Ich halte den Standpunkt nicht für richtig. Die Wirkung eines völligen Ausscheidens auf das Ausland würde *die* sein, daß die Meinung entstünde, Deutschland habe so leicht auf Elsaß-Lothringen verzichten können, daß man nach dem Verlust es nicht mehr der Erwähnung für nötig halte. Elsaß-Lothringen, das doch einmal ein rheinisches Land ist, [ist] in demselben Umfange wie die anderen Landschaften zu behandeln ...« – LHAK 403-15011, Bll. 243-245, hier Bl. 245.

6 W. Levison, a.a.O., S. 5.

der deutschen Einheit öffentlichkeitswirksam Nachdruck zu verleihen, welcher das aufwendige Unternehmen in Gang setzte und zu seinem eigentlichen Sinn erklärt wurde. Die tausendjährige Wiederkehr der Inkorporation Lotharingiens in das Ostfrankenreich bot eine willkommene Gelegenheit und lieferte obendrein eine historische Legitimation[7] – auch 1843 war das Jubiläum des Vertrages von Verdun zwar der äußere Anlaß, nicht aber der eigentliche Gegenstand der Feierlichkeiten in Schleswig-Holstein. Fielen die historischen Fakten demnach kaum ins Gewicht, so wog die politische Dimension der Gedenkfeiern ungleich schwerer: Führende Politiker der Rheinprovinz waren der Überzeugung, daß die Ausrichtung der Jahrtausendfeiern ihnen eine unwiederbringliche Chance biete, sich auf nationaler und internationaler Ebene als deutsche Patrioten zu profilieren. Der Erfolg des Unternehmens gab ihnen Recht, obgleich der zur Schau gestellte patriotische Enthusiasmus auch einige Dämpfer hinnehmen mußte.

2. Die Feiern

Die Initiative zu den feierlichen Kundgebungen anläßlich der tausendjährigen Wiederkehr der Vereinigung Lotharingiens mit dem Ostfrankenreich ging von den im Provinziallandtag zusammengeschlossenen Kommunen der Rheinprovinz aus: Nachdem der Provinzialausschuß unter dem Vorsitz des Kölner Oberbürgermeisters Konrad Adenauer im Juni 1924 beschlossen hatte, im darauffolgenden Jahr der Ereignisse von 925 mit dem wünschenswerten Pomp zu gedenken, stimmte der 68. Rheinische Provinziallandtag dem Vorhaben zu und beauftragte seinerseits den Provinzialausschuß mit der Vorbereitung der Jubelfeiern[8]. Der Vorstoß des wichtigsten Gremiums

7 Vgl. ein Schreiben des Reichsministers für die besetzten Gebiete vom 20.2.1925 an den Reichskanzler: »Man hat den Gedanken der Tausendjahrfeier lediglich deshalb hervorgesucht, um einen historischen Boden für die Feier zu schaffen und etwaigen Schwierigkeiten der Besatzungsbehörden auf diese Weise die Grundlage zu entziehen.« – PAAA Polit. Abteilung IIa, Bes. Gebiete, Tausendjahrfeier, Bd. 1. Das propagandistische Kalkül sollte sich bewähren: Die französische Militärverwaltung wagte es nicht, die Feiern kurzerhand zu verbieten. Vgl. ein Schreiben des französischen Außenministers vom 20.2.1925 an Tirard: »J'estime qu'il n'est pas possible d'interdire en principe aux Allemands de célébrer l'anniversaire d'un événement important de leur histoire, comme ils l'ont fait en plus d'une occasion avant la guerre. ...« – AN, AJ^9 5288.

8 Vgl. die Beschlüsse des Provinzialausschusses und des Provinziallandtags vom 16.6.1924 und vom 26.6.1924 – ALVR- 4897. K.H. Pohl, *Rheinische Jahrtausendfeier und deutsche Locarnopolitik. Zu einigen innenpolitischen Voraussetzungen der Außenpolitik in der Weimarer Republik*, in: *Rheinische Vierteljahresblätter 43* (1979), S. 289-317, hier S. 298, sieht in dem Kölner Oberbürgermeister Adenauer und in dem ehemaligen Reichsinnenminister und nachmaligen Oberbürgermeister von Duisburg, Jarres, die eigentlichen Promotoren der Initiative der Provinzialverwaltung. Die Frage, wer den Provinzialausschuß auf das historische Datum hingewiesen hat, ist offen: Th. Schieffer, *Wilhelm Levison*, in: *Rheinische Vierteljahresblätter 40* (1976), S. 225-242, hier S. 232, und, ihm folgend, K. Pabst, *Der Vertrag von Versailles und der deutsche Westen*, in: K. Düwell, W. Köllmann (Hg.), *Rheinland-Westfalen im Industriezeitalter*, Bd. 2, Wuppertal 1984, S. 271-289, hier S. 280, vermuten in dem Bonner Historiker Wilhelm Levison den *spiritus rector* der

des Provinziallandtags erfolgte kaum zufällig, da zahlreiche rheinische Kommunalpolitiker offenbar glaubten, sie könnten im Rahmen der geplanten Feiern den Vorwurf separatistischer Gesinnung entkräften, dem sie sich von Seiten der Berliner Behörden allenthalben ausgesetzt sahen; eine Flut patriotischer Kundgebungen aus Anlaß des tausendsten Jahrgedächtnisses eines marginalen historischen Ereignisses schien in der Tat eine Gewähr dafür zu bieten, daß die Rheinlandbewegung und manche verwaltungsinterne Konflikte jenseits des Rheins – vorläufig – in Vergessenheit geraten konnten, die sich an der Frage, wie die Anliegen der Besatzungsmächte in geeigneter Weise zu behandeln seien, entzündet hatten[9]. Die Hartnäckigkeit, mit der die rheinischen Städte ihre Urheberrechte an der Jahrtausendfeier behaupteten, indem sie das Festprogramm in eigener Regie gestalteten und sich gegen Änderungswünsche aus Berlin wehrten, spricht gewiß dafür, daß die anstehenden Festveranstaltungen reichlich Gelegenheit zu politischer Hygiene bieten sollten.

Im Mittelpunkt der Feiern standen die rheinischen Metropolen Düsseldorf, Köln und Koblenz. Da die Stadt Düsseldorf Sitz der Provinzialverwaltung war, richtete sie die »offizielle Festfeier« aus – eine Ehrenpflicht, die sie gegen konkurrierende Ansprüche aus Koblenz, dem Amtssitz des Oberpräsidenten der Rheinprovinz, verteidigen mußte[10]; die Ursache der Rivalität war weniger ökonomischer als administrativer Natur: Das gespannte Verhältnis zwischen den Organen der kommunalen Selbstverwaltung und dem preußischen Staat, der durch den Oberpräsidenten in Koblenz repräsentiert wurde, überlagerte hier den wirtschaftlichen Wettbewerb, den die Kommunen untereinander austrugen. Die Provinzialverwaltung achtete in der Auseinandersetzung vor allem darauf, daß ihr die Regie über die Jahrtausendfeiern nicht aus den Händen glitt und Preußen keine Gelegenheit erhielt, ihr ins Handwerk zu pfuschen oder mit einem staatlichen Festakt gar den Rang abzulaufen[11]. Der Konflikt

rheinischen Jahrtausendfeiern. Dagegen hat der Preußische Minister für Kunst, Wissenschaft und Volksbildung den Düsseldorfer Archivar Paul Wentzcke in einem Schreiben vom 2.5.1925 an den Oberpräsidenten der Rheinprovinz als den »*Vater* der Jahrtausendfeier« apostrophiert. – LHAK 403- 15013, Bl. 7.

9 Vgl. S. 94ff.

10 Vgl. ein vertrauliches Schreiben des Landeshauptmanns Horion vom 24.10.1924 an Adenauer: »In der Anlage sende ich Dir Abschrift eines Schreibens des Oberbürgermeisters der Stadt Coblenz vom 17.10.1924. In derselben Richtung liegen Bemühungen des Herrn Oberpräsidenten, über die er mit mir gesprochen hat, die dahin gehen, den Schwerpunkt der Tausendjahrfeier in eine staatliche Feier nach Coblenz zu verlegen. Die Gründe sind ziemlich durchsichtig. Es ist bedauerlich, daß das schöne Fest anscheinend geradezu zum Brisapfel wird, der in die beteiligten Kreise hineingeworfen ist. Nunmehr ist unbedingt nötig, daß die kleine Kommission des Provinzialausschusses zu einer Sitzung zusammentritt.« – ALVR – 4897.

11 Vgl. einen Bericht des Ministerialdirektors Haslinde vom 10.11.1924 über eine Dienstreise, die er im Auftrag des preußischen Kultusministers vom 28.10.-4.11.1924 unternommen hatte, um den Minister über den Stand der Vorbereitungen zur Jahrtausendfeier zu informieren: »... Über die Frage einer besonderen staatlichen Feier sprach sich der Oberpräsident im Gegensatz zu seinem schriftlichen Bericht dahingehend aus, daß er einen staatlichen Festakt nicht für nötig und zweckmäßig erachte; die Vertreter der Reichs- und Staatsbehörden würden bei der ganzen Feier zugegen sein, und es würde sich daher genügend Gelegenheit bieten, den Reichs- und Staatsgedanken zum Ausdruck zu brin-

konnte zugunsten der Provinzialadministration beigelegt werden. Am 18. Juni 1925 fand daher in Düsseldorf auf dem Höhepunkt der Jahrtausendfeiern ein Festakt des Provinziallandtages statt, welcher am Vortag zusammengetreten war. Anschließend begab sich die Festversammlung, bestehend aus den Deputierten des Provinziallandtags und politischer Prominenz aus Reich und Ländern[12], nach Köln, um dort die große Jahrtausendausstellung[13] zu besuchen und an einem Festmahl im Gürzenich teilzunehmen; der ereignisreiche Festtag klang stilgemäß mit einer Aufführung der Oper Rheingold aus. Auch die Schiffsreise nach Koblenz, zu der die Festgesellschaft am darauffolgenden Tag aufbrach, schien geeignet, Glanz und Geheimnis einer offenbar großen rheinischen Geschichte sinnlich erfahrbar werden zu lassen; die Organisatoren des offiziellen Teils der Jahrtausendfeiern taten gut daran, dem Programm einen Schuß Rheinromantik zuzusetzten, denn, auch wenn nicht alle Berliner Gäste von den landschaftlichen Reizen des Rheintals angetan gewesen sein mochten, so war das romantische Flair gewiß ein belebendes und auflockerndes Element der festlichen Atmosphäre. In Koblenz stand schließlich ein Empfang durch den Oberpräsidenten der Rheinprovinz auf der Tagesordnung, bevor die Festgesellschaft nach Düsseldorf zurückkehrte.

Zahlreiche Städte der Rheinprovinz gedachten ihrerseits in geräuschvollen Feiern der tausendjährigen Wiederkehr der Einbindung Lotharingiens in das Ostfrankenreich und verstärkten auf diese Weise den Effekt der offiziellen Gedenkfeiern; es ist

gen; ... Aus anderen Gründen sprach sich auch der Landeshauptmann gegen eine staatliche Sonderveranstaltung aus. Das Fest sei und müsse bleiben eine Kundgebung des Rheinlandes, das sich seiner tausendjährigen Zugehörigkeit zu Deutschland freue und dieses in dem Fest kundtun wolle. Dieser Charakter dürfe nicht durch einen vom Staate ausgehenden Festakt verschoben werden.« – ZSTAM Rep. 76 V^{a}, Sektion 3, Tit. I, 12, Bd. 1, Bll. 384-393, hier Bl. 385.

12 Die preußische Staatsregierung hatte im Hinblick auf die anstehenden Jubelfeiern vorsorglich *Grundsätze für die Teilnahme der Mitglieder bzw. Vertreter der Preußischen Staatsregierung an den in den Monaten Mai bis Oktober d. J. stattfindenden Veranstaltungen der Jahrtausendfeier im Rheinland* erarbeitet, die die preußische Administration in die Lage versetzen sollten, selbständig allfällige Einladungen aus der Provinz anzunehmen oder auch abzulehnen. Die Richtlinien sahen vor, daß je nach Bedeutung der Festveranstaltung hochkarätige Repräsentanten des preußischen Staates oder Vertreter nachgeordneter Verwaltungsinstanzen zur Teilnahme berechtigt waren. Bei den offiziellen Feiern in Düsseldorf, Köln und Koblenz Mitte Mai 1925 sollten der preußische Ministerpräsident sowie weitere Kabinettsmitglieder zugegen sein, zur Eröffnung der großen Kölner Ausstellung dagegen allein der preußische Minister für Kunst, Wissenschaft und Volksbildung und an den übrigen lokalen Veranstaltungen lediglich Staatssekretäre und Minsterialdirektoren. Vgl. ein Informationsschreiben des preußischen Ministerpräsidenten vom 29.4.1925 nebst Anlagen an den Reichskanzler – LHAK 403 – 15012, Bll. 1-3. Analoge Vorgaben der Reichsregierung sind indessen nicht bekannt.

13 Die am 15.5.1925 eröffnete Kölner Jahrtausendausstellung war die größte und bedeutendste ihrer Art im Rahmen der rheinischen Tausendjahrfeiern. Sie informierte anschaulich und umfassend über kulturelle, wirtschaftliche und politische Aspekte einer mehr als tausend Jahre alten rheinischen Geschichte; dem vorbereitenden Ausschuß gehörten prominente rheinische Historiker an. Vgl. eine entsprechende Liste in: ZSTAM Rep. 76 V^{a}, Sektion 3, Tit. I, 12, Bd. 1, Bl. 414f.

daher gewiß nicht verwunderlich, wenn, wie noch zu zeigen sein wird[14], diese lärmenden Kundgebungen mitunter den Zorn der französischen Militärverwaltung heraufbeschworen und zu folgenreichen Konflikten führten. Über die Notwendigkeit, patriotische Gesinnung zu demonstrieren, vergaßen die rheinischen Kommunen indessen nicht ihre finanziellen Verhältnisse: Einige Unternehmen, welche anläßlich der Jahrtausendfeiern ins Leben gerufen worden waren, leisteten nur vordergründig einen Beitrag zum Jubiläum des Jahres 1925, da sie vor allem dem sommerlichen Fremdenverkehr Auftrieb verschaffen sollten[15]. In diese Kategorie von Jubiläumsveranstaltungen gehören eine Ausstellung moderner Kunst sowie eine Opern- und eine Schauspielwoche[16] in Düsseldorf, eine Dokumentation über die Geschichte der Stadt Aachen und ihre Bedeutung für das deutsche Reich, die rheinischen Musikfestspiele in Trier, eine große Weinbauausstellung in Koblenz[17], ein nationales Sportfest im Siebengebirge und nicht zuletzt die bereits erwähnte Kölner Jubiläumsausstellung.

Die rheinische Jahrtausendfeier war naturgemäß eine Folge von ebenso aufsehenerregenden wie vergänglichen Kundgebungen und Kulturveranstaltungen. Der Provinzialausschuß war sich dessen offenbar bewußt und beauftragte den Bonner Historiker Aloys Schulte mit der Konzeption und Edition einer Festschrift[18], die das Ereignis

14 Vgl. S. 134ff.

15 Vgl. dazu eine Sammelanzeige der Städte Köln, Düsseldorf, Duisburg, Koblenz und Trier in: *Deutsche Verkehrsblätter. Nachrichtendienst der Reichszentrale für deutsche Verkehrswerbung 47* (1924), Bl. 1, in der sie über Sonderveranstaltungen anläßlich der Jahrtausendfeiern informieren. Vgl. auch den zitierten Bericht des Ministerialdirektors Haslinde vom 10.11.1924: »Es läßt sich im übrigen bei den Stadtveranstaltungen nicht verkennen, daß es ihnen nicht nur um die Tausendjahrfeier als solche zu tun ist, sondern daß die Veranstaltungen daneben recht stark durch kommunalpolitische Erwägungen (Hebung des Fremdenverkehrs usw.) beeinflußt werden.« – ZSTAM Rep. 76 V^a, Sektion 3, Tit. I, 12, Bd. 1., Bl. 386.

16 Kein Geringerer als der angehende Bonner Historiker M. Braubach hatte zu diesem Anlaß ein Theaterstück mit dem Titel *Kanzler Brun* verfaßt; das Manuskript sandte er Ende Juli 1924 an Landeshauptmann Horion. Dieser leitete es an die Intendanz der Vereinigten Theater Düsseldorf weiter. Die Intendanz hat das Stück vermutlich für untauglich befunden und über den Düsseldorfer Oberbürgermeister am 12.9.1924 kommentarlos an Braubach zurückgehen lassen. – ALVR – 4898.

17 Die ökonomische Seite der Koblenzer Weinbauausstellung wurde, wie bei allen anderen kommunalen Unternehmen dieser Art, diskret verschwiegen; stattdessen strichen ihre Organisatoren – der patriotisch angeheiterten Stimmung des Jahres 1925 entsprechend – den vermeintlich einheitsstiftenden Charakter der westdeutschen Weinkultur heraus: »Der Wein ist in der deutschen Wirtschaftsgeschichte ja zweifellos ein nicht zu unterschätzendes Bindemittel zwischen der deutschen Westmark und dem gesamten deutschen Vaterlande gewesen. Das Fortschreiten der Weinkultur vom Rhein- und Moselgebiet nach Osten hin ist ein Spiegel deutschen Kolonistengeistes.« So der Koblenzer Oberbürgermeister Russell in einem Schreiben vom 12.10.1924 an Landeshauptmann Horion. – ALVR – 4897.

18 Vgl. den wegweisenden Beschluß des Provinzialausschusses vom 28.7.1924 – Ebd., und ein Schreiben Horions vom 1.8.1924 an Schulte, in dem der Auftrag zur Erstellung einer Festschrift anläßlich der Jahrtausendfeiern übermittelt wurde. – ALVR-4900a. Die Wahl fiel gewiß nicht zufällig auf den Bonner Historiker, hatte dieser sich doch bereits gegen Ende des Krieges mit der Studie *Frankreich und das linke Rheinufer*, Stuttgart/Berlin 1918, einschlägig qualifiziert und ins Rampenlicht der politischen Auseinandersetzung um die Rheingrenze manövriert.

dokumentieren und der Nachwelt tradieren sollte. Schulte ließ sich in die Pflicht nehmen[19] und stellte sich allen Unannehmlichkeiten, die mit der Ausführung des aufgetragenenUnternehmens verbunden waren: Zeitdruck, Kooperationszwang und Undank. Der zeitliche Rahmen war in der Tat knapp bemessen, da die Festschrift bereits ein dreiviertel Jahr später veröffentlicht werden sollte. Überdies stellte sich bald heraus, daß der Vorstand dieses Ausschusses Schulte wenig Spielraum gewährte und ihm bei der Arbeit immerzu über die Schulter sah[20]. Die umständehalber engen Kontakte zwischen Bonn und Düsseldorf nützten wenig, als Schulte, einer kleinen Unachtsamkeit zufolge, in Konflikt mit dem Provinzialausschuß geriet: Kurz nach der Auslieferung der Festschrift beschwerte sich der Rektor der Kölner Universität bei Adenauer, dem Kölner Oberbürgermeister und damaligen Vorsitzenden des Provinzialausschusses, über eine allzu oberflächliche, ja geradezu herablassende Erwähnung der jungen Universität in der Jubiläumsschrift; Adenauer ging auf die Klagen des Rektors ein und übermittelte sie an den Herausgeber der Festschrift[21]. Aloys Schulte, der sich in seiner Ehre als Historiker gekränkt fühlte, wies die Vorwürfe entschieden zurück. Auch wenn es Horion, den Adenauer von Anfang an in die Auseinandersetzung eingeweiht hatte, schließlich gelang, den Bonner Professor zum Einlenken zu bewegen und damit den Streit beizulegen[22], so blieb Schulte ein bitterer Nachgeschmack. Das Zerwürfnis stand indessen in keinem Verhältnis zur Leistung, die Schulte und seine Mitarbeiter[23] zweifellos erbracht hatten. Die unter dem Titel *Tausend Jahre deutscher Geschichte und deutscher Kultur am Rhein* publizierte Festschrift[24] stellte eine solide, flüssig zu lesende Arbeit dar, die umfassend über Wesen und Werden der deutschen Kultur- und Staatsgemeinschaft im Westen des Reiches informierte; ihr apologetischer Charakter steht außer Frage, ließ das Autorenkollektiv sich doch von dem Prinzip leiten, nicht » ... gegen das Notwendigste zu verstossen, was wir zu pflegen haben, die Einheit als Volk«[25]. Die reiche Ausstattung der Festschrift mit Bild- und Kartenmaterial entsprach ihrem Anlaß und Anliegen. Der Provinzialausschuß hatte angeregt, die Jubiläumsschrift in zwei verschiedenen Ausfertigungen herstellen und verbreiten zu lassen[26]: eine einfache und handliche Version der Festschrift sollte über den Buchhan-

19 Vgl. Schultes Zusage vom 8.8.1924, in der er erklärte, daß er sich »... zu der Arbeit nicht dränge, auch keinen Augenblick unglücklich wäre, wenn sie noch jetzt aufgegeben oder einem anderen übertragen würde. Bei der sachlichen Bedeutung und der Schwierigkeit, einen anderen zu finden [wolle er sich] doch zur Verfügung stellen, wenn man [ihm] ehrliches Vertrauen schenk[e] « – ALVR – 4900a.

20 Vgl. die lebhafte Korrespondenz zwischen Horion und Schulte in: ALVR – 4900a.

21 Vgl. das Beschwerdeschreiben Eckerts vom 23.6.1925 an Adenauer, der es Schulte und Horion am 27.6.1925 abschriftlich übermittelte. – ALVR – 4900c.

22 Schulte gestand in einem Schreiben vom Allerseelentag des Jahres 1925 resignierend und zähneknirschend ein, daß ihm bei der abschließenden Korrektur des Manuskriptes einige Fehler und Ungenauigkeiten entgangen sein könnten. – Ebd.

23 In Anbetracht der kurzen zur Verfügung stehenden Zeit hatte Schulte von vornherein die Mitarbeit weiterer Fachleute ins Auge gefaßt und zahlreiche Abschnitte und Kapitel von M. Braubach, P. Clemen, W. Poethen, F. Steinbach bzw. A. Wirminghaus bearbeiten lassen.

24 Erschienen in Düsseldorf 1925.

25 So A. Schulte in dem zitierten Schreiben vom 1.8.1924 – ALVR – 4900a.

26 Vgl. ein Informationsschreiben Horions vom 8.12.1924 an Ministerialdirektor Trende-

del vertrieben werden, eine limitierte Auflage großformatiger Prachtexemplare dagegen den Veranstaltern der Jahrtausendfeiern zur Verfügung stehen, um auswärtigen Gästen ein repräsentatives Geschenk machen zu können. Die rheinischen Historiker hatten den Jahrtausendfeiern ein würdiges Denkmal gesetzt, das zweifellos den Wünschen des Provinzialausschusses entsprach[27].

Da die breit angelegte offizielle Festschrift der Rheinprovinz zum Jubiläum des Jahres 1925 kaum geeignet war, dem Wirken des rheinischen Provinziallandtages einen hervorragenden Platz einzuräumen, schob die Provinzialverwaltung eine weitere Publikation nach[28], um das vermeintlich Versäumte nachzuholen. Im Unterschied zur Festschrift und vergleichbaren Jubiläumsbeiträgen in der rheinischen Presse war das Opus nicht historisch angelegt: Die Genese der rheinischen Selbstverwaltung wurde lediglich gestreift, ihr damaliger Entwicklungs- und Leistungsstand dagegen ausführlich dargelegt und kommentiert. Das von Landeshauptmann Horion unter Mitarbeit zahlreicher leitender Beamter der Provinzialadministration herausgegebene Werk sollte die Leistungsfähigkeit der rheinischen Selbstverwaltung dokumentieren und ihre Bedeutung für die Rheinprovinz gebührend herausstreichen.

Auch Preußen hatte schnell erkannt, daß die rheinischen Jahrtausendfeiern ungeahnte Möglichkeiten zu vorteilhafter Selbstdarstellung eröffneten. Die unverhoffte Gelegenheit, in der Rheinprovinz an Profil gewinnen zu können, hat die preußische Staatsregierung dazu bewogen, sich – ebenso wie die Reichsregierung und die Provinzialverwaltung – mit 400000 Reichsmark an den immensen Kosten zu beteiligen[29], die das Spektakel am Rhein verschlang: Der preußische Kultusminister ließ den Oberpräsidenten der Rheinprovinz gelegentlich wissen, daß »... das Preußische Staatsministerium um so bereitwilliger dem Wunsche der Rheinprovinz auf Bewilligung eines höheren als des ursprünglich vorgesehenen Betrages [von 300000 RM] entsprochen [habe], als die Veranstaltungen sicher manche Gelegenheit bieten werden, auch der hundertjährigen Zusammengehörigkeit der Rheinprovinz mit Preußen, die im Jahre 1915 infolge der Zeitverhältnisse nicht feierlich begangen werden konnte, zu gedenken«[30]. Die Aussicht, eine schon einmal verpaßte historische Chance zur Selbstdarstellung doch noch wahrnehmen zu können, war in der Tat verlockend und

lenburg im preußischen Ministerium für Kunst, Wissenschaft und Volksbildung – LHAK 403 – 15011, Bll. 97-102, hier Bl. 98.

27 Das Unternehmen Schulte stand in wohltuendem Kontrast zu einer zehn Jahre zurückliegenden vergleichbaren Initiative der Provinzialverwaltung. Diese hatte damals den Kölner Stadtarchivar und Vorsitzenden der Gesellschaft für rheinische Geschichtskunde, J. Hansen, damit beauftragt, zum hundertsten Geburtstag der Preußischen Rheinprovinz im Jahre 1915 eine Festschrift zusammenzustellen; das Werk konnte erst zwei Jahre später erscheinen. Vgl. S. 116, Anm. 78.

28 J. Horion (Hg.), *Die rheinische Provinzial-Verwaltung. Ihre Entwicklung und ihr heutiger Stand*, Düsseldorf 1925.

29 Vgl. eine entsprechende Übersicht über die *Verteilung der für die Jahrtausendfeier zur Verfügung stehenden Beträge*, aus welcher im übrigen hervorgeht, daß Köln sich mit rund 600000 Reichsmark den größten Teil der Subventionen von insgesamt 1200000 Reichsmark sichern konnte; es folgen Koblenz mit etwa 250000RM und Düsseldorf mit rund 100000RM. – LHAK 403 – 15011, Bl. 283.

30 So Becker am 3.2.1925 an Fuchs – Ebd., Bl. 319.

motivierte die preußische Staatsregierung stärker als die Einsicht, daß die rheinischen Jahrtausendfeiern eine nationale Pflichtübung seien, der man sich wohl kaum entziehen könne. Allerdings nahm Preußen erheblichen Einfluß auf die Bedingungen dieser Möglichkeit: Die Staatsregierung förderte konsequent die Verbreitung von Jubiläumsbroschüren, die »...von den Grundgedanken geleitet [sind], welche heute jedermann eingehämmert werden müssen: daß das Rheinland nur im modernen Großstaat von seinem Verfall genesen konnte, und daß Deutschland zur Verteidigung seiner Vaterlande am Rhein einen Großstaat, Preußen, braucht«[31].

Jedoch verzichtete sie darauf, eine eigene Festschrift zu den Jahrtausendfeiern herauszugeben, und regte stattdessen an, daß die überregionalen Zeitungen der Rheinprovinz, die nicht dem nationalkonservativen – dem preußischen Anliegen ohnehin wohlgesinnten – Spektrum zuzuordnen waren, in allfälligen Fest- und Sonderbeilagen Artikel veröffentlichen sollten, die den kulturellen und wirtschaftlichen Aufschwung der Rheinlande seit 1815 mehr oder minder enthusiastisch darstellten; dieses Verfahren schien ihr effizienter, fand eine Zeitung doch immer noch mehr Leser als eine dickleibige Festschrift[32]. Das preußische Staatsministerium begnügte sich indessen nicht mit unverbindlichen Vorschlägen; als zuständiger Ressortminister übermittelte der Leiter des Departements für Kunst, Wissenschaft und Volksbildung dem Oberpräsidenten in Koblenz präzise Vorstellungen der Staatsregierung, nach denen solche Artikel zweckmäßig aus der Feder angesehener rheinischer Persönlichkeiten stammen und zudem von illustren Rheinländern berichten sollten, die dem preußischen Staat gedient und auf hohen Posten Bedeutendes geleistet hätten[33]; die

31 So Oberpräsident Fuchs in einem Schreiben vom 5.2.1925 an das Provinzial-Schulkollegium und die Regierungspräsidenten der Rheinprovinz, in dem er die Lektüre der Broschüre von P. Kaufmann, *Rheinische Tausendjahrfeier*, Berlin 1925, empfahl und sich dabei auf die Aussagen H. Aubins berief, der die Schrift am 30.1.1925 in seinem Auftrag durchgesehen hatte. – Ebd., Bl. 235f. bzw. 233f.

32 Vgl. ein Schreiben des Preußischen Ministers für Volkswohlfahrt vom 17.4.1925 an den Oberpräsidenten der Rheinprovinz: »Einer Anregung des Herrn Preußischen Ministerpräsidenten entsprechend, weise ich darauf hin, daß anläßlich der Tausendjahrfeier im Rheinland sicherlich die großen rheinischen Zeitungen Festnummern herausbringen werden, die ... in starken Auflagen verbreitet werden, und denen, da sie zeitungstechnisch und künstlerisch auf besonderer Höhe zu stehen pflegen, eine gewisse über den flüchtigen Alltag hinausgehende Bedeutung beigemessen werden darf. Es erscheint auch zweckmäßig, in geeigneter Weise daraufhinzuwirken, daß in diesen ... zu erwartenden Festnummern auch kurze Abhandlungen gebracht werden, die an Hand einwandfreien Materials dartun, welchen Aufschwung auf allen Gebieten die Rheinlande während ihrer hundertjährigen Zugehörigkeit zu Preußen genommen haben. Von solchen massenpsychologisch richtig eingestellten Abhandlungen ... möchte ich mir in politischer Hinsicht eine noch bessere und nachhaltendere Wirkung versprechen wie von den in Aussicht genommenen umfangreichen Denkschriften, deren Wert nicht verkleinert werden soll, die aber erfahrungsgemäß in weitere Volkskreise doch nicht zu dringen pflegen.« – LHAK 403 – 15013, Bl. 1f.

33 Vgl. ein Schreiben Beckers an Fuchs vom 2.5.1925: »Daneben dürften Abhandlungen über aus dem Rheinland stammende Persönlichkeiten, die im preußischen Staatsdienst eine bedeutende Rolle gespielt haben, von Wert sein, da die Tatsache, daß auch schon früher Rheinländer in leitenden Stellen des preußischen Staatsdienstes gestanden haben, im Rheinlande nicht genügend bekannt ist. Neben großen historischen Persönlichkeiten

guten Ratschläge aus Berlin gipfelten in der Anweisung, Fuchs solle »... schleunigst in geeigneter Weise mit rheinischen Persönlichkeiten und den Zeitungsredaktionen in vorerwähnter Richtung Fühlung ... nehmen«[34] und den geneigten Autoren, wenn nötig, Akten aus den preußischen Behörden zu Studienzwecken zur Verfügung stellen. Die Ausführung der Berliner Anordnungen war wohl schwieriger als erwartet[35]: nach offenbar erfolglosen Bemühungen griff Oberpräsident Fuchs selbst zur Feder und veröffentlichte in der *Kölnischen Volkszeitung*, dem Presseorgan der rheinischen Zentrumspartei, einen mehrspaltigen Artikel über die preußische Verwaltung in der Rheinprovinz[36]; dem Beispiel des Oberpräsidenten folgte einige Monate später noch Ministerialrat Berlohr aus Berlin, der unter der programmatischen Überschrift »Preußens Fürsorge für den Rhein« einen zweiteiligen Beitrag in der gleichen Zeitung unterbrachte[37]. Von einer triumphalen propreußischen Pressekampagne anläßlich der rheinischen Jahrtausendfeiern kann daher gewiß keine Rede sein. Wenngleich der Erfolg der preußischen Politik augenscheinlich weit hinter den ursprünglichen Erwartungen zurückblieb, so zeigt allein der Plan, die Millenniumsfeiern zu einem verspäteten Gedächtnis der hundertjährigen Zugehörigkeit der Rheinprovinz zu Preußen auszunutzen, daß die preußische Staatsregierung auf ihre Weise versuchte, traditionelle Spannungen zwischen der Provinz und Berlin zu überspielen. In ihrer Zielsetzung war die Politik Preußens derjenigen des Provinziallandtages durchaus verwandt, sahen prominente Kommunalpolitiker der Rheinprovinz in den Jahrtausendfeiern doch eine Chance, ihre patriotische Gesinnung unter Beweis zu stellen und ihre einstigen Rufe »Los von Berlin« in geräuschvollen Kundgebungen zu übertönen.

Während die Millenniumsfeiern nach außen den Eindruck nationaler Eintracht erweckten, konnten die Konflikte, die sich aus der föderalistischen Struktur des Reiches ergaben, nur notdürftig überbrückt, keineswegs aber behoben werden; immerhin boten die Feiern Preußen und der Provinzialadministration eine willkommene Gelegenheit, von den Schwierigkeiten des politischen Alltags abzulenken und guten Willen zu gedeihlicher Kooperation zu demonstrieren. Wenngleich heimische und

wie dem General von Seydlitz und dem ... Freiherrn von Stein sei erinnert an Männer wie den Finanzminister Maaßen, den Handels- und späteren Minister von der Heydt, den Finanzminister Hansemann, ... den Ministerialdirektor Beuth, ... den Justizminister von Schönstedt, die Brüder Camphausen, ... den Ministerialdirektor für das Hochschulwesen Althoff, den Landwirtschaftsminister Freiherrn von Schorlemer. Von Juristen mögen als Beispiele genannt werden die Brüder Reichensberger ... und die Brüder Oppenhoff ...; von den Gelehrten mag hingewiesen werden auf den Naturforscher Johannes Müller ..., den Ingenieur Reuleaux ... und den Rechtslehrer Winscheid ...; von den Künstlern den auf Niebuhrs Anregung als Akademiedirektor nach Düsseldorf berufenen Peter Cornelius; den Gartendirektor Lenné u.a.« – Ebd., Bl. 5f.

34 Ebd. Bl. 6.

35 Eine entsprechende Auswertung überregionaler rheinischer Tageszeitungen, insbesondere der sozialdemokratischen *Rheinischen Zeitung* und des Zentrumsblatts *Kölnische Volkszeitung*, hat zu einem ausgesprochen mageren Resultat geführt: lediglich die *Kölnische Volkszeitung* hatte im Zusammenhang mit den Jahrtausendfeiern eine kleine Anzahl von Beiträgen zum rheinisch-preußischen Verhältnis veröffentlicht.

36 *Kölnische Volkszeitung* Nr. 459, 24.6.1925.

37 *Kölnische Volkszeitung* Nr. 572, 5.8.1925 und *Kölnische Volkszeitung* Nr. 604, 17.8.1925.

auswärtige Festredner immer wieder dem Ideal einer monolithischen Einheit der deutschen Nation huldigten, so konnten sie die vielbeschworene nationale Zusammenarbeit über Partei- und Ländergrenzen hinweg ~~dennoch~~ nicht einfach herbeireden. Daher haben die Jahrtausendfeiern an den innenpolitischen Verhältnissen des Reiches nichts zu bewegen vermocht; dagegen schien das Spektakel am Rhein die ersten Erfolge des Verständigungskurses des Auswärtigen Amtes[38] ernsthaft zu gefährden.

3. Das Echo

Es ist nur allzu verständlich, daß die französische Militärverwaltung auf die patriotischen Kundgebungen anläßlich der rheinischen Jahrtausendfeiern empfindlich reagierte. Ein gezielter Blick in die Presse der besetzten Gebiete mußte ihren von Anfang an gehegten Verdacht bestätigen, daß die Millenniumsfeiern auf ein marginales, nahezu unbekanntes historisches Datum zurückzuführen seien und lediglich als Vorwand für kostspielige nationalistische Demonstrationen dienten, daß die spektakulären Veranstaltungen im übrigen von höchster Stelle propagiert und protegiert wurden und vor allem die Besatzungsmächte provozieren[39] sollten. Da das *Haut*

38 Die mit dem Namen Gustav Stresemann verbundene Politik der friedlichen Revision des Versailler Vertrages und der Reintegration des Reiches in das Konzert der Weltmächte hatte im Rahmen der Londoner Konferenz (Juli/August 1924) zu ersten Erfolgen geführt: Dort war es Deutschland und den Alliierten gelungen, die Reparationsfrage auf der Grundlage des Dawes-Plans befriedigend zu lösen und auf diese Weise aus dem Schatten des Versailler Diktats zu treten; das Londoner Protokoll markierte eine entscheidende Wende in den internationalen Beziehungen nach dem 1. Weltkrieg. Vgl. dazu ausführlich: J. Bariéty, *Les Relations franco-allemandes après la Première Guerre Mondiale. 10 novembre 1918 – 10 janvier 1925. De l'exécution à la négociation*, Paris 1977, S. 509ff., und P. Krüger, *Die Außenpolitik der Republik von Weimar*, Darmstadt 1985, S. 205ff. K.-H. Pohl, a.a.O., kommt das unbestreitbare Verdienst zu, am Beispiel der rheinischen Jahrtausendfeiern innenpolitische Voraussetzungen – und Hindernisse – des Verständigungsexperiments aufgezeigt zu haben.

39 Es gehörte in den Aufgabenbereich des *Service Presse et Information*, die rheinische und reichsdeutsche Presse gründlich zu studieren und in Ausschnitten zu archivieren. Tirard pflegte seine regelmäßigen Berichte an das Außenministerium in Paris gelegentlich mit einschlägigen Presseausschnitten zu dokumentieren – ein Verfahren, das vor allem seine Berichterstattung über die Millenniumsfeiern im Rheinland prägte. Vgl. etwa ein Schreiben vom 28.5.1925 an Briand, dem aussagekräftige Artikel aus der *Rheinischen Zeitung* und der *Kölnischen Zeitung* beigefügt waren, welche Tirard mit folgendem Kommentar versah: »Leur lecture permet de se convaincre du caractère politique des fêtes du Millénaire et de leur connexion avec les questions d'occupation. J'attire votre attention sur ces articles et je souligne l'aveu de la *Kölnische Zeitung* constatant que la date de 925 était jusqu'à ces derniers temps complètement ignorée, même des gens très instruits.« Vgl. auch ein Schreiben des Koblenzer Oberdelegierten Wimpffen vom 7.5.1925 an Tirard, dessen Diktion bedeutend aggressiver war und an Klarheit nichts zu wünschen übrig ließ: »Les raisons qui ont fait surgir l'idée d'une manifestation aussi générale n'ont rien de commun avec cette nécessité subite de rappeler une date d'histoire et d'en célébrer l'anniversaire. ... Le seul but, le seul vrai, est de tirer vengeance de la peur qui a secoué l'Allemagne à des dates récentes et d'obtenir cette revanche en nous bravant. Ce n'est pas tout. Dans la fumée d'orgueil qui obscurcit son jugement, elle veut encore éprouver, par l'essai de nos

Commissariat français in den lärmenden nationalistischen Umtrieben, die es in den Sommermonaten des Jahres 1925 erwartete, wohl zu Recht massive Proteste gegen die Rheinlandbesetzung witterte[40], beschloß es, in das Geschehen einzugreifen, um den politischen Schaden zu begrenzen, der Frankreich – mehr als Belgien oder Großbritannien – aus den Millenniumsfeiern erwuchs.

Ursprünglich dachte die französische Besatzungsmacht offenbar daran, die Feiern generell zu untersagen[41], rückte aber bald von diesem Plan wieder ab und besann sich auf eine flexiblere Strategie: Auf Anregung ihres französischen Partners beschäftigte sich die Interalliierte Rheinlandkommission schließlich mit den bevorstehenden Jahrtausendfeiern und fand einen *modus vivendi*, nach dem alle Veranstaltungen, die in geschlossenen Räumen stattfanden und den kritischen Blicken der Besatzungsmächte auf diese Weise entzogen waren, keiner weiteren Genehmigung durch die Alliierten mehr bedurften, während Kundgebungen unter freiem Himmel nach Möglichkeit verhindert werden sollten[42]. Obgleich Sicherheitserwägungen vorgeschoben wurden, um das Verbot solcher Versammlungen zu rechtfertigen, dürfte es kaum von der Hand zu weisen sein, daß die Besatzungsmächte, allen voran die französische, ein legitimes Interesse daran hatten, das Ausmaß der Demonstrationen gegen das Besatzungsstatut und für eine Wiedervereinigung mit dem Reich vor den Augen der Weltöffentlichkeit zu verbergen[43]; sie irrten jedoch in der Annahme, die öffentliche Meinung ließe sich

réactions, la certitude dans laquelle nous sommes de notre droit de rester jusqu'à nouvel ordre sur le Rhin.« – AN, AJ^9 5288.

40 Auch auf deutscher Seite machte man keinen Hehl daraus, »... daß man an eine solche Feier nicht gedacht haben würde, wenn das Rheinland nicht besetzt wäre. Die ganze Sache erklärt sich nur als Reaktion gegen über den französischen Annexionsansprüchen und den Behauptungen französischer Historiker, das Rheinland sei nicht deutsch, sondern *rheinfränkisch*.« So Ministerialdirektor Köpke vom Auswärtigen Amt in einer Aufzeichnung vom 27.2.1925 – PAAA Polit. Abteilung IIa, Bes. Gebiete, Tausendjahrfeier Bd. 1.

41 Dies geht aus einem Schreiben Briands an Tirard vom 20.2.1925 hervor, in dem der französische Außenminister von einem generellen Verbot der anstehenden Feiern ausdrücklich abriet. – AN, AJ^9 5288.

42 Vgl. folgende Passagen eines Protokolls, das die Ergebnisse einer Sitzung des Sicherheitsausschusses der *H.C.I.T.R.* vom 4.3.1925 zusammenfaßt: »La Haute Commission n'a certainement pas l'intention d'empêcher la population des Territoires Occupés de célébrer l'anniversaire d'un événement de son histoire, mais, en raison du caractère de certaines fêtes qui paraissent projetées et en raison de l'ampleur du programme, elle ne peut pas s'en désintéresser. Dès maintenant ... il semble que certaines fêtes en projet ne peuvent pas présenter de grands inconvéniants, tels sont les expositions, concerts, représentations théâtrales, conférences et en général les manifestations en lieux clos. Par contre, la Haute Commission voit avec une réelle appréhension certains projets pour lesquels elle ne pourrait émettre un avis favorable s'ils devaient se réaliser, telles sont les manifestations qui, par leur caractère extérieur, leur allure de cortège sur la voie publique, le rassemblement considérable de population ..., qu'ils provoqueraient, sont de nature à nuire à la sécurité des Armées d'occupation et à porter préjudice à la politique d'apaisement recherchée actuellement.« – Ebd.

43 Welche Pein das Spektakel am Rhein der französischen Militärverwaltung bereitete, dokumentiert ein Schreiben des Bonner Delegierten der Rheinlandkommission, Gelin, vom 30.4.1925 an Tirard, in dem der Delegierte sich recht unwirsch äußerte und für hartes Durchgreifen plädierte: »Si ces fêtes-là ne sont pas une provocation dans leur forme, elles le sont néanmoins dans l'esprit et des organisateurs et de la plupart des participants

auf diesem Wege über den Anachronismus hinwegtäuschen, zu dem die Rheinlandbesetzung vor dem Hintergrund der gewandelten internationalen Beziehungen geworden war, denn gerade ihre gezielten Interventionen brachten ihnen den Tadel ein, »...[d'avoir] commis là un abus de pouvoir absolument contraire aux accords de Londres«[44]. Dagegen wandten die Alliierten ein, daß bereits die Jahrtausendfeiern als solche dem Geist des Londoner Abkommens widersprächen und politisch inopportun seien.

Das Beispiel der Koblenzer Millenniumsfeiern zeigt, daß die in arge Bedrängnis geratene französische Besatzungsmacht in der Tat bemüht war, allfällige Vorwürfe von sich abzuwenden und der deutschen Kommunalverwaltung die Schuld zuzuweisen: Der zuständige Oberdelegierte der Rheinlandkommission, Wimpffen, statuierte in Koblenz, dem Sitz der Hohen Kommission, der interalliierten Militärverwaltung zu Ehren ein Exempel, von dem er sich eine nachhaltige Wirkung auf das Geschehen in den übrigen Kommunen der Rheinprovinz versprach[45]. Wimpffen legte die Richtlinien der Interalliierten Kommission besonders restriktiv aus und achtete peinlich genau darauf, daß sämtliche Veranstaltungen unter freiem Himmel aus dem Festkalender der rheinischen Verwaltungsmetropole gestrichen wurden[46]. Die kompromißlose Haltung, die der Koblenzer Delegierte vorführte, wurde von seinen Kollegen oft nicht geteilt. Diese sahen den Jahrtausendfeiern offenbar recht gelassen entgegen. Der Bonner Delegierte Gelin, der seine permissive Einstellung später jedoch korrigieren sollte[47], unterbreitete zunächst den bemerkenswerten Vorschlag, »... qu'on pourrait se borner à interdire les défilés à l'allure militaire ..., mais qu'on peut autoriser les réunions, représentations etc. ... dans les salles de spectacles ou de concert, ainsi que les réjouissances populaires sur la voie publique accompagnées d'exhibitions artistiques ou historiques, n'allant pourtant pas jusqu'à faire défiler dans les rues des troupes en uniforme prussien de 1870«, und fügte in einem Nachsatz hinzu, »... [qu'] on pourrait, si les cortèges historiques sont autorisés, limiter la reconstitution à 1815«[48]. Es konnte dem Oberbürgermeister von Koblenz nicht entgehen, daß die französische Besatzungsmacht nicht überall mit der gleichen Entschlossenheit und Härte intervenierte, die Wimpffen an den Tag legte. Russell protestierte denn auch heftig gegen die Sonder-

et des spectateurs. ... Pour qui sait que les Allemands ont le patriotisme exclusif et que leur amour de la Patrie va de pair avec une xénophobie maladive, il est certain que cette célébration perpétuelle du germanisme équivaut, dans l'esprit des auditeurs, à l'excitation contre l'étranger, et, en particulier, contre nous, les occupants. Dans ces conditions, j'émets l'avis très ferme que ... il y a lieu d'interdire totalement les fêtes du millénaire en Territoires Occupés.« – Ebd.

44 Cochet, der Trierer Delegierte, in einem Schreiben vom 11.5.1925 an Tirard – Ebd.

45 Wimpffen erläuterte sein Vorgehen in einem Schreiben an Tirard vom 7.5.1925 folgendermaßen: »... nous concluons à la nécessité suprême ... de montrer avant tout que nous ne voulons pas être dupés. ... En ces matières, les événements qui se passent à Coblence, siège de la Haute Commission, siège du Haut Commissariat français, capitale administrative, ont une importance exemplaire. Ils créent des précédents. La dernière commune se conformera, toute proportion gardée, à ce qui à été fait à la résidence.« – Ebd.

46 Vgl. die Angaben des Delegierten in einem Tätigkeitsbericht vom 30.4.1925 – Ebd.

47 S.o. Anm. 43.

48 Gelin in einem Schreiben an Roussellier vom 14.3.1925 – Ebd.

behandlung seiner Stadt im Hinblick auf die Millenniumsfeiern. Er begründete seine wiederholten Beschwerden weniger mit der obligaten Feststellung, die Eingriffe der französischen Militärverwaltung fielen hinter den Geist des Londoner Protokolls zurück, als vielmehr mit dem Umstand, daß er nunmehr vor der ganzen Stadt bloßgestellt sei, da er durch pragmatisches Einlenken nichts habe erreichen können und nur auf granitene Unnachgiebigkeit des Oberdelegierten gestoßen sei, während andere Kommunen zahlreiche Privilegien hätten herausschlagen können[49]. Die Klagen, die das Koblenzer Stadtoberhaupt vorbrachte, verrieten kein großes Verhandlungsgeschick; sie mußten im *Haut Commissariat français* sogar den Eindruck hinterlassen, nicht das kategorische Nein Wimpffens zu bestimmten als riskant eingestuften Festkundgebungen habe die Empörung der Bevölkerung hervorgerufen, sondern die kompromißbereite Reaktion Russells. Das Verhalten des Bürgermeisters hat es der französischen Militärverwaltung in der Tat erleichtert, von eigenen Fehlern im Tauziehen um das rheinische Millennium abzulenken und ihre Autorität als Besatzungsmacht zu unterstreichen.

Der deutsch-französische Konflikt, der sich in den besetzten Gebieten an den Jahrtausendfeiern entzündet hatte, weitete sich aus, da das Außenministerium in Paris den Selbstbehauptungswillen der am Rhein stationierten Militärs tatkräftig unterstützte. Wenige Tage nach der Eröffnung der großen Jahrtausendausstellung in den Kölner Messehallen wurde der französische Botschafter La Margerie im Auswärtigen Amt in Berlin vorstellig[50] und unterrichtete Staatssekretär Schubert in einer Unterredung über

49 Vgl. ein ausführliches Schreiben Russells vom 4.7.1925 an Wimpffen: »...Durch diese unterschiedliche Behandlung der Stadt Coblenz ist eine große Verbitterung in der Bevölkerung eingetreten. Sie bezieht sich vor allem auf die durch jene Anordnungen hervorgerufene Fernhaltung des Publikums von den offiziellen Veranstaltungen, auf das Verbot des Deutschlandliedes und des Feuerwerkes. Es herrscht deshalb gegen die Stadtverwaltung, insbesondere gegen meine Person, derzeit ein Unwille in der Stadt, der dem im Jahre 1923 in weiten Kreisen der Bevölkerung gegen mich erhobenen Vorwurf der Franzosen- und Separatistenfreundschaft ähnelt und im Ausmaß sogar übersteigt ... So wird mir in weiten Schichten der Bevölkerung vorgeworfen, daß ich nicht den Mut gehabt hätte, der Besatzungsbehörde bei der ersten Einschränkung des Programms kategorisch zu erklären, daß wegen dieses Eingriffes nunmehr die ganze Veranstaltung aufgegeben würde. So nah mir dieser Gedanke lag, so habe ich es doch als Verwaltungsbeamter für richtig gehalten, mich nicht trotzig abzuwenden, sondern zu versuchen, im Rahmen der gestatteten Veranstaltungen ein würdiges Fest zu begehen. Man macht mich für diese Zurücksetzung anderen Städten gegenüber verantwortlich unter Hinweis auf die dort von der Stadtverwaltung errungene Freiheit.« – LHAK 403 – 15013, Bll. 123-129, hier Bl. 125f.

50 Unmittelbarer Anlaß für die Demarche des französischen Botschafters war die Befürchtung, der Auftakt der Jahrtausendfeiern in Köln könne den Verantwortlichen entgleiten und in lärmende Proteste gegen die verzögerte Räumung der Kölner Zone umschlagen. Frankreich hatte die fristgerechte Räumung verweigert, da es der Reichsregierung Versäumnisse auf dem Gebiet der Entwaffnung und Abrüstungskontrolle vorwarf. Vgl. dazu: P. Krüger, a.a.O., S. 259ff. Auch der britische Außenminister Chamberlain zeigte sich indigniert über die Millenniumsfeiern; am 15.5.1925 wandte sich Lord D'Abernon, der englische Botschafter, im Auftrage seines Dienstherrn an das Auswärtige Amt, um die britischen Bedenken vorzubringen. Vgl. ein Telegramm Schuberts vom gleichen Tag an den deutschen Botschafter in London – PAAA Polit. Abteilung IIa, Bes. Gebiete,

die Irritationen, die das Spektakel in den Amtsstuben des *Quai d'Orsay* ausgelöst hatte: Auch in Paris habe man registriert, daß die überlieferten Ereignisse des Jahres 925 nicht so recht zu der aufwendigen Inszenierung der Gedächtnisfeiern passen wollten, und hege daher den Verdacht, das Millennium sei lediglich ein Vorwand für »pangermanistische« Demonstrationen, welche die interalliierte Militärverwaltung der besetzten Gebiete in Mißkredit bringen sollten; man wolle darauf hinweisen, daß Frankreich die Reichsregierung für Zwischenfälle und Ausschreitungen im Zusammenhang mit den Jahrtausendfeiern zur Verantwortung ziehen und ihr auch Rückschläge auf dem Weg zur Normalisierung der internationalen Beziehungen anlasten werde[51]. Die diplomatische Intervention des französischen Außenministeriums deckte nicht nur die im Auftrag der Rheinlandkommission vorgenommenen Eingriffe in das Geschehen vor Ort, mehr noch, der *Quai d'Orsay* fuhr auf diese Weise schweres Geschütz auf, das seine Wirkung nicht verfehlen sollte.

Die Aussicht, der mühsam in die Wege geleitete Prozeß einer allmählichen Entkrampfung des Verhältnisses zwischen dem Reich und den ehemaligen Alliierten könne durch unliebsame Komplikationen im Rahmen der Millenniumsfeiern ernsthaft gefährdet sein, mußte das Auswärtige Amt alarmieren und provozieren. Das Außenministerium hatte jedoch unterschiedliche Interessen zu berücksichtigen und zu vertreten, die sich aus dem komplizierten administrativen und politischen Gefüge des Weimarer Staates ergaben, und tat daher gut daran, besonnen zu handeln. Zunächst setzte das Auswärtige Amt alles daran, um die sich abzeichnende internationale Verständigung über eine gerechte Nachkriegsordnung nicht fahrlässig aufs Spiel zu setzen: Staatssekretär Schubert erwiderte dem französischen Botschafter, daß die Reichsregierung keinerlei Verantwortung für die Jahrtausendfeiern trage, da die Initiative nicht von Berlin, sondern von der Provinz selbst ausgegangen sei, ja, daß sie unter den obwaltenden Umständen sogar wünsche, die Feiern mögen bescheidener ausfallen als nun vorgesehen, sei der Beschluß zu den Millenniumsfeiern doch zu einer Zeit gefällt worden, als niemand den Aufschub der Räumung Kölns habe erahnen können[52]. Während das Ministerium nach außen den distanzierten Beobachter der Ereignisse mimte und jede Verstrickung der Reichsregierung in die Jahrtausendfeiern dementierte, wirkte es nach innen dämpfend auf das Geschehen ein, um unnötige Konflikte mit den Besatzungsmächten zu vermeiden[53].

Tausendjahrfeier Bd. 1.

51 Vgl. die übereinstimmenden Aufzeichnungen Schuberts vom 21.5.1925 – Ebd., und La Margeries vom 22.5.1925 – AMAE Europe 1918-1929 Rive Gauche du Rhin, Bd. 24, Bll. 190-192.

52 Vgl. die eben genannten Protokolle Schuberts und La Margeries.

53 Vgl. ein Schreiben des Außenministers an den Preußischen Ministerpräsidenten vom 25.5.1925: »...Inzwischen haben sich hier die Anzeichen dafür gemehrt, daß nicht nur die Französische, sondern auch die Britische Regierung ... sehr ernsthaft mit der Möglichkeit rechnen, diese Veranstaltungen könnten mit Wissen und Willen der Zentralstellen des Reiches und der Länder den Charakter geräuschvoller Demonstrationen gegen die Alliierten annehmen und zu Zwischenfällen führen, die eine befriedigende Lösung der zur Zeit schwebenden großen außenpolitischen Probleme aufs Äußerste zu gefährden geeignet sind. ... Wenn auch nach meiner Überzeugung diese Befürchtungen im allgemeinen unbegründet, zum mindesten aber stark übertrieben sind, so darf doch nicht

Den wohl spektakulärsten innenpolitischen Erfolg errang das Auswärtige Amt, als es ihm gelang, die Teilnahme des neuen Staatsoberhauptes von Hindenburg am Festakt in Düsseldorf zu verhindern[54]; dies wäre zweifellos ein riskantes Unternehmen gewesen, hatte das Ausland die Wahl des legendären Siegers von Tannenberg doch ausgesprochen reserviert aufgenommen, da es das Ergebnis dieses Urnengangs als ein über die innenpolitischen Verhältnisse der jungen Republik hinausweisendes Signal interpretierte, welches langfristig wenig Gutes für die angestrebte Fortsetzung der Friedens- und Verständigungspolitik zu verheißen schien. Welche Bedeutung man gerade in den besetzten Gebieten ausländischen Reaktionen auf die Wahl Hindenburgs beizumessen geneigt war, zeigten auch hartnäckige Gerüchte des Inhalts, daß die Eingriffe der Interalliierten Rheinlandkommission in den Ablauf der Jahrtausendfeiern vor allem als Protest der Besatzungsmächte gegen den Entscheid für den greisen Feldherrn aufzufassen seien[55]. Strapazierten die Millenniumsfeiern bereits als solche die Geduld der ehemaligen Alliierten, so hätte eine Teilnahme Hindenburgs an den offiziellen Jubiläumsveranstaltungen die Grenze des Zumutbaren wohl überschritten und zu einem Eklat geführt, dessen Folgen unabsehbar gewesen wären. Rücksicht auf die Gefühle der Besatzungsmächte war daher das Gebot der Stunde. Nicht alle Behörden, auf deren Zusammenarbeit das Auswärtige Amt angewiesen war, brachten indessen Verständnis für das Einlenken der Wilhelmstraße auf. Während Preußen offenbar loyal kooperierte[56], opponierte das Reichsministerium für die besetzten Gebiete gegen das behutsame Vorgehen des Außenministeriums und vertrat eine vergleichsweise aggres-

verkannt werden, daß insbesondere in französischen Militärkreisen eine starke Gegnerschaft gegen die Räumung der ersten Besatzungszone wie gegen eine Milderung des Besatzungsregimes überhaupt besteht, und daß voraussichtlich diese Kreise jeden Zwischenfall benutzen würden, um die Regelung der schwebenden außenpolitischen Fragen in einem uns ungünstigen Sinne zu beeinflussen. Im Hinblick auf die Herkunft und die Art der mir zugegangenen Nachrichten sehe ich mich deshalb veranlaßt, eindringlichst darauf hinzuweisen, wie notwendig es angesichts der Voreingenommenheit ist, mit der die Regierungen der Besatzungsmächte der Jahrtausendfeier überhaupt gegenüberstehen, daß ... nach Möglichkeit solche Veranstaltungen vermieden werden, welche die Gefahr von Zwischenfällen in sich tragen, die von der Gegenseite für ihre Zwecke ausgebeutet werden können.« – PAAA Polit. Abteilung IIa, Bes. Gebiete, Tausendjahrfeier, Bd. 1.

54 In einem Schreiben vom 3.6.1925 teilte Hindenburg Oberpräsident Fuchs mit, daß er von einer Teilnahme am offiziellen Festakt der Jahrtausendfeiern nunmehr absehe. – LHAK 403-15012, Bl. 151.

55 Das berichtete Cochet, der Delegierte der *H.C.I.T.R.* in Trier, in einem Schreiben vom 11.5.1925 an Tirard. – AN, AJ^9 5288.

56 Vgl. die zentrale These von K.H. Pohl, a.a.O., S. 316: »... Nicht zuletzt durch die Unterstützung des Preußischen Staatsministeriums erreichte das Auswärtige Amt, daß der bisherigen Verschleppungstaktik der Alliierten in der Frage der Räumung des Sanktionsgebietes der Boden entzogen wurde. Die preußische Regierung sorgte dafür, daß die Jahrtausendfeiern nicht ausarteten, und nahm damit der Reichsregierung in diesem wichtigen Punkt die innenpolitische Absicherung der Außenpolitik ab.« Die Loyalität der preußischen Staatsregierung soll hier nicht in Abrede gestellt werden, jedoch sei in Erinnerung gerufen, daß Preußen auf der anderen Seite die Millenniumsfeiern willkommen hieß, boten sie doch die einmalige Chance, das den Zeitumständen zum Opfer gefallene Jubiläum „Hundert Jahre Preußische Rheinprovinz" in angemessenem Rahmen nachzuholen.

sive Millenniumspolitik gegenüber den Besatzungsmächten[57]; die unbeugsame Haltung des Reichsministers für die besetzten Gebiete resultierte aus dem Umstand, daß er es als seine Pflicht erachtete, die Interessen der rheinischen Kommunen in der Reichsregierung prononciert zu vertreten, und darin eine Chance sah, sich im Kreise seiner Kabinettskollegen zu profilieren[58]. Indem das Außenministerium sich in der Kunst des vorsichtigen Taktierens übte und bemüht war, den Lärm zu dämpfen, den die rheinischen Jahrtausendfeiern im In- und Ausland verursachten, folgte es der Erkenntnis, daß nach dem hoffnungsvollen Auftakt der Londoner Konferenz viel auf dem Spiel stand und Einlenken geboten war, wollte man die bisherigen Erfolge auf dem Weg zur angestrebten Wiedereingliederung des Reiches in das Konzert der Mächte nicht leichtfertig verspielen.

Das Auswärtige Amt beschränkte sich jedoch nicht darauf, beschwichtigend in das Geschehen einzugreifen: Es versäumte nicht, die vitalen Interessen des Reiches an den Millenniumsfeiern zu vertreten und energisch gegen die Einschränkungen der Jubelfeiern im Rheinland zu protestieren, welche die interalliierte Militärverwaltung verfügt hatte, und veranlaßte seine in Paris, London und Brüssel akkreditierten Botschafter, in geeignetem Sinne zu intervenieren[59]. Die Einwände, die der deutsche Botschafter in der französischen Hauptstadt pflichtgemäß vorbrachte[60], vermochten nicht zu überzeugen, im Gegenteil, sie stimmten den Hausherrn des *Quai d'Orsay* immer verdrießlicher. Während Briand sich zunächst damit begnügte, die Reichsregierung darauf hinzuweisen, daß solcherlei Beschwerden nicht an ihn, sondern die Hohe Kommission oder ihre Delegierten vor Ort zu richten seien[61], konnte er später nicht umhin, seiner Enttäuschung über die deutschen Protestnoten Ausdruck zu verleihen, da diese bewiesen, daß die Reichsregierung die Verständigung mit den Alliierten offenbar gar nicht oder nur halbherzig wolle, und daher die französischen Vorleistungen in London noch nachträglich desavouierten[62]. Den französischen Antwortnoten

57 Vgl. ebd., S. 304ff.

58 Der Reichsminister für die besetzten Gebiete hatte beispielsweise die Federführung in Sachen Jahrtausendfeiern gegen seine Kollegen, vor allem den Reichsminister des Innern, mühsam verteidigen müssen. Vgl. ein Schreiben des Ministers zur *Zuständigkeit für die mit der Tausendjahrfeier der Rheinlande zusammenhängenden Veranstaltungen im besetzten Gebiet* vom 20.2.1925 an den Reichspräsidenten, den Reichskanzler und sämtliche Reichsminister – PAAA Polit. Abteilung IIa, Bes. Gebiete, Tausendjahrfeier Bd. 1.

59 Vgl. die Anweisung des Außenministers vom 26.6.1925, nach welcher die Botschafter die belgische, britische und französische Regierung darauf drängen sollten, »...daß die von der Rheinlandkommission erlassenen Richtlinien nach Möglichkeit gemildert und daß, soweit sie bestehen bleiben sollten, die mit ihrer Ausführung betreuten Organe veranlaßt werden, sie in liberalem und entgegenkommendem Geiste zu handhaben und von der Möglichkeit, Ausnahmen zuzulassen, reichen Gebrauch machen.« – Ebd.

60 Der deutsche Botschafter in Paris, von Hoesch, überreichte am 6.7.1925 und am 5.8.1925 dem *Quai d'Orsay* entsprechende Protestnoten. – PAAA Polit. Abteilung IIa, Bes. Gebiete, Tausendjahrfeier Bd. 2.

61 Vgl. die Antwortnote Briands vom 11.7.1925 – AMAE Europe 1918-1929 Rive Gauche du Rhin, Bd. 25, Bl. 183f.

62 Vgl. Briands Antwortschreiben vom 6.8.1925 – Ebd., Bll. 246-248: »Je crois devoir appeler votre attention sur le fait que certaines des communications adressées ces temps par votre Ambassade au Ministre des Affaires Étrangères sont de nature à donner

war zwischen den Zeilen zu entnehmen, welche Überwindung Paris die Unterzeichnung des Londoner Abkommens gekostet haben mag und welches Entgegenkommen es aus Berlin als Anerkennung für seine Verständigungsbereitschaft erwartete. Als sich herausstellte, daß die Reichsregierung die rheinischen Jahrtausendfeiern nicht nur begrüßte, sondern auch finanziell unterstützte, fühlte sich die französische Regierung in ihren hochgespannten Erwartungen gründlich getäuscht; die diplomatischen Proteste gegen die Beschneidung des Festprogramms in den besetzten Gebieten mußten sie deshalb um so mehr irritieren.

Die Verstimmung, welche die Millenniumsfeiern im *Quai d'Orsay* hervorgerufen hatten, war jedoch von kurzer Dauer und sicher nicht Ausdruck eines dramatischen Stimmungsumschwungs, der die neue Entspannungspolitik tatsächlich hätte gefährden können, sondern vielmehr die Folge eines Mißverständnisses. Frankreichs Diplomatie hatte über die Zugeständnisse, die sie sich am Londoner Verhandlungstisch abgerungen haben mochte, die Fußangeln übersehen, welche die öffentliche Meinung den Politikern zu stellen pflegt: 1925 zeigte sich, daß es den Deutschen – und gewiß nicht nur ihnen – an der notwendigen inneren Abrüstung fehlte, die ein erfolgreicher Friedens- und Entspannungskurs ihrer Regierung erforderte. Erst angesichts der Wahl Hindenburgs zum Reichspräsidenten und den Jahrtausendfeiern im besetzten Rheinland wurde den Verantwortlichen in Paris schmerzlich bewußt, daß die nationalistisch angeheizte Stimmung im Reich offenbar weit hinter den in London erzielten Fortschritten der internationalen Diplomatie zurückblieb. Dem Rat seines Botschafters in Paris folgend[63], neigte auch das Auswärtige Amt in Berlin der Interpretation zu, die Verärgerung im *Quai d'Orsay* über die Jubelfeiern in der Rheinprovinz entspreche einer Fehleinschätzung der unmittelbaren Folgen der französischen Politik einerseits und des vitalen deutschen Interesses an den Jahrtausendfeiern andererseits, und sah schließlich davon ab, die Dinge voreilig zu dramatisieren.

So war die Erwiderung der Reichsregierung auf die Interventionen der Interalliierten Rheinlandkommission in den Ablauf der rheinischen Jahrtausendfeiern doppelgesichtig: Auf der einen Seite nahm sie die diplomatischen Vorstellungen der Besatzungs-

l'impression que le Gouvernement allemand est moins désireux qu'on ne pourrait s'y attendre de répondre par une attitude conciliante à la politique d'apaisement que le Gouvernement français, ainsi d'ailleurs que les Gouvernements alliés, poursuit avec persévérance depuis la signature du Protocole de Londres. ... D'une manière générale, les [Autorités allemandes] ... s'efforcent de jeter le trouble dans l'esprit public et d'exciter contre un état de choses résultant du Traité une population qui ne désire que l'ordre et la paix. Le Gouvernement français est vivement désireux de persévérer dans la politique d'apaisement ..., mais une telle attitude pourrait lui devenir impossible à la longue, s'il ne pouvait compter sur une certaine réciprocité et s'il continuait à ne pas rencontrer du côté du Gouvernement allemand la bonne volonté qu'il se croyait en droit d'en attendre.«

63 Vgl. ein Telegramm Hoeschs vom 8.8.1925 an das Auswärtige Amt: »Demarche Margeries und ärgerlicher Ton französischer Note wegen Jahrtausendfeier werden daraus zu erklären sein, daß Französische Regierung geglaubt hat, Haltung Besatzungsstellen sei Beweis größter Toleranz und weiten Entgegenkommens und würde auch deutscherseits als solche gewürdigt werden, so daß man jetzt enttäuscht und verärgert ist, von uns statt Anerkennung Beschwerde geerntet zu haben. ...« – PAAA Polit. Abteilung IIa, Bes. Gebiete, Tausendjahrfeier Bd. 2.

mächte zunächst ernst und griff beschwichtigend in das Geschehen ein; auf der anderen Seite scheute sie sich später nicht, dezidiert die deutsche Position in der Frage der Jubelfeiern zu vertreten und einen diplomatischen Dissens zu riskieren.

Die Sorgen, welche das Spektakel des rheinischen Millenniums dem Auswärtigen Amt bereiteten, waren letztlich ephemer. Die Besatzungsmächte und die für Polizeifragen zuständigen preußischen Stellen stimmten – sichtlich erleichtert – darin überein, daß es zu den beiderseits gefürchteten Zwischenfällen und Ausschreitungen nicht gekommen sei und die von der Militärverwaltung geduldeten Feiern einen glimpflichen Verlauf genommen hätten[64]. Überhaupt haben die Ereignisse am Rhein die Verhandlungen offenbar nicht beeinträchtigt, die im Oktober des Jahres 1925 nach Locarno und zu spürbaren Erleichterungen für die besetzten Gebiete führten. Daraus sollte jedoch nicht der Schluß gezogen werden, die Jahrtausendfeiern hätten viel Lärm um nichts verursacht: Immerhin sorgten sie für erhebliche Aufregung in den europäischen Hauptstädten. Darin lag auch ihr spektakulärer Erfolg begründet, der sie über die übrigen Versuche des Reiches, Preußens und der Rheinprovinz, der französischen Kulturpolitik am Rhein eine ernstzunehmende staatliche Gegenpropaganda an die Seite zu stellen, heraushob. Dazu dürfte auch der Umstand beigetragen haben, daß die Millenniumsfeiern auf nationalem Konsens beruhten und gleichzeitig egoistische Interessen der verschiedenen an der Inszenierung des Spektakels beteiligten amtlichen Stellen zu beherbergen vermochten; jedenfalls wurde der Erfolg der Jahrtausendfeiern keineswegs dadurch geschmälert, daß ihr *spiritus rector*, die rheinische Provinzialverwaltung, hoffte, durch geräuschvolle Bekundungen patriotischer Gesinnung anläßlich des Millenniums die einstigen Rufe »Los von Berlin« übertönen zu können, während Preußen dieses Gedächtnis willkommen hieß, da es die einmalige Gelegenheit zu bieten schien, das 1915 verpaßte Jubiläum »Hundert Jahre Preußische Rheinprovinz« in gebührender Form nachzuholen. All dies vermag nicht darüber hinwegzutäuschen, daß die rheinischen Jahrtausendfeiern eine paradoxe Erscheinung waren – erfolgreich und folgenlos zugleich.

64 Vgl. einen Kommentar des preußischen Innenministers vom 24.7.1925 über den »bisherigen Verlauf der *Rheinischen Jahrtausendfeiern*«: »... So sehr diese und andere Eingriffe der Besatzungsbehörden bei der betroffenen Bevölkerung berechtigten Unmut und Verärgerung hervorgerufen haben, so haben sie im Endergebnis doch weder den erhebenden Verlauf der Jahrtausend-Feierlichkeiten insgesamt wesentlich beeinträchtigen, noch die Bevölkerung zu unliebsamen Zwischenfällen oder gar Ausschreitungen veranlassen können.« – Ebd. Wimpffen konstatierte bereits am 21.6.1925, unmittelbar nach den offiziellen Feierlichkeiten in der rheinischen Verwaltungshauptstadt Koblenz, mit großer Genugtuung: »Les fêtes officielles organisées à Coblence ... à l'occasion du Millénaire se sont déroulées selon le programme fixé et n'ont donné lieu à aucun incident. La population a fait preuve d'un meilleur esprit de discipline.« – AN, AJ^9 5288.

C. Historische Argumente der Gegenpropaganda

Während Frankreichs historische Propaganda am Rhein jeden Verdacht, Paris plane langfristig eine Annexion des linken Rheinufers, zu zerstreuen suchte, unterstellte die deutsche Publizistik der französischen Regierung just diese Absicht. Sie ließ sich weder durch das Hohelied der zivilisatorischen Mission der Franzosen beeindrucken, welches der *Service Presse et Information* beharrlich anstimmte, noch auf eine Auseinandersetzung festlegen, welche allein die Geschichte der Rheinlande im Zeitalter der Französischen Revolution zum Gegenstand gehabt hätte; vielmehr verbreitete sie – nicht zuletzt unter dem Eindruck des Versailler Diktats – von Anfang an die Ansicht, Frankreich sei eine imperialistische Nation, die seit ihrer Entstehung unter den Kapetingern nachweislich immer wieder nach der Rheingrenze gegriffen habe. Die deutschen Historiker und Kolumnisten erblickten in Frankreich einen chronischen Aggressor und reagierten mit einer unbarmherzigen Abrechnung mit der Geschichte der expansionistischen Außenpolitik seiner Monarchen und Premiers auf die französische Propaganda. Sie relativierten die Bedeutung der Episode von 1792 bis 1815 für die rheinische Geschichte erheblich, indem sie den Export der Französischen Revolution nicht als eine zivilisatorische Großtat anerkannten, sondern in eine Serie von Attentaten auf die Rheingrenze eingliederten, welche die auswärtige Politik der französischen Könige mit derjenigen der republikanischen Regierungen zu verbinden schien. Das alles war nicht neu. Bereits E.M. Arndt hatte in seiner berühmten Schmähschrift *Der Rhein, Teutschlands Strom, aber nicht Teutschlands Gränze* aus dem Jahre 1813 kategorisch behauptet, die Franzosen hätten »Anlage zu einem Eroberervolke, aber wenig Anlage, das Eroberte zu gebrauchen«, schlimmer noch: sie seien »nicht bloß durch die Revolution so geworden, nicht bloß durch Napoleon über alles Maß hinausgetrieben«; vielmehr seien sie »so gewesen seit den Anfängen ihrer Geschichte« und würden »so seyn bis an das Ende derselben«[1]. Der Rhein war in seinen Augen das Symbol des französischen Expansionismus. Das Verdikt E.M. Arndts hat das Frankreichbild deutscher Historiker bis weit in das 20. Jahrhundert hinein geprägt[2]. Die Argumente der Gegenpropaganda wurden daher nicht erst in der Auseinandersetzung mit der französischen Kriegspublizistik entwickelt. Sie waren bereits in der historiographischen Tradition angelegt. Überhaupt spielten sowohl die französische Kriegspublizistik als auch die Geschichtspropaganda des *Haut Commissariat français* nur eine untergeordnete Rolle bei der Formulierung der deutschen Antwort[3]. Dies erklärt, weshalb es der Gegenpropaganda im allgemeinen an jener

1 E.M. Arndt, *Der Rhein, Teutschlands Strom, aber nicht Teutschlands Gränze*, o.O. 1813, S. 47.

2 Vgl. hierzu: H.-O. Sieburg, *Aspects de l'historiographie allemande sur la France entre 1871 et 1914*, in: *Francia 13* (1985), S. 61-78, und E. Schulin, *Das Frankreichbild deutscher Historiker in der Zeit der Weimarer Republik*, in: *Francia 4* (1976), S. 659-673.

3 A. Schulte ist einer der wenigen Historiker, die sich intensiv mit der französischen Rheinliteratur der Kriegsjahre auseinandergesetzt haben. Vgl. seine Kriegsschrift *Frankreich und das linke Rheinufer*, Stuttgart/Berlin 1918.

Schlagfertigkeit mangelte, die den publizistischen Schlagabtausch zu einer lohnenden Lektüre hätte werden lassen können. Die Schlagkraft der deutschen Abwehr litt jedoch vor allem darunter, daß die Beschäftigung mit der Geschichte des französischen „Imperialismus" schließlich in einen unerquicklichen Streit um die Identität der Rheinlande mündete, welcher die Gegenpropaganda auch noch von innen aushöhlen sollte.

1. Der Rhein als Symbol des französischen Nationalismus

Niemand in den besetzten Gebieten sollte glauben, Poincarés Griff nach der Rheingrenze sei »nur der Ausfluß eines augenblicklichen Siegerübermutes, einer temporären Psychose«, verkündete die rheinische Presse doch nahezu unisono, daß »ein kurzer Blick auf die französische Geschichte ... hier außerordentlich skeptisch [stimme], ... denn in der heutigen französischen Rheinpolitik [seien] noch dieselben Urkräfte und Tendenzen wirksam, die seit dem Zusammenschluß Frankreichs zu einem nationalen Staat, also seit etwa 600 Jahren, sein außenpolitisches Handeln schicksalhaft bestimmen«[4]. Es bedurfte daher eigentlich keiner besonderen Erwähnung mehr, daß »geschichtliche Rekapitulationen nicht geschenkt« werden könnten, da sie das einzige Mittel seien, um »den französischen Ausdehnungsdrang ... in seiner Verwurzelung und in seinen Triebkräften genau zu erkennen«[5]. Als zuverlässige Patrioten und loyale Staatsdiener haben rheinische – und reichsdeutsche – Historiker bereitwillig ihren Beitrag zur politisch-historischen Bildung der Bevölkerung in den besetzten Rheinlanden geleistet, welche die Sachlage zu erfordern schien[6]. Ihre Ausführungen kreisten um das Phänomen des französischen Nationalismus, das die deutsche Öffentlichkeit in der Folge des Versailler Vertrages abermals intensiv beschäftigte; anders als ihre Kollegen aus der Romanistik und Germanistik, sahen sie darin nicht allein eine Bewegung des 19. Jahrhunderts, sondern glaubten, mit dieser Bezeichnung die bisherige Geschichte Frankreichs auf einen Begriff bringen zu können[7]. Da das Nachbarland im Westen frühzeitig zu einem zentralistischen Territorialstaat geworden war und seine nationale Geschlossenheit auch nach außen zu demonstrieren schien, indem es über Jahrhunderte hinweg immer wieder zur Eroberung des linken Rheinufers ansetzte, lag es durchaus nahe, Frankreich zum Prototyp eines nationalistischen Staates zu erklären; der Griff nach dem Rhein wurde auf diese Weise zum Symbol des französischen

4 B. Rausch, *Von Ludwig bis Poincaré*, in: *Rheinische Zeitung* Nr. 3, 4.1.1923.

5 *Vom Leben des französischen Nationalismus*, in: *Kölnische Volkszeitung* Nr. 793, 30.10.1923.

6 Vgl. P. Wentzcke, *Rheinkampf*, Bd. 2, Berlin 1925, S. 10: »Immer stärker trat auch an mich die *Pflicht politischer Pädagogik* heran, die nach einem schönen Wort Theodor Mommsens jeder Geschichtsschreiber neuerer Zeit zu erfüllen hat: „er soll denen, für die er schreibt, ihre künftige Stellung zum Staat weisen und bestimmen helfen." Fünf Kampfjahre in der Stadt Düsseldorf ... zwangen den Gelehrten in die politische Bahn.«

7 So war es offenbar dem Romanisten E.R. Curtius, *Maurice Barrès und die geistigen Grundlagen des französischen Nationalismus*, Bonn 1921, und dem Germanisten E. Bertram, *Rheingenius und Génie du Rhin*, Bonn 1922, vorbehalten, sich mit der Galionsfigur der nationalen Rechten der Dritten Republik, Maurice Barrès, auseinanderzusetzen.

Nationalismus. Die in der publizistischen Auseinandersetzung um die Rheingrenze engagierten Historiker rekapitulierten in zahlreichen Traktaten ein ums andere Mal die Geschichte des gefürchteten Ausdehnungsdrangs und trichterten ihren Lesern die entscheidenden, meist mit großen Namen verbundenen, Etappen der französischen Eroberungen am Rhein in das Gedächtnis ein: Philipp der Schöne habe Frankreichs Expansionspolitik begründet, indem er die Grenze des Jahres 925 in Frage gestellt, Flandern in Abhängigkeit von der französischen Krone gebracht und auf diesem Wege einen Fuß auf das linke Rheinufer gesetzt habe[8]. Daher sei »... der deutsch-französische Gegensatz nicht erst ... aus der habsburgischen Umklammerung Frankreichs im 16. Jahrhundert erwachsen«[9], sondern gehe, zu Lasten der französischen Könige, bis in das Mittelalter zurück. Richelieu habe folglich weniger eine in die Defensive geratene als vielmehr eine seit alters her aggressive Nation in den Dreißigjährigen Krieg geführt; sein Name sei unauslöschlich mit dem Prinzip der sanften Annexion, der *pénétration pacifique* der Rheinlande, verbunden, welches er als erster 1629 in seinem *Politischen Testament* formuliert habe:

> Unmittelbar vor Ausbruch des Weltkriegs schon, der damals Europa zum ersten Mal ins Chaos stürzen und unzählige Kulturwerte unwiederbringlich vernichten sollte, hatte der Kirchenfürst von den Gelegenheiten geschrieben, *die Grenzen Frankreichs auszudehnen und seinen Ruhm zu mehren.* Als dann die inneren Wirren im Deutschen Reich aufs Höchste entbrannten und ganz Europa zum Tummelplatz fremder Söldnerscharen machten, riet er 1625 seinem Könige, einen Platz über den Rheinstrom, Breisach etwa oder Kehl, zu gewinnen. ... Deutlich zeigt sich hier in der Tat das alte Ziel französischer Rheinpolitik, das auch heute im Schatten eines neuen Weltkrieges, den Deutschland verloren, lebendig geworden ist. Um so bemerkenswerter aber wird der Vergleich der Mittel und Methoden, die Richelieus Politik beherrschten, mit dem zur Zeit beliebten Vorgehen der Pariser Machthaber. Vor drei hundert Jahren ... vermied Richelieu alle brutalen Formen, gab das Äußerste auf den Schein der Uninteressiertheit; er wartete geduldig auf Angebote und suchte nicht so sehr formenklare Erfolge, welche die Geister erregen und ihre Neigungen dem Gegner zuwenden; ... Deutlich tritt darin hervor, daß auch der weitere Leitsatz des „politischen Testaments" Richtschnur der [französischen] Staatskunst blieb: *Das muß langsam geschehen, mit viel Vorsicht und verdeckter Haltung.*[10]

Der in Auszügen wiedergegebene Artikel veranschaulicht exemplarisch, worauf die deutsche Gegenpropaganda offenbar besonderen Wert legte: die historische Retrospektive diente dem Nachweis, daß Frankreich seit den Tagen Philipps des Schönen nicht nur immer wieder zur Eroberung des linkes Rheinufers angesetzt, sondern auch weitgehend identische Mittel und Strategien eingesetzt habe. In der langen Geschichte der französischen Ausdehnungspolitik habe es neben gewaltsamen Eroberungen auch Ansätze zu einer gewaltlosen, schleichenden, Aneignung der Rheinlande gegeben. Da die französische Besatzungsmacht die Bestimmungen des Versailler Vertrages zu um-

8 So F. Steinbach, *Geschichte der deutschen Westgrenze.* Separatdruck aus dem Bericht der 13. Hauptversammlung der Gesellschaft von Freunden und Förderern der Rheinischen Friedrich-Wilhelms-Universität zu Bonn und der Landwirtschaftlichen Hochschule zu Bonn-Poppelsdorf am 26.7.1930, Bonn 1930, S. 6f. Vgl. auch F. Kern, *Die Anfänge der französischen Ausdehnungspolitik – bis zum Jahre 1308*, Tübingen 1910.

9 F. Steinbach, *Geschichte der deutschen Westgrenze*, S. 10.

10 *Kardinal Richelieus Staatsgrundsätze*, in: *Kölnische Zeitung* Nr. 104, 10.2.1923.

gehen und abermals aus dem Hinterhalt eine Annexion der Rheinlande zu betreiben schien, stellte die Gegenpropaganda – vermeintliche – historische Vorläufer der *pénétration pacifique* in den Vordergrund ihres Diskurses, um die Bevölkerung der besetzten Gebiete nachdrücklich vor den Gefahren einer langfristig angelegten friedlichen Durchdringung zu warnen[11]. Dies vermag auch zu erklären, weshalb die Analyse der französischen Deutschlandpolitik im Umfeld des Westfälischen Friedens einen verhältnismäßig breiten Raum einnahm, während die „Raub-" und Reunionspolitik Ludwigs XIV. in der einschlägigen Publizistik eher am Rande thematisiert wurde. Schriften vom Schlage der Broschüre *Französische Mordbrenner am Rhein*[12], in deren Vorwort dem Leser eine Art Martyriologium angekündigt wurde, in welchem »ein Elsässer aus alten Berichten und Bildern die Leiden darstellt, die das deutsche Volk, vor allem das Grenzdeutschtum längs des Rheins durch die Franzosen erlitt«, waren ausgesprochen rar, da sie in der Tat nicht geeignet schienen, die Politik der friedlichen Durchdringung zu erläutern und ihre Gefahren zu demonstrieren. In Frankreichs Garantie der *libertés germaniques* vermuteten die engagierten Historiker indessen nichts anderes als eine historische Manifestation der *pénétration pacifique*, die es den Bourbonen erlaubt habe, ihr Königreich ebenso unbemerkt wie ungeniert zu erweitern, und daher ungleich gefährlicher sei als die Eroberungsfeldzüge des Sonnenkönigs. Indem die Geschichtswissenschaftler – *cum ira et studio* – auf Frankreichs auswärtige Politik im 17. Jahrhundert zurückblickten, wollten sie nicht zuletzt den Anfängen einer zeitgemäßen Neuauflage dieser Strategie der klandestinen Arrondierungen wehren. Sie ließen indessen keine Zweifel darüber aufkommen, daß die Ausdehnungspolitik »nicht am Throne, nicht an der Dynastie [haftete]«[13], sondern das Jahr 1789 unbeschadet überlebte und unter veränderten Bedingungen und Rechtfertigungen fortgeführt wurde; schlimmer noch, »mit dem ganzen Staatswesen ist 1789 auch die Außenpolitik demokratisiert worden. Dadurch gewann sie einen viel weiteren Resonanzboden und eine ungleich größere Stoßkraft, als wie sie die Kabinettspolitik besessen hatte«[14]. So wertete A. Schulte den Baseler Frieden als einen Vertrag, in dem sich die französischen Verhandlungspartner einem innenpolitischen Diktat gebeugt und wider besseres Wissen die Annexion des linken Rheinufers herausgeschlagen hätten:

> Es war damals wie heute. Ein starker königlicher Minister, ein Richelieu, hätte sich mit dem dauernd Erreichbaren begnügt und hätte der Welt den allgemeinen Frieden gegeben; aber der Republikaner bangt vor der Masse, er will und muß ihr schmeicheln, und die Masse ist für radikale Lösungen. Die Mäßigung ist die Tugend weniger, sie gedeiht am besten im

11 Vgl. H. Oncken, *Die historische Rheinpolitik Frankreichs*, Stuttgart/Gotha 1922, S. 2: »Es wird sich aber empfehlen, einen Überblick, der allein die großen und entscheidenden Linien herausarbeiten soll, auf diejenigen Perioden zu beschränken, in denen diese Dinge einen sichtbaren politischen Niederschlag in der Welt der Wirklichkeit gefunden haben.«

12 Erschienen in Berlin 1922.

13 H. Stegemann, *Der Kampf um den Rhein. Das Stromgebiet im Rahmen der großen Politik*, Berlin/Leipzig 1924, S. 396.

14 W. Platzhoff, *Frankreich und der Rhein*, in: F. Metz (Hg.), *Probleme des deutschen Westens.* Eine Aufsatzfolge im Auftrage des Verbandes deutscher Geschichtslehrer, Rheinische Schicksalsfragen Bd. 27/28, Berlin 1929, S. 47-54, hier S. 51.

> stillen Bureau, die Volksversammlung ist für sie keine Heimstätte. ... den französischen Generälen war der Rhein nicht als eine günstige Grenze erschienen.[15]

Schultes Kommentar zur diplomatischen Verständigung Frankreichs und Preußens über den Verbleib der Rheinlande im Jahre 1795 verrät, daß die Erkenntnis, der zufolge der französische Nationalismus um ein Vielfaches potenziert aus der Revolution hervorging, vermutlich unmittelbar aus der Erfahrung der Kriegsjahre heraus entstanden ist: in der modernen Massengesellschaft konnte ein Krieg nicht mehr ohne Rücksicht auf die öffentliche Meinung geführt werden, allfällige Kriegsziele wurden *coram publico* debattiert und fixiert, was dazu führte, daß die verantwortlichen Regierungen bei späteren Waffenstillstands- und Friedenskonsultationen zwischen zwei Fronten, den Erfordernissen der Realpolitik und den Ansprüchen der mobilisierten Öffentlichkeit, agierten. Ihre Abhängigkeit von einer radikalisierten Heimatfront schien ihren Spielraum am Verhandlungstisch empfindlich einzuschränken und pragmatische Konfliktlösungen von vornherein zu vereiteln. Die Beobachtung der jüngsten Kriegszieldiskussionen und Friedensverhandlungen haben Schulte und seine Kollegen, die mehrheitlich dem nationalliberalen Lager angehörten, offenbar dazu veranlaßt, immer wieder zu betonen, daß das revolutionäre Frankreich, das »dem gewaltigen geopolitischen Zwange [hat] folgen [müssen], dem sich seine Könige durch den Zugriff zum Rhein unterworfen hatten«[16], die traditionelle Expansionspolitik unter dem Kennwort der „natürlichen Grenzen“[17] zum Anliegen der gesamten Nation gemacht und ihr auf diese Weise »eine ungleich größere und für Deutschland viel gefährlichere Stoßkraft«[18] verliehen habe. Dieser Befund lasse sich auch nicht mit dem Hinweis entkräften, die Revolution habe den Bewohnern des linken Rheinufers Freiheit und Fortschritt gebracht. Von einer Befreiung der Rheinlande durch die Revolutionsarmeen könne in der Tat keine Rede sein, da sich die Ideale *Liberté, Égalité, Fraternité* letzlich als reine Staffage eines Eroberungsfeldzuges erwiesen hätten:

> Die Menschenrechte wurden vor den Prunkwagen Ludwigs XIV. gespannt und zogen die französische Staatskarosse triumphierend über die Grenzen. ... Der neue Kampf um den Rhein trat in der Verhüllung eines großen Ideenkampfes auf. Es schien, als käme der Franzose als Bringer der Freiheit und Träger weltbürgerlicher Gefühle, aber die Maske fiel bald. Wohl zog der demokratische Gedanke mit ihm ein, wohl kämpfte das revolutionäre, von Terror geschüttelte Frankreich jenseits seiner Grenzen für Freiheit, Gleichheit und

15 A. Schulte, *Frankreich und das linke Rheinufer*, S. 253f.

16 P. Wentzcke, *Rheinkampf*, Bd. 1, Berlin 1925, S. 260.

17 Die Autoren der Gegenpropaganda versäumten es im allgemeinen nicht, einleitend darauf hinzuweisen, daß das Rheintal eine von der Natur begünstigte, geschichtlich gewachsene Einheit darstelle, und daß einzig Sprachgrenzen natürliche Grenzen seien; diese seien aber »in den Vogesen und den Côtes Lorraines gegeben«. – A.Schulte, *Frankreich und das linke Rheinufer*, S. 25. Der Vollständigkeit halber sei noch auf zwei Publikationen hingewiesen, die ausschließlich der Grenzproblematik gewidmet sind: A. Schulte, *Der Rhein und seine Funktionen in der Geschichte*, Köln 1923, sowie K. Linnebach, *Die gerechte Grenze im deutschen Westen – ein tausendjähriger Kampf*, Rheinische Schicksalsfragen Bd. 13/14, Berlin 1926.

18 R. Kautzsch u.a., *Frankreich und der Rhein. Beiträge zur Geschichte und geistigen Kultur des Rheinlandes*, Frankfurt 1925, S. 54.

Brüderlichkeit, aber ... es streckte die Hand nach dem Rhein aus, um ihn zu besitzen, und befreite die Völker, um sie zu beherrschen.[19]

Der große Krieg, mit dem Napoleon ganz Europa überzogen hatte, sei schließlich ein schlagender Beweis dafür, daß Frankreichs auswärtige Politik auch nach 1789 noch ausgesprochen expansionistisch gewesen sei[20]. Wenngleich der französische Imperialismus illustren Regenten und Feldherrn bedeutende Impulse verdanke, so sei »die Richtung der französischen Außenpolitik von ihren Anfängen an von Einzelpersonen und persönlichen Willensstrebungen der Regierungen weithin unabhängig gewesen«[21]. Der Griff nach dem Rhein, »das sich gleichbleibende Ziel aller französischen Politik«[22], könne nicht allein auf imperiale Visionen einzelner Staatsmänner zurückgeführt werden, er beruhe vielmehr auf einem inneren Zwang, welcher heute die Politik des *Quai d'Orsay* entscheidend präge und einen Verzicht auf die Rheingrenze höchst unrealistisch erscheinen lasse:

Wie alle alten Völker kann auch Frankreich sich von seiner Vergangenheit und ihrer Größe nicht trennen, es sucht sie aufrechtzuerhalten nach dem Muster des alten Rom mit fremdstämmigen Armeen ...[23]

Vor allem der Umstand, daß die Franzosen – ebenso wie ehedem die Römer – ein ausgeprägtes Geschichts- und Selbstbewußtsein demonstrierten, indem sie der Taten ihrer Vorfahren ehrend gedächten und die historisch erwiesene Größe ihres Volkes zu perpetuieren trachteten, mache alle Hoffnung auf ein Ende des Pariser Imperialismus zunichte. Ein historisch tief verwurzelter Nationalismus diktiere den französischen Regierungen das Gesetz des Handelns und verpflichte sie auf eine Fortführung der

19 H. Stegemann, *Der Kampf um den Rhein*, 1924, S. 396. Vgl. auch J. Hansen, *Von der französischen Revolution bis zur Gegenwart*, in: H. Aubin (u.a.), *Geschichte des Rheinlandes von der ältesten Zeit bis zur Gegenwart*, Bd. 1, Essen 1922, S. 239-435, hier S. 249: »Die revolutionäre Propaganda für Freiheit und Gleichheit wurde durch die junge Republik mit dem politischen Eroberungsdrang verschmolzen, der Frankreich im Zeitalter des Absolutismus erfüllt hatte.« Zur „Ehrenrettung" des langjährigen Vorsitzenden der Gesellschaft für Rheinische Geschichtskunde sei hinzugefügt, daß dieser sich, im Unterschied zu seinen Fachkollegen an der Bonner Universität, intensiv mit der Geschichte des linken Rheinufers zwischen 1792 und 1815 auseinandergesetzt hat und um ein ausgewogenes Urteil über das französische Intermezzo am Rhein bemüht war. Vgl. auch: ders., *Das linke Rheinufer und die französische Revolution 1789-1801.* Vortrag in der Jahresversammlung der Gesellschaft für Rheinische Geschichtskunde zu Köln am 25.3.1927, in: *Mitteilungen der Akademie zur wissenschaftlichen Erforschung und zur Pflege des Deutschtums 12* (1927), S. 421-455.

20 Das Porträt, welches die rheinische Publizistik der zwanziger Jahre von Napoleon Bonaparte zeichnete, entsprach weitgehend dem Feindbild, das die borussischen Historiker im 19. Jahrhundert entworfen hatten, und widersprach damit der Heroisierung des großen Korsen, welche zahlreiche Intellektuelle – unter dem Eindruck der deutsch-britischen Rivalität im Kampf um kolonialen Reichtum und Weltgeltung – seit der Jahrhundertwende gefördert hatten. Vgl. dazu: H. Schmidt, *Napoleon in der deutschen Geschichtsschreibung*, in: *Francia 14* (1986), S. 530-560, bes. S. 538ff.

21 F. Steinbach, *Geschichte der deutschen Westgrenze*, S. 14.

22 K. Linnebach, *Die gerechte Grenze im deutschen Westen*, S. 36.

23 H. Göring, *Die Großmächte und die Rheinfrage in den letzten Jahrhunderten*, Rheinische Schicksalsfragen Bd. 12, Berlin 1926, S. 71.

hegemonialen Außenpolitik und auf Kontinuität in der Frage des linken Rheinufers. Der Vergleich des französischen Imperialismus mit der auswärtigen Politik des Römischen Reiches erscheint hier nicht nur treffend, er entbehrt auch nicht einer gewissen malizösen Würze, die der deutschen Gegenpropaganda im übrigen fehlte: Die Anspielung auf den Einsatz farbiger Rekruten aus entlegenen Kolonien in der französischen Besatzungszone konnte auch als ein Hinweis auf den Anfang vom Ende des französischen Imperialismus verstanden werden, hatte die Mobilisierung fremdstämmiger Armeen den Zerfall des Römischen Reiches nur aufhalten, nicht aber verhindern können[24]. Bissige Seitenhiebe der geschilderten Art waren in der Tat selten; überhaupt wirkt die deutsche Entgegnung auf die französische Propaganda recht umständlich und verkrampft: In geradezu epischer Breite und zahlreichen Wiederholungen reihten die rheinischen Publizisten und Historiker große Namen und geschichtliche Ereignisse aneinander, um zu belegen, daß der französische Imperialismus nicht erst eine Erfindung Poincarés, sondern Grundbestandteil der Geschichte des Nachbarlandes sei und, einem Naturgesetz vergleichbar[25], diese Geschichte nachhaltig präge. Die Rheinlandbesetzung nach dem Kriege sei daher weder erstaunlich noch ungewöhnlich, entspreche sie doch der seit Jahrhunderten praktizierten und zu einem Dogma geronnenen Pariser Hegemonial- und Großmachtpolitik. Die ebenso gründliche wie grämliche historische Beweisaufnahme der Gegenpropaganda gipfelte jedoch in dem Vorwurf, der urwüchsige französische Ausdehnungsdrang sei »... die wichtigste Ursache dieses Weltkrieges«[26] und bedrohe nach wie vor den Frieden in Europa. In der Tat schien der publizistische Kampf gegen die Besetzung des linken Rheinufers im allgemeinen und die französische Besatzungspolitik im besonderen den engagierten Wissenschaftlern eine willkommene Gelegenheit zu bieten, ihrer Empörung über die eigentliche Ursache der internationalen Ächtung des Deutschen Reiches, den Kriegsschuldparagraphen des Versailler Friedensvertrages, Luft zu machen; der Abwehrkampf zielte nicht zuletzt auch auf eine Revision dieses Paragraphen. Auf ein scheinbar ebenso umfangreiches wie lückenloses historisches Indizienmaterial verweisend, beschuldigten die rheinischen Historiker Frankreich der permanenten Störung des europäischen

24 Die eher beiläufige Erwähnung afrikanischer Soldaten in den besetzten Rheinlanden im Rahmen der deutschen Antwort auf die französische Geschichtspropaganda muß erstaunen, war die Präsenz dieser Rekruten auf der anderen Seite doch Gegenstand erbitterter Schmähschriften, von denen zahlreiche über die Frauenliga, eine Sonderabteilung der Rheinischen Volkspflege, vertrieben und verbreitet wurden. Zur rassistisch angehauchten Propaganda gegen die sogenannte »schwarze Schmach« vgl.: G. Lebzelter, *Die „Schwarze Schmach". Vorurteile – Propaganda – Mythos*, in: *Geschichte und Gesellschaft 11* (1985), S. 37-58, ferner: T. Mick, M. Tretter, *Der Rhein und Europa*, in: H. Boldt, P. Hüttenberger, H. Molitor, D. Petzina (Hg.), *Der Rhein. Mythos und Realität eines europäischen Stromes*, Köln 1988, S. 35-46, hier S. 37.

25 Vgl. F. Dessauer, *Das Rheinproblem*, Köln 1924, S. 14: »Wer glaubt, den Rheinkampf bloß aus dem begreifen zu können, was er selbst erlebt hat, der befindet sich in einem Irrtum, der verhängnisvoll werden kann für das Vaterland. Gedanken, die in 2000 Jahren lebendig waren, gewachsen sind, Quelle des Lebens und Handelns wurden, haben etwas von Naturgesetzen an sich – waren vielleicht Naturgesetze, bevor sie Gedanken geworden sind.«

26 A. Schulte, *Frankreich und das linke Rheinufer*, S. 50.

Gleichgewichts und der ständigen Bedrohung des Friedens auf dem Kontinent und hofften wohl, auf diese Weise die These von der deutschen Alleinschuld am Ausbruch des Weltkrieges wenn nicht widerlegen, so doch relativieren zu können: nichts schien der Sache dienlicher als die wiederholt vorgetragene und – wie man glaubte – empirisch bewiesene Behauptung, daß Frankreich den Prototyp eines nationalistischen Staates verkörpere, dessen auswärtige Politik naturgemäß imperialistisch, annektionistisch, sei.

Die gegenläufige Propaganda am Rhein erschöpfte sich indessen nicht in akribisch-aggressiven Abrechnungen mit der französischen Geschichte; sie versuchte auch zu ergründen, weshalb Frankreichs Streben nach Hegemonie über Europa offenbar so häufig vom Erfolg gekrönt wurde, und forschte nach geeigneten Maßnahmen, welche den gefährlichen Ausdehnungsdrang des Erbfeindes dauerhaft eindämmen könnten. Die Suche nach den Ursachen der beängstigenden außenpolitischen Erfolge der Franzosen erwies sich als nicht allzu kompliziert, stellten die rheinischen Historiker doch unverzüglich fest, daß »die zentralistische Geschlossenheit ... des französischen Volkes« einerseits und die »föderalistische Zerfahrenheit Deutschlands«[27] andererseits Bedingungen geschaffen hätten, unter denen der französische Imperialismus sich offensichtlich ungehemmt entfalten konnte. Frankreich habe den »Schutthaufen«[28], dem das deutsche Reich über weite Strecken seiner Geschichte geähnelt hätte, gerne gesehen und weitere Zwietracht unter den Deutschen gesät, um diesen Zustand zu konservieren; die meist erfolgreiche Umsetzung seiner ausgreifenden außenpolitischen Ambitionen beruhe auf der konsequenten Anwendung des klassischen Rezeptes *divide et impera*[29]. Überspitzt formuliert: »Der beste Verbündete der Feinde Deutschlands ... ist eben stets der Deutsche selbst gewesen«[30], habe das Reich sich doch über Jahrhunderte hinweg auch spalten und beherrschen lassen. So traurig der Blick in die Vergangenheit stimme, jetzt gelte es, Lehren aus der Geschichte zu ziehen und aus dem wehrlosen Staatenbund, den das Deutsche Reich auch heute noch darstelle[31], eine wehrhafte, geeinte Nation zu schmieden, die dem französischen Imperialismus einen Riegel vorschieben werde. Dieser Versuch, die „französische Frage" innenpolitisch zu lösen, führte schließlich dazu, daß die Gegenpropaganda am Rhein zusehends in das Magnetfeld des Parteienstreits um die Rheinlandbewegung und das in der Weimarer Verfassung nicht hinreichend geordnete Verhältnis von Reich und Ländern geriet und

27 F. Dessauer, *Das Rheinproblem*, S. 26

28 H. Göring, *Die Großmächte und die Rheinfrage*, 1926, S. 34. Vgl. auch: W. Platzhoff, *Die deutsche Politik Ludwigs XIV.*, in: *Die Westmark. Rheinische Monatsschrift für Politik, Wirtschaft und Kultur 1* (1921), S. 508-519, hier S. 511: »Die unerläßliche Vorbedingung ... bildete die Ohnmacht Deutschlands, an sie war die Vorherrschaft Frankreichs geradezu geknüpft.«

29 Vgl. F. Dessauer, *Das Rheinproblem*, S. 15: »Tiberius hatte es schon durchschaut: Man müsse die Zwietracht der Deutschen walten lassen und fördern, das sei besser als Legionäre zu opfern. Auch dieser Grundsatz schreitet durch die Tore der Jahrhunderte bis auf unsere Zeit.«

30 P. Wentzcke, *Frankreichs Ringen um Rhein und Ruhr. Eine Schriftenreihe zur Abwehr*, 12 Fasz., Berlin 1923, hier Fasz. 8: *Sonderbündler, Phantasten und Landesverräter*, S. 4.

31 So F. Dessauer, *Das Rheinproblem*, S. 24.

sich in einem Disput um die politische Identität der Rheinlande verlor. Von einem einheitlichen Diskurs der deutschen Gegenpropaganda kann fortan keine Rede mehr sein.

2. Ein Streit um die Identität der Rheinlande

Als nach dem Zusammenbruch des Kaiserreiches die zukünftige Weimarer Verfassung diskutiert wurde, geriet die überkommene Reichsordnung, die dem Staat Preußen eine Schlüssel- und Vorrangstellung gegenüber allen anderen Reichsländern eingeräumt hatte, unter kräftigen Beschuß. Wenngleich die verfassunggebende Versammlung die tradierte Dyarchie von Preußen und Reich im wesentlichen nicht antastete[32], so hatten neben dem Umstand, daß in Artikel 18 der verabschiedeten Verfassung die Möglichkeit einer Neuordnung des Reiches offen gelassen worden war, die Intensität, in der man über Alternativen – die unitarische Lösung bzw. das föderalistische Konzept – nachdachte, und die Lautstärke, in der das »Los von Preußen!« der Rheinlandbewegung ertönte, die Gralshüter der Bismarck'schen Reichsordnung nachhaltig beunruhigt und zu konsequenter propreußischer Agitation in der rheinischen Presse herausgefordert. Allein die Rheinlandbewegung war Publizisten und Historikern nationalliberaler Couleur Anlaß genug, um Preußens Verdienste um den deutschen Nationalstaat zu glorifizieren und den Fortbestand Preußen-Deutschlands – und darin eingeschlossen das Überleben „Rheinpreußens" – zu propagieren. Sie schien nämlich eine Variante jenes unheilvollen »Partikularismus« zu sein, der über Jahrhunderte hinweg die Bildung eines deutschen Nationalstaates verhindert und das alte Reich nachmalig geschwächt hatte[33]. Separatistische Regungen an der Peripherie des durch die Niederlage im Krieg und das Ende der Monarchie schwer angeschlagenen Staates mußten in den Augen der engagierten Wissenschaftler und Journalisten einen Rückfall in die nationale Anarchie früherer Epochen heraufbeschwören und die ohnehin prekäre Lage Deutschlands nur noch verschlimmern, ja seine territoriale Integrität gefährden. Daß diese Befürchtungen offenbar durchaus realistisch waren, schien gerade die Geschichte der Rheinlande zu zeigen. Jedenfalls wurden die rheinischen Vertreter der Historikerzunft, die ausnahmslos dem nationalliberalen Lager zuzurechnen sind, nicht müde, diese über weite Strecken als die Geschichte einer abtrünnigen Provinz darzustellen, deren Lehren nun endlich wahrgenommen und beherzigt werden sollten:

32 Eine ausführliche Darstellung der Diskussion und Disposition des Verhältnisses zwischen dem Reich, Preußen und den übrigen Ländern in der Weimarer Konstituante findet sich in: E. Eimers, *Das Verhältnis von Preußen und Reich in den ersten Jahren der Weimarer Republik (1918-1923)*, Berlin 1969, S. 30ff. R. Morsey, *Die deutsche Zentrumspartei 1917-1923*, Düsseldorf 1966, setzt sich auf S. 196ff. näher mit dem Beitrag des Zentrums, vor allem ihrer rheinischen Delegierten, zur Verfassungsdiskussion auseinander.

33 Vgl. *Das Prinzip der nationalen Einheit*, ein nicht signierter Leitartikel in: *Kölnische Zeitung* Nr. 241, 31.3.1919.

> Aus dem Schatz unserer Erinnerungen, die nur gehoben und geweckt werden wollen, mahnen die *Gegenwartsbilder aus rheinischer Vergangenheit* zum Nachsinnen, zur Vorsicht und Umkehr.[34]

Hinter den historiographisch gewiß problematischen »Gegenwartsbildern aus rheinischer Vergangenheit«[35] verbergen sich vor allem zwei historische Entwicklungen, die dem alten Reich nach den Aussagen der borussophilen Historiker großen Schaden zugefügt hatten. An erster Stelle rangierte der Westfälische Friede, welcher dazu geführt habe, daß die rheinischen Kurfürsten die Möglichkeiten relativer außenpolitischer Unabhängigkeit, welche dieser Vertrag ihnen garantiert hatte, unbekümmert genutzt hätten und dabei in ebenso tiefe wie vaterlandsverräterische Abhängigkeit von den französischen Königen geraten seien. Einen weiteren politischen Fehltritt der Rheinländer sahen die nationalkonservativen Journalisten und Wissenschaftler in dem Versuch, eine zisrhenanische Republik auszurufen. Die genannten Fehlgriffe seien damit zu erklären, daß sich das Rheinland – »abgestoßen und unbefriedigt von der Kleinstaaterei des deutschen Reiches« – den Franzosen geradezu »in die Arme geworfen« habe. So habe sich einmal mehr »dieses alte weltgeschichtliche Gesetz ... der politischen Anziehungskraft großer staatlicher Einheiten« bewährt. Denn »solange das Deutsche Reich in sich *einig* war, blühten auch die Länder am Rheinstrom mächtig auf. Erst der Zerfall Deutschlands in einzelne Staaten und Stätlein ließ rheinische Wirtschaft, Art und Kultur verkümmern und fremder Botmäßigkeit untertan werden«[36]. Ein Erklärungsversuch, der einhalten läßt, vermittelt er doch den Eindruck, als ob der historische Separatismus auf dem linken Rheinufer auf diese Weise verharmlost werden sollte. Es ist in der Tat kaum einzusehen, weshalb die politischen Eliten des Rheinlands, die doch maßgebliche Exponenten der alten Reichsordnung waren, gleichzeitig ihre Opfer, ja mehr noch: die ersten gewesen sein sollen, welche in der Not den Pfad der Tugend beschritten und sich an einen Einheitsstaat angelehnt hätten. Dem Düsseldorfer Archivar Paul Wentzcke, der sich in mehreren hier zitierten Streitschriften mit der Rheinlandbewegung und ihren historischen Vorläufern auseinandergesetzt hat, ist dieser Widerspruch offenbar nicht aufgefallen. Sonst hätte er die Ergebnisse der französischen Herrschaft über das linke Rheinufer von 1792 bis 1815 wohl weniger emphatisch beschrieben: Die Franzosen hätten zweifellos »reiche Anregungen in ihre neue Ostmark [gebracht], Anregungen wie sie nur ein Einheitsstaat, ein Großstaat zu bieten vermag«[37]. Dem Rheinland sei auf diesem Wege »das günstige Geschick« widerfahren, »im Schmiedefeuer der napoleonischen Zeit aus dem Idyll [!] der Kleinstaaterei zum wesentlichen und wichtigen Bestandteil einer aufstrebenden Großmacht geformt«[38] worden zu sein. Ob Hegels „List der Vernunft" hier eingegriffen und dafür gesorgt hat, daß der Separatismus der zisrhenanischen Bewegung, indem er das linke Rheinufer dem „Erbfeind" in die Hände gespielt hat, gleichzeitig auch –

34 P. Wentzcke, *Gegenwartsbilder aus rheinischer Vergangenheit*, Frankfurt a.M. 1920, S. 15.
35 Vgl. S. 62f. Anm. 1.
36 P. Wentzcke, *Rheinlande und Reich. Mahnworte eines ehrlichen Rheinländers*, Frankfurt a.M. 1920, S. 6.
37 Ebd.
38 Ebd., S. 11.

wenngleich nur mittelbar – die Grundlagen der späteren „Rheinpreußen“ gelegt hat? Daß Wentzckes Angaben über die positiven Folgen der napoleonischen Herrschaft am Rhein mit den französischen Ausführungen zum gleichen Thema teilweise deckungsgleich waren, entsprach gewiß nicht den Absichten des nationalliberalen Historikers aus Düsseldorf, der anderes im Schilde führte, als der französischen Propaganda das Wort zu reden. So können die bizarre Analyse der historischen Vorläufer der Rheinlandbewegung und die verhaltene Anerkennung der französischen Verdienste um die spätere preußische Rheinprovinz schließlich nicht darüber hinwegtäuschen, daß es Wentzcke und seinen borussophilen Kollegen vielmehr darauf ankam, das Prinzip des Partikularismus und Separatismus, welches für die nationale Katastrophe der jahrhundertelangen „Kleinstaaterei“ verantwortlich zeichne, zu untersuchen und zu verurteilen[39]. Wie suspekt die Rheinlandbewegung den preußisch-deutsch gesinnten Wissenschaftlern und Publizisten war, zeigt nicht zuletzt auch die Behauptung, die Rheinländer seien »weltbürgerlichen« Versuchungen erlegen, die »vom Westen her schon im 17. Jahrhundert die *irenischen* Gedanken und die Forderung der *Libertät* rheinischer Reichsstände ebenso befrachteten wie später die Mainzer Klubisten, die Vorkämpfer der zisrhenanischen Republik, die rheinischen Autonomen und schließlich die liberalen und ultramontanen Gruppen des 19. Jahrhunderts. Innenpolitische Ideenverbindungen kreuz[t]en und verknüpf[t]en sich mit außenpolitischem Gedankengut«[40]. Der Fehltritt der rheinischen Separatisten früherer Tage bestehe daher nur zu einem Teil in der Schwäche, sich dem zweifellos mächtigeren Nachbarn im Westen angedient zu haben, zum anderen Teil aber in der Übernahme kosmopolitischen Ideengutes, welches dem Nationalstaatsgedanken diametral entgegengesetzt sei und den Vaterlandsverrat mehr oder minder präjudiziere. Der Vorwurf des Verrats an der Idee der Nation wog ungleich schwerer als die Anschuldigung, aus macht- und realpolitischen Erwägungen heraus die Front gewechselt zu haben, und sollte vor allem die rheinische Zentrumspartei diskreditieren, die nicht allein das Anliegen der Rheinlandbewegung zunächst unterstützt hatte, sondern – schlimmer noch – als Formation des politischen Katholizismus überhaupt geneigt schien, im Zweifel nach Rom und nicht nach Berlin zu blicken. Die Furcht der orthodoxen Nationalliberalen vor einer Neuauflage der Auseinandersetzungen des Kulturkampfes war offenbar ebenso mächtig wie die Lust am Streit mit dem politischen Gegner: der Verzicht auf spezifisch antikirchliche Akzente[41] tat der Hartnäckigkeit, in der die nationalliberale Publizistik das Zentrum immer wieder des latenten und manifesten Vaterlandsverrats zieh, keinen Abbruch.

So nahm die *Kölnische Zeitung*, das Sprachrohr der Nationalliberalen in der Rheinprovinz, die Rheinische Jahrtausendfeier im Jahre 1925 einmal mehr zum Anlaß, um die Zentrumspartei vor Partikularismus, Separatismus und »selbstmörderische[r] Hetze gegen Preußen«[42] zu warnen. Die entscheidende politische Lehre, die aus der

39 Vgl. den programmatischen Titel des folgenden Aufsatzes: P. Wentzcke, *Zur Naturgeschichte der „Rheinischen Republik“*, in: ders., *Rheinkampf*, Bd. 2, Berlin 1925, S. 117ff.
40 Ebd., S. 138f.
41 Vgl. S. 104f.
42 J. Hashagen, *Die Rheinische Jahrtausendfeier als Ermahnung*, in: *Kölnische Zeitung*. Zweite Sondernummer zur Rheinischen Jahrtausendfeier, 15.6.1925.

Vergegenwärtigung von 1000 Jahren deutscher Kultur am Rhein im Rahmen der Kölner Millenniumsausstellung zu ziehen sei, »ist die, daß das rheinische Grenzlanddeutschtum [!] nur in engstem Zusammenhang mit der deutschen Zentralgewalt in seinem nationalen Bestande und seiner politischen Unabhängigkeit gesichert werden kann«[43]. Während es dem sächsischen Kaiser Heinrich I. 925 gelungen sei, das Rheinland in die politische Struktur des Ostreiches zu integrieren, hätten die Ottonen, Salier und Staufer, die auf dem Kaiserstuhl folgten, die imperiale Gewalt gefestigt und erfolgreich gegen partikularistische Tendenzen im Innern und zentrifugale Bestrebungen an der Peripherie des Reiches verteidigt. Der nach dem Ableben des letzten Staufers einsetzende galoppierende Verfall der Zentralgewalt hätte das linke Rheinufer dem französischen Imperialismus mehr und mehr ausgeliefert und dazu geführt, daß dieses »schließlich zwanzig Jahre lang französisch wurde«[44]. Auch wenn das Ende von Kleinstaaterei und Fremdherrschaft, das durch Preußens Wacht am Rhein zweifelsfrei herbeigeführt worden war, für die Argumentation der nationalkonservativen Publizistik wichtiger war, sei an dieser Stelle vermerkt, daß prominente rheinische Historiker sich gleichwohl für die Ursachen des Niedergangs der Reichsgewalt interessierten und in den Nachhutgefechten der Sybel-Fickerschen Kontroverse auf Seiten der kleindeutschen Fraktion Position bezogen[45]. Mehr noch, sie sahen in der Beurteilung der kaiserlichen Reichspolitik des ausgehenden Hochmittelalters »eben die zentrale Frage der gesamten mittelalterlichen Geschichte«, eine Frage, die jeden Historiker, der die großen Zusammenhänge jener Periode erfassen und darstellen wolle, zwinge, Stellung zu nehmen und politisch Farbe zu bekennen[46]. Dieser Historikerstreit hatte den darin engagierten Bonner Professoren A. Schulte und Max Braubach bereits eine gute Gelegenheit geboten, ihrem Unbehagen an der dem Ideal des modernen Nationalstaats widersprechenden Idee des Heiligen Römischen Reiches Deutscher Nation sowie ihrer Bestürzung angesichts der Verschiebung der Machtverhältnisse zugunsten der Reichsfürsten unter den letzten Staufern Ausdruck zu verleihen; die „Historikerschlacht" um den Rhein räumte ihnen indessen die Möglichkeit ein, ihre politischen Überzeugungen noch unbefangener zu Papier zu bringen[47] und die preußische Monarchie »als

43 Ebd.

44 Ebd.

45 Vgl. A. Schulte, *Fürstentum und Einheitsstaat in der deutschen Geschichte*, Berlin 1921; ders. *Der deutsche Staat. Verfassung, Macht und Grenzen 919 bis 1914*, Stuttgart 1933. M. Braubach nahm seine akademische Antrittsvorlesung vor der Philosophischen Fakultät der Universität Bonn zum Anlaß für eine Auseinandersetzung mit der mittelalterlichen Kaiserpolitik: *Zur Beurteilung der mittelalterlichen Kaiserpolitik*, abgedruckt in: *Vergangenheit und Gegenwart 15* (1925), S. 321-336.

46 Ebd. S. 321. Am Rande sei darauf verwiesen, daß F. Furet sich in seinem Essay *Penser la Révolution française*, Paris 1978, S. 13, ganz ähnlich zur Revolutionshistoriographie äußert, die er als politische Bekenntnisliteratur, als »récit des origines«, charakterisiert: »L'historien de la Révolution française doit, lui, produire d'autres titres que sa compétence. Il doit annoncer ces couleurs. Il faut d'abord qu'il dise d'où il parle, ce qu'il pense, ce qu'il cherche; et ce qu'il écrit sur la Révolution a un sens préalable à son travail même: c'est son *opinion.*«

47 Die politischen Ambitionen, die nicht wenige der rheinischen Historiker an den Tag legten, waren nichts Ungewöhnliches, sie entsprachen vielmehr einem allgemeinen Trend

Nachfolgerin der großen deutschen Herrschergeschlechter des frühen und hohen Mittelalters«[48] zu glorifizieren. Was die nationalkonservativen Historiker und Publizisten im Rheinland an Preußen faszinierte, war der den Hohenzollern offenbar angeborene nüchterne Sinn für Staatsräson und Machtpolitik. Diese Eigenschaften seien den Herrschern jenseits der Elbe sehr zustatten gekommen und hätten sie frühzeitig in den Stand gesetzt, nicht nur die Grenzen ihres eigenen Territoriums, sondern darüber hinaus die stets gefährdeten Grenzmarken im Osten des alten deutschen Reiches dauerhaft zu sichern. Die Führungsrolle, in die Preußen im Laufe seiner erfolgreichen Geschichte immer mehr hineingewachsen sei, sei zum ersten Mal während der Befreiungskriege offenbar geworden, als die Habsburger – einmal mehr mit der Wahrung rein dynastischer Interessen beschäftigt – in der Reichspolitik offensichtlich versagt und das traditionsreiche Imperium dem Ansturm der napoleonischen Heere hilflos ausgeliefert zu haben schienen:

> Habsburg hatte das Reich nicht zu schützen vermocht, als die Jakobiner kamen, als der französische Imperator kam. Die konfessionelle, die dynastische Politik Habsburgs hatte die tiefen Gräben graben helfen, in die diese antideutschen Fluten stets von neuem hereinbrachen. Auch jetzt hatte Habsburg den Rhein, den Süden Deutschlands, die Niederlande nicht zu schützen vermocht. Da fiel auch Preußen, und mit russisch-englischer Hilfe gelang es schließlich erst, Deutschland wieder zu befreien. Von dem kleinen reduzierten Preußen, enger noch vom preußischen Adel und dem preußischen Heere aus, ging die Organisation des Widerstandes. Was Wunder, daß sich bei dem Rückfluten der französischen Wellen die reinen Linien deutsch-preußischer Entwicklung verschoben. ... herein drang in die deutsche Politik die Forderung des preußischen Offiziers- und Beamtenstandes, jener „stockpreußische Geist", für dessen zusammentreibende und erhaltende Kraft es damals keinen Ersatz gab.[49]

Diesen ebenso polemischen wie suggestiven Ausführungen zufolge, hatte der preußische Staat in den Jahren 1812/13 ein weithin sichtbares, in die Zukunft weisendes Zeugnis seiner nationalen Berufung abgelegt, der er im Laufe des 19. Jahrhunderts immer entschlossener folgen sollte. Die rheinischen Journalisten und Historiker belegten jene These weniger mit Hinweisen auf die epochalen Ereignisse der Jahre 1815, 1866 und 1871, die den unaufhaltsamen Aufstieg Preußens zur konkurrenzlosen Führungsmacht in Deutschland markierten und die ruhmreiche

in der deutschen Geschichtswissenschaft des 19. und des frühen 20. Jahrhunderts. Vgl. auch die repräsentative Studie von Ch. E. Mcclelland, *Berlin Historians and German Politics*, in: W. Laqueur, G.L. Mosse (Hg.), *Historians in Politics*, London 1974, S. 191-221. Die Ursachen für das mehr oder minder ausgeprägte politische Engagement deutscher Universitätshistoriker liegen in spezifischen geschichtsphilosophischen Prämissen, welche die Entstehung und Ausbildung der Geschichtswissenschaft in Deutschland überschatteten. Vgl. dazu: G.G. Iggers, *Deutsche Geschichtswissenschaft. Eine Kritik der traditionellen Geschichtsauffassung von Herder bis zur Gegenwart*, München 1971, S. 43ff.; W.J. Mommsen, *Die deutsche Geschichtswissenschaft jenseits des Historismus*, Düsseldorf 1971, S. 6ff.; B. Faulenbach, *Ideologie des deutschen Weges*, München 1980, S. 131ff.

48 So J. Hashagen in dem zitierten Zeitungsartikel *Die Rheinische Jahrtausendfeier als Mahnung*.

49 M. Schwann, *Vom Schicksal des Rheinlandes*, in: *Die Westmark 1* (1921), S. 219-225, hier S. 223.

Geschichte des Bismarck-Reiches einleiteten, als vielmehr mit eingehenden Erläuterungen zu Vergangenheit und Gegenwart des rheinisch-preußischen Verhältnisses. Sie griffen damit ein politisches Reizthema auf, welches die öffentliche Meinung diesseits des Rheins stets zu spalten pflegte, und hofften wohl, angesichts der jüngsten separatistischen Aufbrüche die „leidige" Debatte in ihrem Sinne entscheiden und beenden zu können. Während sie ebenso bereitwillig wie scheinheilig einräumten, daß die Geschichte der rheinisch-preußischen Beziehungen nicht frei von Mißverständnissen, Verstimmungen und Konflikten gewesen sei, versicherten sie gleichzeitig, daß diese Spannungen »nur noch historisches Interesse«[50] beanspruchen könnten und für die Gegenwart nicht mehr von Belang seien. Von ungleich größerer Bedeutung sei dagegen die Einsicht, daß der preußische Staat und die ferne Provinz am Rhein sich im Laufe der letzten hundert Jahre gegenseitig gestützt und gestärkt hätten, so daß es »ohne das Rheinland kein Preußen, aber auch ohne Preußen kein Rheinland«[51] geben könne. Vor allem müsse vorbehaltlos anerkannt werden, daß es bisher nur Preußen mit seinem ausgeprägten Sinn für Staatsräson und Machtpolitik gelungen sei, auch die Westgrenze des Deutschen Reiches zu sichern und auf Dauer gegen den französischen Imperialismus zu verteidigen. Niemand sträube sich daher gegen die Schlußfolgerung, die sich aus dem bisher Gesagten geradezu zwingend ergebe:

> Durch Preußen wird das Rheinland am Reiche festgehalten. Es genügt daher nicht, zu sagen, das Rheinland müsse deutsch bleiben. Man sollte immer hinzufügen: es muß preußisch bleiben. Denn die preußische Klammer ist die einzige, durch keine andere ersetzbare, die das Rheinland mit dem deutschen Volkskörper verbindet und an ihm festhält.[52]

Diese Maxime ließ die borussophilen Historiker und Journalisten nicht nur die Rheinlandbewegung als eine Form des manifesten Vaterlandsverrats kategorisch ablehnen; sie erklärt auch, weshalb die nationalliberale Publizistik am Rhein die kunst- und kulturhistorische Seite der rheinischen Jahrtausendausstellungen, welche die Zugehörigkeit des linken Rheinufers zum deutschen Sprach- und Kulturraum zweifelsfrei nachwies, kaum zu würdigen vermochte. In der Tat zeigten sich die Berichterstatter der nationalkonservativen Presse wenig beeindruckt von den in Aachen und Köln ausgestellten Kleinodien und Kostbarkeiten einer – äußerlich – glanzvollen Vergangenheit; sie streiften die Exponate vielmehr mit jener Nachlässigkeit, die eine romantische Verklärung der Kulturgeschichte der Rheinlande ausschloß und, mehr noch, den Eindruck erweckte, als sei die kulturelle Dimension der rheinischen Geschichte nahezu bedeutungslos: In ihrer Rolle als Gralshüter der Bismarck'schen Reichsordnung sahen die Vertreter der historischen Profession und zahlreiche Publizisten diesseits des Rheins in der kulturellen Vielfalt und der künstlerischen Produktivität früherer Zeiten reine Makulatur und betonten: »... man darf diese Fassade nicht für mehr nehmen, als sie war, und wenn von den entscheidenden Lebensnotwendigkeiten die Rede ist, dann wird man die rheinischen Zustände schon im ausgehenden Mittelalter nicht als eine Form nennen dürfen, die ihnen Genüge getan hat. Wie die

50 J. Hashagen, *Das Rheinland und die preußische Herrschaft*, Essen 1924, S. 33.
51 Ebd., S. 34.
52 Ebd., S. 37.

deutsche Geschichte nun einmal ihren Weg genommen hatte, konnte ein kraftvoller politischer Zusammenschluß des Volkes nicht mehr vom Rhein ausgehen«[53]: diese nationale Pionierleistung blieb – wie die Leser von Presseerzeugnissen nationalliberaler Couleur nicht zum ersten Mal erfuhren – dem preußischen Staat vorbehalten. Die einseitige Beschränkung der historischen Retrospektive auf die Frage, weshalb ein – moderner – Nationalstaat auf deutschem Boden lange Zeit nicht entstehen konnte und erst durch das Eingreifen Preußens möglich wurde, sowie die spröde Distanz, welche die propreußische Publizistik der Rheinprovinz gegenüber dem vielfältigen kulturellen Programm der Jahrtausendfeiern im allgemeinen an den Tag legte, ließ offenbar nur eine Schlußfolgerung aus dem Spektakel zu, nämlich diejenige, daß es keine Alternative zur Bismarck'schen Reichsordnung und damit dem preußischen Staat als unbedingt notwendigem Bindeglied zwischen Rheinland und Nation gebe.

Die eindimensionale Perspektive der Nationalliberalen, welche in der Geschichte nichts anderes als »ein[en] ewig[en] Wechsel von Blüte und Verfall«[54] einzelner Nationalstaaten zu sehen und die Rheinlande ausschließlich in Gestalt der preußischen Rheinprovinz zu würdigen vermochten, forderte die dem rheinischen Zentrum nahestehende Publizistik, in der sich keiner der auf diesen Seiten mehrfach aufgeführten rheinischen Historiker zu Wort meldete, von Anfang an zu entschiedenem Widerspruch heraus. Der Darstellung der rheinischen Geschichte aus borussischer Sicht wußte sie eine Replik entgegenzusetzen, die dem Konzept der nationalliberalen Publizistik an Einseitigkeit und Eifer in nichts nachstand: So betonte sie mit Nachdruck, daß das Rheinland in erster Linie eine Kulturlandschaft von hohem Rang und glanzvoller Vergangenheit sei. Immerhin seien so bedeutende Impulse der christlichen Kultur des Mittelalters wie die Reformbewegung von Cluny und Citeaux, die höfische Kultur oder die Gotik über das linke Rheinufer nach Mittel- und Osteuropa vermittelt worden. »Aber nicht bloß als vermittelndes und veredelndes Durchgangsland« habe das Rheinland »für Deutschlands Kultur eine unvergleichliche Bedeutung«, es habe »auch seinen vollgemessenen Anteil am Eigengut, das deutscher Geist erdacht und geschaffen hat«[55]. Dies bezeugten nicht zuletzt die rheinische Goldschmiedekunst, die Meisterwerke der Kölner Malerschule oder auch das Wirken großer Theologen und Philosophen vom Schlage eines Albertus Magnus und eines Nikolaus von Kues. Das linke Rheinufer müsse daher als »kerndeutsches Kulturland«[56] angesehen werden, welches zudem das politische Rückgrat des Heiligen Römischen Reiches Deutscher Nation gewesen sei:

> Das ganze Mittelalter hindurch die hochklopfende Pulsader Deutschlands und die große Kulturstraße des Westens ... Hier lagen in langgestreckter Reihe, die sogenannte Paffengasse

53 H. Aubin, *Rheinland und Reich im Laufe der Geschichte*, in: *Kölnische Zeitung*. Erste Sondernummer zur Rheinischen Jahrtausendfeier, 15.5.1925.

54 Vgl. die Ausführungen in: *Umschau und Ausschau. Die rheinische Jahrtausendausstellung in Köln – ihre Lehren, ihre Mahnungen*, einem Leitartikel der *Kölnischen Zeitung* Nr. 362, 17.5.1925.

55 *Die Bedeutung des Jahres 925 für Deutschland*, in: *Kölnische Volkszeitung* Nr. 362, 17.5.1925.

56 W. Hankamer, *Preußen und die Rheinlande im Spiegelbild der Wahrheit*, Essen o.J., S. 109.

ausfüllend, die ältesten Bischofssitze, hier Mainz, hier die Pfalz und der Kaiser, hier Aachen, die Krönungsstadt, und Frankfurt, der Wahlort, hier Worms, hier Straßburg, hier das reiche, das wehrhafte Köln am Rhein. ... Die innige Vereinigung des geistlichen mit dem weltlichen war das Geheimnis, welches in jener Größe liegt, in jener eigenen Art, welches in vielen ihrer Schöpfungen unerreicht und in ihren Überresten noch heute das Staunen des zeitgenössischen Geschlechts ausmacht.[57]

Was die dem Zentrum nahestehenden rheinischen Wissenschaftler und Publizisten an der Welt des Mittelalters am stärksten faszinierte, war die im Rückblick selbstverständliche Verbindung von Religion und Leben, von Thron und Altar, welche dem Heiligen Römischen Reich Deutscher Nation nicht allein Harmonie und Stabilität, sondern auch eine Jahrhunderte überdauernde Kontinuität und Universalität beschert zu haben schien. Jedenfalls gab sich die katholisch-konservative Presse zutiefst davon überzeugt, daß nur die Symbiose von der »realen Nation der Germanen« und der »geistigen Nation der Kirche«[58] jenes mächtige Kaiserreich in Mitteleuropa geschaffen habe, das in der abendländischen Geschichte in seiner Art einmalig gewesen sei und seinesgleichen suche. Die Reformation, die der geschichtsbewußte politische Katholizismus – dem liberalen Protestantismus darin durchaus verwandt – seit dem 19. Jahrhundert als säkularen Umbruch zur Neuzeit deutete[59], habe »den lichten Tagen mittelalterlichen Glanzes ... düstere Jahrhunderte«[60] folgen lassen, in denen die Plagen der Neuzeit – Materialismus, Idealismus und Nationalismus – über das christliche Abendland hereingebrochen seien und Europa zu seinem Nachteil verändert hätten. Der Verlust der universalen christlichen Kultur des Mittelalters habe »aus unserem alten Abendland ein Zerrbild seiner selbst gemacht«[61]: das Reich sei nunmehr konfessionell und politisch gespalten, Europa in das Dilemma unbarmherziger Macht- und Daseinskämpfe einander verfeindeter Nationalstaaten verstrickt. Anstatt im Sinne einer *coincidentia oppositorum* »gleichgewertet, gleichgeordnet und ihren Kräften und Vorzügen dem Ganzen zu dienen«, hätten »sich die politischen Einheiten mehr und mehr als absolute Größen empfunden und zur Geltung zu bringen gesucht, was natürlich nur in ewigem Kampfe möglich« sei[62]. Die katholische Publizistik ging in diesem Kontext hart mit vermeintlichen und tatsächlichen Ersatzreligionen ins Gericht, zu denen die gottlosen Menschen der Neuzeit griffen und auf deren Basis jene den Untergang des christlichen Abendlandes herbeiführten. Zu den „indizierten" Anschauungen gehörten Leibniz' Monadologie[63], der deutsche Idealismus[64] und die auf Hegel zurückgeführte Verherrlichung staatlicher Gewalt[65]. Der Glaube des modernen Menschen an die Selbstherrlichkeit des Individuums, an das uneingeschränkte Recht einer Nation

57 Ebd., S. 110.
58 *Nationalismus und Nation,* in: *Kölnische Volkszeitung* Nr. 767, 17.10.1926.
59 Vgl. die zusammenfassende Darstellung von W. Becker, *Die Reformation – revolutionär-säkularer Umbruch,* in: *Neue Zürcher Zeitung* Nr. 255, 3.11.1989.
60 *Die Bedeutung des Jahres 925 für Deutschland,* a.a.O.
61 H. Platz, *Deutschland – Frankreich und die Idee des Abendlandes,* Köln 1924, S. 6.
62 Ebd., S. 7.
63 Vgl. H. Platz, *Um Rhein und Abendland,* Burg Rothenfels 1924, S. 69.
64 Vgl. H. Platz, *Deutschland – Frankreich und die Idee des Abendlandes,* a.a.O., S. 11ff.
65 Vgl. ebd., S. 20f.

auf Selbstverwirklichung mit den Mitteln, die ihr das staatliche Gewaltmonopol zur Verfügung stelle, habe Europa in den Abgrund nationalistischer Leidenschaften und das Inferno eines Krieges manövriert, dessen Schrecken und Verluste beispiellos seien.

So fortschrittlich die Kritik an den Exzessen des europäischen Nationalismus schien und so sehr der Versuch, aus der Katastrophe des Ersten Weltkrieges zu lernen, zu begrüßen war – ließ die nationalliberale Publizistik am Rhein doch keinerlei Abkehr vom überkommenen nationalstaatlichen Denken der wilhelminischen Ära erkennen, der Diskurs der rheinischen Zentrumspresse förderte nur bedingt die internationale Verständigung über eine stabile Nachkriegsordnung für Europa. Ebenso kärglich waren die Impulse für einen konstruktiven deutsch-französischen Dialog, welche von der katholisch-konservativen Publizistik ausgingen. Denn obgleich sowohl die französische Propaganda als auch die rheinischen Zentrumsanhänger die abendländische Kultur beschworen, so taten beide Lager es unabhängig voneinander, da sie mit dem Begriff Abendland verschiedene Inhalte verbanden: Während die Franzosen darunter vornehmlich den französischen Beitrag zur Zivilisation des Okzidents verstanden[66], dachten die Katholiken an ein verlorenes Paradies, in dem die Religion über das Leben und die Kirche über die Welt dominierte. Die Publizistik des politischen Katholizismus im Rheinland hielt in der Tat an der ebenso romantischen wie utopischen Vorstellung fest, nur eine Annullierung des Säkularisationsprozesses, nur eine Rückbesinnung auf die christliche Kultur des Mittelalters könne Deutschland und Europa aus der existentiellen Krise der Nachkriegszeit herausführen. Also empfahl sie, in »die Rolle des alten Griechenlands« zu schlüpfen, »das gerade nach seiner Niederwerfung durch Alexander seine Kultur der Alten Welt brachte«, kurz »Weltkulturträger«[67] zu werden. Die »Weltmission«[68], zu der die Rheinländer aufgerufen waren, nahm sich indessen weniger prätentiös aus, als die Begrifflichkeit zunächst vermuten läßt; vielmehr war an einen »Kulturkampf« (!) zur »Verteidigung unserer alten rheinischen, christlich-germanischen Gesittung gegen das, was heute falsch Kultur genannt wird, jene sogenannte moderne Kultur«[69] Berliner Provenienz gedacht: Die gefährlichsten jener gottlosen Ideologien, deren Popularisierung und Anwendung in der Politik das Deutsche Reich offenbar an den Rand des Ruins gebracht hatten – Idealismus, Marxismus und Nihilismus –, schienen in der Tat Produkte preußischer Intelligenz zu sein, waren ihre Schöpfer doch preußische Staatsbürger, die ihre Ideen als Universitätsprofessoren, Schriftsteller und Publizisten ungehindert verbreiten konnten. Auf diese Weise sei eine »Drachensaat«[70] ausgestreut worden, deren schadenstiftende Wirkung mit der Novemberrevolution und ihren Folgen für die Kulturpolitik des Staates Preußen eigentlich offenbar geworden sei. Allzu lange habe das Rheinland unter dem preußischen Regiment gelitten[71]: nun sei es höchste Zeit, sich von Berlin zu lösen und das

66 Vgl. S. 69.
67 *Die Weltmission des rheinischen Volkes*, in: *Kölnische Volkszeitung* Nr. 87, 31.1.1919.
68 Ebd.
69 W. Hankamer, *Preußen und die Rheinlande im Spiegelbild der Wahrheit*, a.a.O., S. 112.
70 Ebd., S. 115.
71 Vgl. die folgende Bemerkung in: *Die Weltmission des rheinischen Volkes*, a.a.O.: »Die größte Schuld von uns Rheinländern und Südländern aber, die wir immer unter diesem Seelenalp

irregeleitete deutsche Volk zur Wahrheit, zu den Werten der abendländischen Kultur zurückzuführen. Im übrigen stehe es außer Zweifel, daß die Rheinländer ob ihrer großen kulturellen Leistungen in der Vergangenheit für diese Aufgabe prädestiniert seien. So unverhohlen antipreußisch sich der als »Weltmission« präsentierte »Kulturkampf des rheinischen Volkes« auch gebärdete, die Zentrumspresse der Rheinprovinz betonte mit Nachdruck, daß sie diesen Kampf als eminent patriotische Tat verstanden wissen wollte. Wann immer sie ihren Lesern suggerierte, im Rheinland wisse man noch, »... daß Dom *vor* Bahnhof, Religion *vor* Wirtschaft, Geist *vor* Stoff war, und daß diese Rangstufenordnung nicht umgestoßen« werden dürfe, insistierte sie, daß dies »echt deutsch« oder doch »wenigstens altdeutsch«[72] sei. Rückversicherungen der geschilderten Art waren unumgänglich, da man sich auf der einen Seite nicht dem Vorwurf aussetzen wollte, der französischen Propaganda, die ebenfalls ein preußisches Feindbild kultivierte[73], das Wort zu reden, und andererseits auf diesem Wege der Verleumdung mangelnder nationaler Gesinnung aus den Reihen der rheinischen Nationalliberalen zu entgehen hoffte.

Das antipreußische Ressentiment begleitete die katholisch-konservative Publizistik am Rhein indessen nicht über die gesamte Besatzungszeit. In der zweiten Hälfte der zwanziger Jahre gewann das kulturkritische Motiv, welches den Diskurs der rheinischen Zentrumspartei von Anfang an durchzog, wachsende Bedeutung und führte dazu, daß dieser immer mehr in eine fundamentale Kritik an der säkularisierten modernen Gesellschaft abglitt. So zeigte sich der auf diesen Seiten bereits mehrfach zitierte katholische Bonner Romanist Hermann Platz nach einem Besuch der Kölner Jahrtausendausstellung wenig angetan von den kostbaren Exponaten, den Zeugen einer glanzvollen Vergangenheit der Rheinlande; ihr Anblick hat ihn dagegen offensichtlich zur Verzweiflung gebracht und zu der bohrenden Frage gedrängt, ob »eine solche Kulturschau« nicht »eine sonderbare Zumutung« sei, demonstriere sie doch einerseits, »... wieviel herzhaftes Menschentum sich früher in froher Gebundenheit aussprechen und ausleben [konnte] in den Werken, die der Verherrlichung Gottes dienten«, während sie andererseits die »tiefe Not« vor Augen führe, »die durch die neuabendländische Welt geht: die Not eines Lebens, das sich nicht mehr aus den ewigen Quellen speist«[74]. Die Ausführungen des Bonner Professors sind repräsentativ für das Unbehagen, welches viele katholische Intellektuelle befiel, sobald sie die säkulare Gegenwart mit der tiefen und – im positiven Sinne – naiven Religiosität der Menschen früherer Zeiten verglichen; im allgemeinen jedoch verharrten jene nicht in Melancholie und Depression, sondern nutzten die ihnen zur Verfügung stehenden Medien, um eine Veränderung der gegenwärtig beklagenswerten Situation und Bewußtseinslage der katholischen Christen in ihrem Sinne herbeiführen zu können. Im

gelitten haben, besteht vielleicht darin, daß wir uns allzusehr von ihm beherrschen ließen und vor der zu gewärtigenden Verdächtigung, weniger gute Deutsche zu sein, die Führung dem Berlinertum überließen.«

72 H. Platz, *Um Rhein und Abendland*, a.a.O., S. 8f.

73 Vgl. S. 70.

74 H. Platz, *Gedanken und Fragen zur Rheinischen Jahrtausendfeier*, in: *Im Schritt der Zeit*, Sonntagsbeilage der *Kölnischen Volkszeitung* Nr. 378, 24.5.1925.

Frühherbst des Jahres 1925 wurde in der Rheinprovinz eine anspruchsvolle Monatsschrift mit dem programmatischen Titel *Abendland* gegründet[75], deren Herausgeber in einer für diese Publikation typischen, wenig griffigen Diktion erklärten, sie wollten »das Zerstreute wieder sammeln, das Verirrte wieder in die rechte Richtung bringen und alles zur Einheit verbinden mit jener unendlichen Liebe zum Ganzen, die ... in den Zeiten der nationalen Vereinzelung und Vertrotzung verloren gegangen ist«[76]. Sie dachten dabei offenbar an eine Rehabilitation des christlichen Weltbildes, an eine Wiederherstellung des Bewußtseins für die Einheit aller Worte und Werke des Menschen im Glauben, und meinten, auf diesem Wege den vielfältigen Auseinandersetzungen in Politik, Wirtschaft und Kultur, die auf europäischer und nationaler Ebene oft mit unversöhnlicher Härte ausgetragen wurden, von vornherein die Spitze abbrechen zu können. Nicht umsonst nahmen die Autoren des *Abendlands* mehrfach implizit und explizit Bezug auf die *coincidentia oppositorum* des Nikolaus von Kues. So sehr Ausführungen dieser Art auch geeignet schienen, erhitzte Gemüter zu besänftigen und Verfechter gegensätzlicher Standpunkte einander näher zu bringen[77], das *Abendland* war keine Schule für demokratische Kompromißfindung und internationale Verständigung. Es ging den in dieser Zeitschrift publizierenden katholischen Intellektuellen vielmehr darum, ihren Lesern klar vor Augen zu führen, daß die säkularisierte Gesellschaft des Teufels sei und nur durch die Wiederbelebung ganzheitlicher Religiosität und Frömmigkeit vergangener Zeiten überwunden werden könne. Während diese Forderung nach einem integralistischen Glaubens- und Kirchenverständnis im *Abendland* noch in einer dem intellektuellen Anspruch des Blattes angemessenen moderaten und konzilianten Form vorgebracht wurde, riefen katholische Publizisten an anderer Stelle ungeniert nach kompromißlosem, ja militantem Katholizismus, der mit dem liberalen und humanistischen Gedankengut eines Nikolaus von Kues nichts mehr gemeinsam hatte.

Ein markantes Beispiel für diese Art polternder *propaganda fidei* in der rheinischen Zentrumspresse stellt die Würdigung des 150. Geburtstages von Joseph Görres im Jahre 1926 in der *Kölnischen Volkszeitung* dar. In einem einführenden Artikel, welcher einer dem Görresgedenktag – und dem mit diesem Jubliäum zusammenfallenden

75 Das *Abendland. Deutsche Monatshefte für europäische Kultur, Politik und Wirtschaft*, erschien im Gilde-Verlag, Köln, und umfaßte insgesamt fünf Jahrgänge (1925/26 – 1929/30). Von den Herausgebern seien Landeshauptmann Johannes Horion, Professor Hermann Platz und der Chefredakteur der *Kölnischen Volkszeitung*, Karl Hoeber, namentlich genannt.

76 *Abendland 1* (1925/26), Verso des Titelb.

77 An dieser Stelle sei vermerkt, daß den rheinischen Nationalliberalen das vorgestellte neoabendländische Denken mit seiner harmonisierenden Tendenz ausgesprochen suspekt war, schien es doch zu einer unverantwortlichen Schwächung der deutschen Interessen in Europa zu führen. Vgl. die Rezension des ersten Heftes des *Abendlandes* in: *Kölnische Zeitung* Nr. 827, 6.11.1925: »... Einspruch müssen wir dagegen erheben, wenn gesagt wird, besonders in Deutschland müsse eine abendländische Bewegung entstehen. Unserer Ansicht nach ist gerade in Deutschland der Boden für solche Ideen so empfänglich, daß man den Samen recht vorsichtig ausstreuen sollte. Vorläufig liegen die Dinge noch so, daß eine Nation, die sich gar zu willig in internationalen Hoffnungen berauscht, alle Aussicht hat, unter die Räder zu kommen.«

fünfzigjährigen Bestehen der Görres-Gesellschaft – gewidmeten Sonntagsbeilage des genannten Blattes als Motto vorangestellt war, hieß es recht lapidar: »Nicht mit Aufsätzen, nicht mit Reden werden wir dieser einzigartigen Persönlichkeit gerecht, nicht mit Görres-Festen feiern wir seine Erinnerung, sondern einzig und allein damit, daß wir aufbrechen und ihm nachfolgen. Nachfolgen in all den Mannestugenden, die ihn schmückten!«[78] Den Kolumnisten interessierte in diesem Kontext ausschließlich die seiner Überzeugung nach fest verbürgte Tatsache, daß Görres »aus einer ursprünglichen Katholizität«[79] heraus agierte, die seinem Reden und Handeln jene Entschlossenheit und Kompromißlosigkeit verlieh, welche die Menschen des 20. Jahrhunderts, meist »verwaschene Seelen« und willfährige »Einerseits-Andererseits-Menschen«[80], im allgemeinen vermissen ließen. Wollten die rheinischen Katholiken also dem Vermächtnis ihres großen Landsmannes gerecht werden – und das sollten sie zweifellos –, dann mußte es ihnen gelingen, ihre Weltanschauung in eine zündende Idee zu verwandeln, deren Flamme Andersdenkenden »ins Gesicht schlägt und das Haar sengt«[81]. Die Aggressivität der Formulierung entsprach der Hartnäckigkeit, mit der weite Kreise des katholischen Milieus an der elitären Auffassung festhielten, nur die katholische Kirche beziehungsweise das Zentrum sei im Besitz der Wahrheit schlechthin und daher allein berufen, die Geschicke der Welt zu lenken. So dokumentiert gerade die Rezeption des Görres-Jubliäums in der rheinischen Zentrumspresse, wie weit sich diese von der nationalen Pflichtübung, die französische Kulturpropaganda zu kontern, entfernt hatte und wie sehr sie darauf aus war, die vor dem Hintergrund der Rheinlandbesetzung entfachte publizistische Auseinandersetzung um Schicksal und Geschichte des linken Rheinufers für die katholische Sache zu nutzen[82]. Diesen Mangel an staatsmännischer Gesinnung teilte die Zentrumspartei jedoch mit ihrem politischen Hauptgegner, den Deutschnationalen, die sich ebenfalls der Gestaltung einer schlagkräftigen Gegenpropaganda allmählich entzogen hatten und vermehrt dazu übergegangen waren, heftige Attacken gegen den antipreußischen Defätismus des rheinischen Zentrums zu reiten. Die Sorge um das parteipolitische Profil war ohne Zweifel stärker als das nationale Pflichtgefühl und eine weitere entscheidende Ursache dafür, daß der französischen Propaganda am Rhein von deutscher Seite nichts Gleichwertiges entgegengesetzt werden konnte.

Wer sich mit dem umfangreichen historiographischen und journalistischen Material beschäftigt hat, mit dem man die Kulturpropaganda des *Haut Commissariat français* argumentativ zu entkräften suchte, wird sich vermutlich die Augen reiben und die Frage stellen, ob der Begriff Gegenpropaganda den Sachverhalt denn auch treffend zu umschreiben vermag, da sich die Spuren des vielzitierten „Abwehrkampfes“ rasch

78 W. Spael, *Görres und wir*, in: *Joseph von Görres. Zu seinem 150. Geburtstage am 25. Januar*, Sonntagsbeilage der *Kölnischen Volkszeitung* Nr. 58, 24.1.1926.

79 Ebd.

80 Ebd.

81 Ebd.

82 Das Geschick, mit dem die Görres-Gesellschaft aus den außergewöhnlichen politischen Konstellationen im Rheinland buchstäblich Kapital schlug und auf diese Weise eine Reihe anhängiger Projekte finanzierte, stellte hier lediglich die kaufmännische Seite des *carpe diem* des organisierten Katholizismus dar. Vgl. S. 111ff.

im Gestrüpp innen- und parteipolitischer Kontroversen zu verlieren scheinen. Das Abbröckeln der deutschen „Front" in der publizistischen Auseinandersetzung um die Rheingrenze war nicht mehr aufzuhalten, als das Studium der französischen Geschichte die als Makel empfundene späte Geburt eines Nationalstaats auf deutschem Boden erneut ins Blickfeld treten und einen alten Streit um das Wesen der deutschen Nation und ihrer Geschichte wieder aufflammen ließ. Die Weimarer Verfassungsdiskussion und der rheinische Separatismus haben ein Übriges dazu beigetragen, daß die zum Teil recht erbittert geführte Debatte die Fronten verhärtete und schließlich ausuferte. Die gegenläufige Propaganda mag sich dem heutigen Betrachter daher in einer desolaten Verfassung präsentieren; dies kann jedoch nicht darüber hinwegtäuschen, daß ihr zeitgenössisches Erscheinungsbild diesem Befund nicht entsprach: Die französische Militärverwaltung wußte zwar um antipreußische Ressentiments in weiten Kreisen der Bevölkerung sowie im politischen Establishment der Rheinprovinz und versuchte, sie für ihre Zwecke zu nutzen; auf jede Demonstration nationaler Einigkeit – und war sie aus heutiger Sicht auch noch so vordergründig und dilettantisch – reagierte sie indessen immer wieder irritiert und verärgert. Es fiel ihr beispielsweise nicht auf, daß die Bekundungen nationaler Eintracht anläßlich der Jahrtausendfeiern des Jahres 1925 recht oberflächlicher Natur waren und die disparaten Ziele, welche die borussophilen Deutschnationalen einerseits und die rheinischen Katholiken andererseits im Kontext der Feiern propagierten, nur notdürftig überdeckten. Das politische Klima war 1925 in der Tat weit entfernt von jener Burgfriedensmentalität, welche 1915 das Gedenken an die Einrichtung der Preußischen Rheinprovinz im Jahre 1815 charakterisiert hatte. Ebensowenig schien das *Haut Commissariat français* zu registrieren, daß die Zentrumspresse Joseph Görres im Gedenkjahr 1926 gerade nicht zu einem Freiheitskämpfer stilisierte, sondern sich ausschließlich für den Katholiken in ihm interessierte und in ihre *propaganda fidei* einzubinden trachtete. Dieser relative Erfolg der gegenläufigen Propaganda am Rhein erlaubt es, die entstandenen Bedenken hinsichtlich der gewählten Begrifflichkeit auszuräumen und das Begriffspaar Propaganda und Gegenpropaganda ohne Skrupel zu verwenden.

Zusammenfassung

Geschichtspropaganda ist gewiß nur ein Detail der Geschichte der Rheinlandbesetzung von 1919 bis 1930. Es handelt sich jedoch um ein recht aufschlußreiches Detail, denn die historisch argumentierende Propaganda war ein zentrales Medium der Fortsetzung des französisch-deutschen Streits um die Rheingrenze. Dieser alte Konflikt war – wie so viele Probleme des Zusammenlebens der europäischen Nationen – in Versailles nur halbherzig angepackt und nicht gelöst worden. Allein das Faktum der Rheinlandbesetzung mußte dem Streit neue Nahrung verschaffen. Daß hier zwei in mancherlei Hinsicht ungleiche Gegner miteinander stritten, stellt jeder fest, der sich nicht nur mit den historischen Argumenten beschäftigt, die in dieser Phase der Auseinandersetzung vorgebracht wurden, sondern auch die Entstehungsgeschichte der *propagande historique* der Franzosen und diejenige des „Abwehrkampfes" der Deutschen rekonstruiert und miteinander vergleicht.

Frankreich erscheint zunächst als der stärkere der beiden Kontrahenten. Obgleich der Versailler Vertrag die im wesentlichen sicherheitspolitisch motivierte Pariser Forderung nach politischer Kontrolle über das linke Rheinufer abschlägig beschieden und nur eine befristete interalliierte Besetzung dieses Gebietes zugestanden hatte, gab sich die französische Regierung nicht geschlagen und arbeitete zielstrebig auf eine Revision der Rheinlandbestimmungen hin. Da diplomatische Interventionen nach der Unterzeichnung des Friedensvertrages wenig Aussichten auf Erfolg verhießen, versuchte sie, das Unmögliche über eine geeignete Beeinflussung der Bevölkerung in der besetzten Rheinprovinz selbst zu erreichen. In Paul Tirard, der gleichzeitig dem *Haut Commissariat français* und der Interalliierten Rheinlandkommission vorstand, hatte sie einen ebenso kreativen wie organisatorisch versierten Vertreter ihrer Interessen, der sich nicht scheute, seine Macht für die französische Sache am Rhein einzusetzen. Tirard ist auch der *spiritus rector* jenes Segments der französischen Besatzungspolitik gewesen, das auf *pénétration pacifique*, auf möglichst diskrete Beeinflussung der rheinischen Bevölkerung in profranzösischem Sinne ausgerichtet war. Die Bewohner der besetzten Rheinlande sollten vom Vorteil einer politischen Annäherung an Frankreich überzeugt werden, ohne der wahren, unbezweifelbar separatistischen Absichten der französischen Rheinlandpolitik gewahr zu werden. Um dieses Ziel zu erreichen, griff das *Haut Commissariat français* bewußt zu historisch verkleideter Propaganda, da es in ihr eine der unauffälligsten und unverfänglichsten Formen politischer Einflußnahme erblickte: Die Franzosen spekulierten, der Ruf mehr oder minder strikter Objektivität, welcher dem historischen Diskurs im allgemeinen vorausging, werde automatisch auf ihre *propagande historique* übertragen und dazu führen, daß die rheinische Bevölkerung diese nicht als eine Variante durchsichtiger politischer Propaganda wahrnehme. Um das Kalkül nicht zu gefährden, wurde bei der Auswahl der historischen Argumente darauf geachtet, daß sie keinerlei Anspielung auf die Pariser Rheinlandpläne enthielten. Die Bewohner der besetzten Rheinlande durften unter keinen Umständen annehmen, Frankreich wolle das linke Rheinufer schließlich doch noch annektieren. Die Geschichtspropaganda des *Haut Commissariat français* sollte sich daher in signifikanter Weise von dem Profil historischer Argumente unterscheiden, die im Rahmen der französischen Kriegszieldiskussion für einen „französischen Rhein" vorgebracht worden waren. Aus der *frontière naturelle* wurde ein *Rhin pacificateur*, die Behauptung, derzufolge Frankreich historisch ableitbare Rechtsansprüche auf die umstrittenen Gebiete diesseits des Rheins geltend machen könne, wurde fallengelassen, lediglich das Hohelied auf den Export der Französischen Revolution an den Rhein fand weitere Verwendung. Der für die Gestaltung und Vermittlung der Geschichtspropaganda zuständige *Service Presse et Information* hatte überdies schnell erkannt, daß der Erfolg der französischen Besatzungspolitik in höchstem Maße gefährdet war, wenn es nicht gelang, die Kader der Besatzungsarmee auf die Politik des *désarmement moral* einzuschwören. So wurden die französischen Militärs, von denen viele in den Rheinländern nach wie vor nichts anderes als gefährliche *boches* zu sehen vermochten, die es nicht nur militärisch zu besiegen, sondern auch noch moralisch in die Knie zu zwingen gelte, kurzerhand in das Programm der *pénétration pacifique* miteinbezogen. Die Geschichtspropaganda richtete sich daher nicht zuletzt auch an die französische Rheinarmee. Dies erklärt, weshalb die Instrumentalisierung der Revolutionshistorie in der *propagande historique* dominiert: Ethos und Werk eines Jeanbon Saint-André und eines Lezay-Marnésia sollten den Militärs ein Vorbild sein und sie davon abhalten, anachronistische Feindbilder zu kultivieren und auf diesem Wege den erwünschten Erfolg der Politik der „friedlichen Durchdringung" zu hintertreiben. Als Jean de Pange die These vom Nachteil der Revolutionshistorie für die französische Propaganda aufstellte, hatte er den originären Adressaten der französischen Kulturpolitik, die Bewohner der besetzten Rheinprovinz, im Blick. De Pange fürchtete, daß jegliche Erwähnung des Exportes der Revolution durch die Revolutionsarmeen und die napoleonischen Heere gerade jene Ängste der Bevölkerung vor einem Anschluß an Frankreich verstärken würden, die durch die Propaganda zerstreut, oder besser noch, gar nicht erst geweckt werden sollten; er plädierte daher dafür, die Revolutionshistorie aus dem Repertoire der Geschichtspropaganda zu streichen und stattdessen die ältere Geschichte der reichsunmittelbaren und vom französischen Monarchen protegierten geistlichen und weltlichen Fürstentümer am Rhein in den Mittelpunkt des Diskurses zu stellen. Eine echte Alternative waren de Panges Vorschläge indessen nicht, im Gegenteil, da sie Frankreichs Sympathie für die Rheinlandbewegung kaum verhohlen zum Ausdruck brachten, mußten sie geradezu unbrauchbar erscheinen. Jedenfalls stellten diese Ideen nur ein marginales Kontingent des Arsenals historischer Argumente.

So lag die Stärke der französischen Geschichtspropaganda zweifellos darin, daß der für ihre Konzeption und Distribution zuständige Presse- und Informationsdienst des *Haut Commissariat français* ebenso zielstrebig wie umsichtig ans Werk ging. Dafür spricht nicht nur die sorgfältige Auswahl der historischen Argumente, die den Diskurs der *propagande historique* kennzeichneten, sondern auch das wache Gespür für Widersprüchlichkeiten in der Besatzungspolitik, die Frankreichs Ambitionen am Rhein kaum förderlich sein konnten. Und noch ein Weiteres kommt hinzu: Der *Service Presse et Information* konnte sich auf die uneingeschränkte ideelle und finanzielle Unterstützung seiner Projekte durch die Regierung in Paris verlassen. In den zahlreichen Delegierten der französischen Militärverwaltung standen ihm überdies loyale „Spediteure" zur Verfügung, welche die verschiedenen Produkte der französischen Propaganda gezielt an ausgewählte Repräsentanten der rheinischen Gesellschaft übermittelten.

Frankreichs Rheinlandpolitik führte gleichwohl nicht zum gewünschten Erfolg. Es gelang Tirard und seinen Mitarbeitern nämlich nicht, die Bevölkerung der besetzten Rheinprovinz vom Vorteil eines Schulterschlusses mit dem Nachbarn im Westen zu überzeugen. Ursache des Mißerfolges war die der französischen Besatzungspolitik zugrundeliegende irrige Annahme, antipreußische Affekte, die es in der überwiegend katholisch-konservativen Rheinprovinz zweifelsohne gab, seien mit profranzösischen Sympathien gleichzusetzen. Aus diesem Grunde mußte auch jeder Versuch, die Rheinlandbewegung für die Durchsetzung der französischen Interessen am Rhein zu nutzen, scheitern. Die Illusion hielt sich jedoch hartnäckig und führte dazu, daß die Franzosen das linke Rheinufer 1930 nicht in der Erkenntnis verließen, einer Selbsttäuschung aufgesessen zu sein, sondern in dem tröstlicheren Bewußtsein, von widrigen Umständen an der Vollendung einer historischen Mission gehindert worden zu sein.

Die französische Kulturpolitik in den besetzten Gebieten ist am Rhein und in Berlin auf Ablehung und Gegenwehr gestoßen. Dem deutschen Gegenschlag fehlte jedoch jene ballistische Energie, welche die französische Herausforderung auszeichnete: Während der Presse- und Informationsdienst des *Haut Commissariat français* seiner Tätigkeit zielstrebig nachgehen und der Unterstützung durch Paris sicher sein konnte, stritten sich auf deutscher Seite die Lokalverwaltung am Rhein und die Zentralbehörden der Reichsregierung und Preußischen Staatsregierung in Berlin um Konzepte und Kompetenzen im nationalen „Abwehrkampf". Daß die Konstituierung der Abwehrfront Probleme bereiten würde, war zu erwarten. Als föderalistischer Staat tat sich das Deutsche Reich naturgemäß schwer mit der Formulierung einer einmütigen Antwort auf die französische Besatzungspolitik, mußten doch divergierende Interessen und Prärogativen verschiedener Behörden auf nationaler, preußischer und lokaler Ebene berücksichtigt werden, die von Amts wegen in die Abwicklung der Rheinlandbesetzung involviert waren. Bereits die ersten Initiativen der Reichsregierung erschütterten das labile Gleichgewicht der komplizierten Administration im Reich. So stieß die protokollarisch unumgängliche Einsetzung eines Reichskommissars für die besetzten Gebiete auf geharnischte Proteste des Oberpräsidenten der Rheinprovinz, der um seine Macht am Rhein fürchtete; die Maßnahme konnte jedoch durchgesetzt werden. Dagegen war der Widerstand gegen die Operationen der Rheinischen Volkspflege so hartnäckig, daß das Unternehmen schließlich zurückgenommen werden mußte. Die Reichsregierung hatte der Rheinischen Volkspflege die Aufgabe zugedacht, eine schlagkräftige Gegenpropaganda zu gestalten und zu verbreiten. Die Tarnorganisation scheiterte, weil sie ebenso unbekümmert wie ungeschickt operierte und sich auf diese Weise sowohl die preußische Verwaltung als auch die Bevölkerung der besetzten Rheinprovinz zum Feind machte. Indem sie immer tiefer in die Kulturhoheit der Länder eingriff, zog sie sich den Unmut der Preußischen Staatsregierung zu, die sich entschieden gegen jede Einmischung der Reichsregierung in ihre Angelegenheiten verwahrte und auf einer drastischen Beschneidung der Kompetenzen der Tarnorganisation bestand. Vor allem der Umstand, daß die Rheinische Volkspflege in ihrer Propaganda ungeniert allfällige Zweifel der Berliner Behörden an der nationalen Zuverlässigkeit der Rheinländer zum Ausdruck brachte, welche angesichts der Rheinlandbewegung jedoch eine neue *raison d'être* erhalten hatten, wurde ihr zum Verhängnis. Einflußreiche Vertreter der rheinischen Bevölkerung protestierten beim Reichsminister für die besetzten Gebiete energisch gegen die Unterstellung, alle Bewohner der besetzten Provinz seien Separatisten und als solche in höchstem Maße durch die französische Kulturpropaganda gefährdet, und sie erreichten schließlich, daß die Rheinische Volkspflege mit anderen, weniger prominenten Aufgaben betraut wurde. Es gelang ihnen in diesem Zusammenhang allerdings nicht, das Vertrauen der Berliner Administration in das patriotische Potential der Landsleute diesseits des Rheins wiederherzustellen; wie tief das Mißtrauen saß, zeigen die kompromißlosen Anweisungen aus Berlin über den rechten Umgang mit den Besatzungsbehörden, welche immer wieder Anlaß zu Friktionen mit den pragmatisch gesinnten Kommunalverwaltungen am Rhein gaben. Für die Gestaltung der deutschen Antwort auf die französische Propaganda hatte das Fiasko der Rheinischen Volkspflege jedoch einschneidende Folgen: Um des inneren Friedens willen verzichtete die öffentliche Hand fortan auf die Initiative bei der Formulierung der Gegenpropaganda und beließ es bei außerordentlichen Zuwendungen zur Förderung deutscher Kultur am Rhein. Aus eigens eingerichteten Dispositionsfonds wurden vor allem solche Projekte subventioniert, die in der Rheinprovinz selbst entwickelt worden waren und zur Stärkung des nationalen Bewußtseins der vermeintlich abtrünnigen Rheinländer beizutragen versprachen. Gründung und Aufbau des Instituts für Geschichtliche Landeskunde der Rheinlande an der Universität Bonn in den frühen zwanziger Jahren wären ohne die Bereitschaft des Staates zu außerordentlichen Investitionen im kulturellen Sektor nicht möglich gewesen und stellen wohl auch die bemerkenswerteste Errungenschaft dieser Politik dar. Denn die Bonner Professoren, welche die Gründung der Einrichtung mit sicherem politischem Instinkt betrieben hatten, haben immerhin ein bedeutendes landesgeschichtliches Forschungsinstitut ins Leben gerufen, das sehr bald über die Grenzen der Rheinprovinz hinaus bekannt wurde. Auch die Görres-Gesellschaft wußte die Gunst der Stunde geschickt zu nutzen. Sie sicherte sich zum Teil beträchtliche Zuschüsse zur Finanzierung einer Gesamtausgabe der Werke von Joseph Görres und zur Ausrichtung der 50. Generalversammlung der Gesellschaft in Koblenz. Dabei kam ihr der Umstand, daß Joseph Görres eine schillernde Figur mit widersprüchlichem Lebenslauf ist, sehr zustatten, erlaubte er es ihr doch, vom deutschen Patrioten und Widersacher Napoleons zu reden und den Katholiken und Gegner Preußens zu meinen. Selbst die Jahrtausendfeier des Jahres 1925, die schon deshalb besondere Beachtung verdient, weil sie – Ausnahmen bestätigen die Regel – auf einer staatlichen Initiative beruhte und schließlich zum spektakulärsten Erfolg der Gegenpropaganda avancierte, entging nicht der Gefahr der Instrumentalisierung durch diejenigen, die das Spektakel mehr aus Eigennutz, denn aus dem Wunsch nach einer exemplarischen Antwort auf die französische Geschichtspropaganda am Rhein heraus inszenierten. So hoffte die Provinzialverwaltung, welche die Feiern initiiert hatte, daß die lärmenden patriotischen Kundgebungen die einstigen Rufe »Los von Berlin!« übertönen und den politischen Schaden reparieren würden, der der Rheinprovinz aus dem Separatismus erwachsen war; die Preußische Staatsregierung erblickte in der Jahrtausendfeier eine willkommene Gelegenheit, das im Kriegsjahr 1915 zu kurz gekommene Jubiläum »Hundert Jahre Preußische Rheinprovinz« in angemessener Form nachzuholen, und achtete daher sehr genau darauf, daß Preußens historische Verdienste um die wirtschaftliche Prosperität und den kulturellen Reichtum der Rheinlande im Rahmen der

Feiern gebührend herausgestrichen wurden. Die rheinischen Kommunen schließlich erwarteten eine Zunahme des Fremdenverkehrs aus Anlaß des Millenniumsspektakels und rechneten mit einer ansehnlichen Aufstockung ihrer Etats.

Diese Neigung, den „Abwehrkampf" gegen die französische Herausforderung am Rhein für die – verständlichen – Eigeninteressen der verschiedenen Körperschaften, die sich an der „Verteidigung" der Rheinlande beteiligten, nutzbar zu machen, spiegelt sich auch deutlich in der Argumentation der Gegenpropaganda. Während breite Übereinstimmung darüber bestand, daß ein jahrhundertealter aggressiver Nationalismus sich in Frankreichs hartnäckigem Streben nach der Rheingrenze manifestiere und daß die Bevölkerung des linken Rheinufers, entgegen anderslautenden Behauptungen der französischen Propaganda, keineswegs frankophil sei, traten die Meinungen weit auseinander, als es darum ging, Lehren aus der Geschichte des französischen Nationalismus zu ziehen und die „wahre" Identität der Rheinländer zu bestimmen. Das nationalliberale Spektrum, dem alle an der Abwehrfront engagierten rheinischen Historiker zuzurechnen sind, sah eine wesentliche Ursache des Erfolges der französischen Rheinpolitik in der spät entstandenen und daher noch nicht ausreichend gefestigten nationalen Einheit der Deutschen und empfahl deshalb allen politischen Gruppierungen im Reich einen engeren Anschluß an Preußen, den Schöpfer und Garanten der Einheit. In diesem Kontext verwies die nationalliberale Publizistik im Rheinland wiederholt auf die Berliner Verdienste um die Integration der Rheinprovinz in das Reich und auf die historisch gewachsene „preußische" Identität der Rheinlande. Diese Argumentation hatte natürlich die rheinische Zentrumspartei im Visier, deren anfängliche Sympathien für die Rheinlandbewegung nicht vergessen waren und für parteipolitische Auseinandersetzungen immer wieder neu aufbereitet wurden. So hatte sich das Zentrum sowohl gegen den Vorwurf mangelnder nationaler Zuverlässigkeit als auch gegen die preußische Vereinahmung der rheinischen Geschichte zu wehren. In zahlreichen historischen Exkursen untermauerte die Zentrumspresse die Gegenthese, der zufolge Katholizismus und Patriotismus durchaus kompatible Größen darstellen. Schließlich habe der Bund von Thron und Altar den Zusammenhalt des Heiligen Römischen Reiches Deutscher Nation über Jahrhunderte hinweg gewährleistet – ein Verdienst, welches angesichts des ebenso selbstbewußten wie selbstgerechten preußischen Auftretens nicht genug gewürdigt werden könne. Gerade die rheinischen Erzbischöfe und Kurfürsten hätten großen Anteil an der glanzvollen mittelalterlichen Reichsgeschichte. Die Art und Weise, in der die wichtigsten Parteien der Rheinprovinz sich den Stoff der Gegenpropaganda aneigneten und schließlich zur Profilierung gegenüber dem politischen Gegner „mißbrauchten", zeigt einmal mehr, daß die inneren Auseinandersetzungen der Weimarer Republik die beteiligten Kräfte weit stärker beanspruchten als der französisch-deutsche Streit um den Rhein.

Die Rahmenbedingungen des Abwehrkampfes waren denkbar ungünstig; dennoch erzielte die Gegenpropaganda unübersehbare Erfolge. Das internationale Echo auf die Rheinische Jahrtausendfeier ist nur ein, wenngleich prominentes Beispiel. Wesentliche Ursache des deutschen Erfolges war die hypertrophe Aufmerksamkeit, mit der die französische Militärverwaltung jede – als „nationalistisch" verfemte – preußische Regung am Rhein registrierte und observierte. Diese Empfindlichkeit auf ihrem „preußischen" Auge ließ sie die unbestreitbaren Schwächen des Abwehrkampfes gar nicht wahrnehmen, sondern den ungleichen Partner als ernstzunehmenden Gegner einstufen und behandeln.

Glossar

S. 18
Es ist wiederholt darauf hingewiesen worden, daß der Rhein Frankreichs natürliche Grenze ist. Wir möchten nun zeigen, daß er auch die rechtmäßige Grenze ist.

Anders als das Eigentumsrecht des einzelnen, ist das Recht einer Nation auf ihr Staatsgebiet nicht kodifiziert. Es leitet sich aus einer höheren und weiter zurückliegenden Quelle ab. Das Gebiet, das einer Nation seit Menschengedenken und Jahrhunderten gehört, das sie lediglich aufgrund von Schicksalsschlägen und Katastrophen verloren hat, das Natur und Geschichte ihr gleichermaßen zusprechen und dessen Bevölkerung die ihre ist, ist und bleibt ihr Staatsgebiet; keine Verjährung und kein Zeitverzug haben daran etwas ändern können. Selbst völkerrechtliche Verträge, zu denen sie sich genötigt, zuweilen auch gezwungen sah, können nur zeitlich befristete Arrangements sein ..., die – wie alles Menschenwerk – weder den Gang der Geschichte zu revidieren noch Tatsachen oder Traditionen vom Tisch zu wischen oder gar das einmütige, über Generationen vererbte Fühlen und Denken eines ganzen Volkes zu verändern vermögen.

S. 20
Die Gelehrten jenseits des Rheins messen diesem privaten Arrangement gerne politische Bedeutung bei und verkünden, daß der Vertrag von Verdun die Grenzen von Frankreich und Deutschland endgültig festgelegt habe. ... Das, was man hochtrabend *Vertrag von Verdun* zu nennen pflegt, war jedoch ebensowenig eine politische Teilung wie alle anderen karolingischen Teilungen, die ihm in großer Zahl vorangingen oder folgten: Der Teilungsvertrag von Verdun war ein rein wirtschaftlich motivierter Vergleich zwischen Familienmitgliedern.

S. 21
Heute blicken wir wie schon unsere Vorfahren auf diesen Kampf zwischen zwei gegensätzlichen Kulturen, die kaum etwas miteinander gemein haben, der romanischen Welt einerseits und der germanischen, oder besser noch teutonischen, Welt andererseits. Die eine ist Bestandteil der griechisch-lateinischen Kultur, welche die Völker des Westens durch und durch geprägt hat, die andere ein Kind des deutschen Waldes und von der griechisch-lateinischen Kultur nur an der Oberfläche beeinflußt. ... Die Grenze zwischen diesen beiden Welten ist nach wie vor der Rhein.

S. 22
Das linke Rheinufer hat nach dem Sturz seiner Fürsten und dem Verschwinden des Ancien Régime seinen Willen kundgetan. Es hat seine Stimme abgegeben, als es noch Herr seiner selbst war und die französische Herrschaft noch nicht lange genug währte, um es nach unserem Bilde zu formen und in unserem Sinne zu beeinflussen. ... So gesehen, hat es sich lediglich zu seiner Vergangenheit bekannt; aufgrund seiner

Instinkte und Neigungen konnte es gar nicht anders als zu uns kommen. Es hat seine Bindungen an das Haus Habsburg, an jenes Heilige Römische Reich, dessen Rechtsnachfolge das heutige Deutschland fälschlich für sich beansprucht, aufgekündigt und sich feierlich an Frankreich gebunden.

S. 23
Es geht um ein geistiges Phänomen, das mit einer bestimmten chemischen Reaktion verglichen werden kann; bringt man aggressive, ätzende oder giftige Säuren mit einem Metall oder einer Base in Verbindung, so verlieren sie ihre schädliche Wirkung und bilden ein neutrales Salz, das mit neuen und wertvollen Eigenschaften ausgestattet ist. So hat die durch die keltische Base oder das reine lateinische Metall neutralisierte germanisch-preußische[1] Säure bestimmter Völker vollkommene Rassen hervorgebracht.

Diese Verschmelzung dürfte sich für die Ripuarier um so einfacher gestalten, als sie nicht gotischen oder burgundischen Ursprungs sind, sondern von altem gallischem Stamme, in dessen Rinde ein fränkischer Zweig gepfropft wurde. Die Vereinigung vollzog sich während der französischen Herrschaft zwischen 1794 und 1815 ausgesprochen unproblematisch. Sie wird noch im Gange sein, wenn wir unsere *natürlichen Grenzen* wiedererlangt haben werden.

S. 34
Da wir dieses Land nicht kurzerhand annektiert haben, sollten wir die Schaffung eines neutralen Pufferstaates zwischen Deutschland und uns auf jeden Fall anstreben. Jeder Fortschritt in diese Richtung ist ein Gewinn. Sollen wir direkt darauf zuarbeiten? Nein, natürlich nicht, denn dann liefen wir Gefahr, das Anliegen in den Augen vieler ehrenwerter Rheinländer zu verspielen, die, von reinem Lokalpatriotismus beseelt, keinen unversöhnlichen Haß gegen uns hegen. Wir würden vor allem ihren Gegnern zuarbeiten und es ihnen leicht machen, den Vorwurf des Verrats zu erheben.

Die Deutschen sind zu einer Entscheidung aufgerufen. Wir können ohne öffentliche Parteinahme erheblich dazu beitragen, daß sie unseren Interessen gemäß ausfällt.

Eine unserer größten Chancen liegt in der Abneigung, die Bevölkerung und Gebieter füreinander empfinden.

Alles tun, damit die Bevölkerung uns besser kennenlernt.

Bei jeder Gelegenheit Stärke gegenüber den preußischen Behörden demonstrieren.

Jegliche Willkür und Demütigung vermeiden.

Zu verstehen geben, daß die Interessen der Region eher in einer Verbindung mit dem Nachbarn im Westen als in einer solchen mit den Preußen Ostelbiens liegen.

Das soll unser Programm sein. ...

(die einzusetzenden Mittel:)
- An erster Stelle und um jeden Preis unser Prestige als Siegermacht bewahren.
- ... sollten wir keine Gelegenheit versäumen, der Bevölkerung klarzumachen, daß

1 Das französische „prussique“ ist doppeldeutig: Von „la Prusse“/Preußen abgeleitet, heißt es in Verbindung mit „acide“/Säure eigentlich Blausäure.

die preußische Herrschaft vollkommen willkürlich, ungerecht und korrupt ist, unsere dagegen rechtsstaatlich, unparteiisch und ehrenhaft. ...

– Die französischen Vorträge ... verfehlen mitunter ihr Ziel. Der Vortragende schadet manchmal der Sache. ... Es ist jedenfalls nicht sehr geschickt, wenn wir uns selbst beweihräuchern und gleichzeitig den Boches[2] Verbrechen vorhalten, die sie zusammen mit jenen begangen haben, von denen wir sie nun trennen wollen.

Die oben genannten Mittel lassen sich als intellektuelle und moralische Propaganda bezeichnen.

S. 36

Die Vergegenwärtigung einer historischen Begebenheit, welche vorzugsweise dem Revolutionszeitalter bzw. der [ersten] französischen Rheinlandbesetzung entnommen und möglichst als Anekdote präsentiert ist, wird der Rheinlandbewegung bzw. den ethnisch, kulturell, historisch und ökonomisch bedingten engen Beziehungen zwischen den Rheinlanden und Frankreich gewaltigen Auftrieb verschaffen.

Der [historische] Artikel ist ein Element der Propaganda. Es handelt sich jedoch um eine äußerst diskrete Propaganda, in der die profranzösische Tendenz hinter der Maske historischer Objektivität verschwindet. Ein solcher Beitrag sollte so weit wie möglich aktuelle Bezüge aufweisen.

S. 40

Die Vorlesungen werden überwacht. Ich habe mehr als hundert besuchen lassen. Man hat dort kein Sterbenswörtchen gegen die Besatzungsbehörden vernommen. Man kann daher auch nicht sagen, daß die Universität als Ganzes ein Hort nationalistischer Agitation ist. Man kann aber mit Fug und Recht behaupten, daß fast alle ihre Professoren und Studenten nationalistisch gesinnt sind.

S. 44

Der französische Soldat, der zur Wacht am Rhein antritt, sollte wissen, daß dieser schöne Fluß einst Galliens Grenze war.

Dank unseres Sieges ist der Rhein heute zwischen der Schweizer Grenze und der Mündung der Lauter wieder Frankreichs Grenze; die Region, die wir seit dem Waffenstillstand besetzt halten und die wir *rheinische Gebiete* nennen, gehört zu Deutschland.

Das heißt jedoch nicht, daß hier ausschließlich unversöhnliche Gegner Frankreichs leben. Wir ziehen gewiß feindliche Blicke auf uns, und es ist auch nicht verwunderlich, daß Sympathiekundgebungen zu unseren Gunsten ziemlich selten sind.

Die Erinnerungen an den Krieg sind noch zu frisch. ...

Gerade deshalb müssen die einstigen gutnachbarlichen Beziehungen zwischen Franzosen und Rheinländern in Erinnerung gerufen werden.

Diese Beziehungen sind erst abgebrochen worden, als Preußen die Rheinprovinz in der Folge der Beschlüsse des Wiener Kongresses in Besitz nahm und alles daran

2 Französisches Schimpfwort für Deutsche.

setzte, jede Spur unseres Einflusses und jede Erinnerung an unsere beschützende Herrschaft zu verwischen. Diese Politik ist aber eben mal hundert Jahre alt; ... ein großer Teil der alteingesessenen Bevölkerung bleibt jedoch der glorreichen Zeit der [ersten] französischen Herrschaft in treuer Erinnerung verbunden.

S. 45
Das Glück ist uns abermals hold: Wir sind an den Rhein zurückgekehrt und mit den Urenkeln jener in Berührung gekommen, die sich rühmten, Franzosen zu sein. Es liegt an uns, die Sympathien von einst zurückzugewinnen. Wir sollten der Bevölkerung unsere Stärke und Entschlossenheit vor Augen führen und beweisen, daß wir die Nachfahren jener Soldaten der Napoleonischen Armee sind, welche ... die Zivilbevölkerung so großzügig behandelten.

S. 47f.
Wollen wir das Ziel, das wir uns gesteckt haben, auch erreichen, so brauchen wir dazu eine intelligent gemachte und gut redigierte starke Presse. Diese sollte in moderatem Ton gehalten und jeglicher Polemik abhold sein, da sie es an Unverschämtheit mit den rechtsrheinischen Zeitungen nie wird aufnehmnen können. Sie sollte die Dinge objektiv darstellen und ... die Interessen, die wir mit der rheinischen Bevölkerung teilen, zur Genüge herausstellen. ... Sie sollte alles Militärische meiden und ihre Spalten nicht mit den Konterfeis von Generälen oder mit Reproduktionen militärischer Zeremonien illustrieren. Sie sollte sich vielmehr der sachlichen Diskussion wirtschaftlicher Fragen widmen und dem Feuilleton einen gewichtigen Platz einräumen.

S. 48
Es ist überaus interessant, die damalige friedliche Besetzung einiger Teile Preußens durch die Franzosen mit der heutigen zu vergleichen. Damals wie heute sollte die Besetzung die Rückzahlung der Kriegsschulden und die Erfüllung des Friedensvertrages garantieren. Wenn man die heutige Situation im Lichte der Geschichte beurteilt und wenn man Deutschland im Jahre 1922 das gleiche Denken und Fühlen unterstellt, welches Preußen 1807 an den Tag gelegt hat, so ist das wenig ermunternd. Am 12. Juli 1807 unterzeichneten von Kalckreuth und Berthier die Konvention von Königsberg, die den Abzug der französischen Truppen aus Preußen regelte: Artikel 4 der Konvention bestimmte, daß dies in dem Maße geschehe, „in dem Preußen seine Kriegskontributionen abtrage". Nach einem Jahr hatte Preußen noch keinen Pfennig bezahlt; Napoleon aber hatte in Soult den Befehl gegeben, die Landstriche an der Weichsel zu verlassen und mit dem Rückzug der französischen Truppen zu beginnen. ... Am 5. Dezember 1808 stand in Preußen kein französischer Soldat mehr. Frankreich hielt also Wort, Preußen aber nicht. ... Das sollte uns heute eine Lehre sein.

S. 52
Die Revue Rhénane findet ebenfalls nur einen relativ geringen Absatz. ...Die Ursache dafür ist nicht in der Konzeption der Revue zu suchen, denn sie trifft den richtigen Ton: das gilt sowohl für den Text und die Bebilderung als auch für die Anklänge an die rheinische Geschichte, die ihre Wirkung nicht verfehlen. Es ist nur so, daß die

Deutschen die Zeitschrift systematisch boykottieren. Der Boykott geht einzig und allein von den Intellektuellen, dem präsumptiven Adressaten der Zeitschrift, aus.

... man sollte nicht auf Abonnements setzen, sondern großzügig und kostenlos Probehefte in Umlauf bringen, welche von den Kreisdelegierten, die über entsprechende Beziehungen verfügen, weitergereicht werden.

S. 64

Wenn man über die Geschichte nachdenkt, ertappt man sich bei dem Gedanken, daß Europa womöglich kein größeres Unglück zustoßen konnte als Varus' Niederlage. Ohne diese empfindliche Schlappe hätten die Römer zweifellos ganz Germanien unterworfen und romanisiert. Der große geologische Graben, der sich vom Schwarzen Meer bis zur Ostsee erstreckt, wäre zur Grenze des Reiches geworden; unter dem Einfluß strenger lateinischer Disziplin hätte das ungeschliffene Wesen der Slawo-Germanen Mittel- und Ostdeutschlands verändert und romanisiert werden können: das Gesicht der Welt hätte sich geändert! Aber die Geschichte korrigiert sich nicht; sie hat den Rhein zur Grenze zwischen den beiden Völkern und Kulturen, Deutschland einerseits und Frankreich andererseits, auserkoren.

S. 66

Meine Dame, da ich weiß, wie bildungshungrig Sie sind und wie gerne sie mir zuhören [!], will ich über die Rheinländer und damit über ein hochaktuelles Thema sprechen. Ist Ihnen das recht? ...

Ich bin ganz Ohr, antwortete sie mir, *Sie dürfen mir auch gerne eine Predigt halten, wenn es Sie dazu drängt.*

Lassen Sie mich Ihnen zunächst sagen, daß die Aussage, die Ihnen so leicht über die Lippen ging, vielschichtig ist, weshalb ich sie zuerst in ihre Bestandteile zerlegen will. *Die Rheinländer sind Deutsche.* So weit, so gut. Sie sind es sowohl aus ethnischer als auch aus linguistischer Sicht. Ich behaupte sogar, daß es so bleiben wird, und ich wüßte auch nicht, wie es anders sein könnte, denn wir können zwar ohne weiteres einen Hut ablegen, unsere Vergangenheit aber kaum. ... Sie sehen, daß ich Ihnen folge, solange Sie erklären, daß die Rheinländer Deutsche sind; ich folge Ihnen jedoch nicht, wo Sie ergänzen: *wie alle anderen auch*, und mit diesen anderen die Preußen meinen.

Das wollte ich in der Tat sagen, warf meine Gesprächspartnerin ein, *denn Preußen und Deutsche sind doch eins.*

Politisch gesehen, meine Dame, haben Sie vollkommen recht, denn Preußen bildet zusammen mit den anderen deutschen Staaten tatsächlich das deutsche Reich. Ethnisch betrachtet, sieht das Ganze jedoch anders aus. Die Bewohner Brandenburgs, Mecklenburgs und des preußischen Kernlandes sind kelto-slawischen Ursprungs, die Bevölkerung der Rheinlande ist von kelto-germanischem Stamm, und die individuellen Eigenschaften der beiden Völker konnten durch keinerlei Einflüsse verwischt werden.

S. 68f.

Wenngleich weder das eine noch das andere zutrifft, vermochte der Rhein auf eine recht originelle Weise eine wichtige Rolle zu spielen. ... Der Mittelrhein konnte nicht aus den Quellen seines *Hinterlandes* schöpfen; die Nebenflüsse führten ihm indessen Elemente aller möglichen fremden Kulturen und Zivilisationen zu: die Mosel den gallo-römischen, christlichen und karolingischen Geist, der Main fränkische und schwäbische Einflüsse, der Oberrhein alemannisches, burgundisches und lombardisches Gedankengut, der Niederrhein den Widerhall Flanderns und der Niederlande. ... Ein behäbiger Wohlstand, das milde Klima, die Schönheit der Landschaft und die Vielzahl fremder Einflüsse schufen eine hochentwickelte Zivilisation, die offen, tolerant und humanistisch war. ... Wenn das Rheinland in seiner Geschichte auch kein Vaterland im politischen Sinne darstellte, so doch zumindest ein geistiges.

S. 71
Obwohl Frankreich auf eine ruhmreichere Geschichte zurückblicken kann als irgendeine andere Nation, ist es ihm nicht in den Sinn gekommen, Jahr für Jahr einen seiner Siege zu feiern, die an den mächtigen Pfeilern des Arc de Triomphe nur angedeutet werden. Gleich jenem Emporkömmling, dem der Zufall das Glück eines schönen Tages in die Hände spielt, sonnt sich Deutschland im Glanze eines kurzlebigen Erfolges und hat mit dem *Sedanstag* einen Gedenktag auserkoren, der seinem Chauvinismus auf das Trefflichste entspricht. Frankreich feiert dagegen den Sieg des Rechtes über die Gewalt, den Triumph der Freiheit über die Tyrannei.

S. 75
Jeanbon Saint-André war ein ehemaliges Mitglied des Nationalkonvents, seit 1802 zog er mit seiner republikanischen Genügsamkeit und Arbeitswut die Bewunderung seiner deutschen Administrés auf sich. Eines Abends erschien Jeanbon zu einem Diner bei Hofe in einem schlichten schwarzen Anzug, während die Kämmerer und Unteroffiziere in festlicher Robe gekommen waren. Als Getuschel laut wurde und die elegant gekleideten Gäste ihn nicht ernst zu nehmen schienen, rief er ihnen zu: *Wir haben unsere Vorherrschaft weit ausgedehnt und Könige gezwungen, uns untertänig um Frieden zu ersuchen. Wissen Sie noch, wer das erreicht oder in die Wege geleitet hat? Es waren die Vorsitzenden des Nationalkonvents, glühende Jakobiner mit roten Mützen auf dem Kopf, grobem Leinen auf dem Körper und Holzpantinen an den Füßen, sie ernährten sich nur von trockenem Brot und schlechtem Bier und ließen sich auf Matrazen auf dem Fußboden ihrer Sitzungslokale fallen, wenn der Schlaf sie übermannte. Das waren die Männer, die Frankreich gerettet haben. ...* Er hätte noch hinzufügen können: ... *und was mache ich anderes hier, als Frankreichs Gedankengut von 1789 unter friedlichen und geordneten Umständen in die Tat umzusetzen?*

S. 76f.
... man muß sich klarmachen, daß Deutschland damals eine Art Mosaik aus vielen kleinen Staaten, Grafschaften, Fürsten- und Herzogtümern war. Zu den wichtigsten zählten die Grafen von Zweibrücken und von Nassau-Saarbrücken, die Kurfürsten und Erzbischöfe von Mainz, Köln und Trier, die freien Reichsstädte Speyer und Worms, die preußischen Enklaven am Niederrhein und die ausgedehnten Besitzungen der Pfalzgrafschaft (die Pfalz und das Herzogtum Jülich) – die vielen reichsunmittelbaren Enklaven und Abteien seien hier nur am Rande erwähnt. Das politische und

moralische Band, welches die Masse der kleinen Staaten zusammenhielt, war außerordentlich locker. ...

Dann kam die Französische Revolution und die französische Besatzung. Die Bevölkerung der Rheinlande, die mit den neuen Ideen und Idealen konfrontiert wurde, begriff allmählich, daß eine neue Ära angebrochen war, und daß sie aufgerufen war, daran teilzuhaben.

S. 80
[Gewiß,] ... die Kontinentalsperre hatte verheerende Folgen: das rechte Rheinufer wurde dem linken geopfert, ... Der Rhein war die eifersüchtig gehütete Zollgrenze des Empire. Frankreichs protektionistische Politik kam ausschließlich den Départements auf dem linken Rheinufer zugute und die annektierten Länder jenseits des Rheins waren endgültig aus dem *föderativen Verbund* ausgeschieden.

S. 81
Wenngleich die rechtsrheinischen Länder angesichts der protektionistischen französischen Politik vorübergehend benachteiligt waren, so dankten sie den Franzosen andererseits für die Abschaffung zahlreicher innerer Schranken, welche bis dahin Regionen voneinander getrennt hatten, die füreinander bestimmt waren – so hat schließlich jede Fremdherrschaft ihre positiven Auswirkungen. In ökonomischer, administrativer und juristischer Hinsicht führte die französische Herrschaft sowohl zur Erweiterung des Horizonts als auch zur Vereinheitlichung, was sich in der Zukunft sehr positiv auswirken sollte. ... Den Franzosen ist es zu verdanken, daß das Großherzogtum Berg, die Grafschaft Mark und das Land an der Sieg bzw. die Manufakturen, die Kohleförderung und die Eisenindustrie miteinander in Berührung kamen. Der einheitliche Wirtschaftsraum dieser Region im Westen Deutschlands ist vor 1815 entstanden, und Preußen hat ihn nicht angetastet.

S. 82
Danton ließ sich zweifellos von den Ausführungen Jean-Jacques Rousseaus anregen. Der Autor des *Contrat social* hat nämlich die Auffassung vertreten, daß die Lage der Berge, der Meere und der Flüsse in Europa, welche den Völkern als Grenzen dienten, offenbar über Größe und Anzahl eben jener Völker entschieden habe, und man sagen könne, daß die politische Landkarte dieses Erdteils in gewisser Hinsicht das Werk der Natur sei. (...) Das heiße jedoch nicht, daß die Alpen, der Rhein, das Meer und die Pyrenäen unüberwindliche Hindernisse darstellten, vielmehr würden sie vom Menschen als solche unterhalten, befestigt oder wiedererobert, sobald die Staatsgrenzen von ihnen abwichen. Dieser Vorstellung entsprechend, haben die Protagonisten der Revolution verkündet, daß die Rechte einer Nation sich aus der Natur herleiten und die Ausübung dieser Rechte dort endet, wo die Natur selbst die Grenze zieht.

S. 84
Selbst wenn der Kaiser zur Krönung nach Rom zieht ..., proklamiert sein Heer das Recht des Stärkeren und ruft beim Einzug in die ewige Stadt aus: *Empfange, Rom, Deutschlands Eisen, das Dein Herr Dir für die Krone darbietet.* Es entsteht eine Doktrin,

die ostdeutsche Juristen seit dem 14. Jahrhundert in die Worte *Den Kaiser macht das Heer* kleiden werden. Und wenn es stimmt, daß sich der Geist eines Volkes im wesentlichen unverändert von einer Generation auf die andere überträgt, dann zeigt sich der preußische Geist seit dem Mittelalter in jenem brutalen Vorgehen, das in der Geschichte Preußens immer wieder angewandt wurde und am 22. Januar 1871 im Spiegelsaal zu Versailles in der Proklamation Wilhelms zum deutschen Kaiser durch Teile seiner Armee gipfelte.

S. 85
Die Annexion ... hat der französischen Außenpolitik schweren Schaden zugefügt. ... Als Frankreich 1815 hinter seine alten Grenzen zurückweicht, fehlt der schützende Korridor, der sich vormals aus den kleinen Staaten am Rhein zusammensetzte. Indem Frankreich diese Staaten annektierte, hat es dem preußischen König in die Hände gearbeitet, dem die Verträge [des Wiener Kongresses] das Gebiet der ehemaligen Kurerzstifte übertrugen.

S. 86
Das Regiment der geistlichen Kurfürsten über ihre Untertanen war offenbar recht mild, so mild, daß einer der Historiker, die sich in jüngster Zeit mit dem Rheinland auseinandergesetzt haben [i.e. Ph. Sagnac], dort vor der Französischen Revolution ein einträchtiges Miteinander von Menschen und Institutionen zu erkennen glaubt. *Unter dem Krummstab ist gut wohnen*, so ließ sich die friedliche, weltlichen Freuden zugetane Bevölkerung immer wieder vernehmen. ... Leider wurde die Geschichte der geistlichen Kurfürsten immer von ihren Feinden geschrieben, die ein düsteres Bild ihrer Administration zeichneten. Man wirft ihnen vor, die Aufklärung in ihren Staaten nicht ausreichend gefördert zu haben. Nichts ist ungerechtfertigter, denn gerade am Vorabend der Revolution haben sie tiefgreifende Reformen im Bildungswesen eingeleitet, die nicht nur die Grundschule, sondern auch das höhere Schulwesen betrafen.

Quellen- und Literaturverzeichnis

1. Ungedruckte Quellen

Archiv des Landschaftsverbandes Rheinland, Brauweiler:
3638, 4897, 4898, 4900a, 4900c, 11057, 11061, 11139, 11152
Archives du Ministère des Affaires Étrangères, Paris:
Europe 1918-1929 Rive Gauche du Rhin
„Maison de la Presse"/ Information
Archives Nationales, Paris:
AJ^9: Archives confidentielles, Archives du Cabinet (1919-1923/24), Archives du Secrétariat Général du Haut Commissariat, Répertoire de la documentation commune du Cabinet et du Secrétariat Général, Répertoire des documents édités par la H.C.I.T.R., Service des Affaires d'Occupation, Service de l'Instruction publique, Service de Presse et Information
Hauptstaatsarchiv Düsseldorf:
NW5 Preußisches Kultusministerium
Historisches Archiv der Stadt Köln:
Gesellschaft für rheinische Geschichtskunde
Landeshauptarchiv Koblenz:
403 Oberpräsidium der Rheinprovinz
Politisches Archiv des Auswärtigen Amtes, Bonn:
Politische Abteilung IIa Besetzte Gebiete
Zentrales Staatsarchiv Merseburg:
Rep. 76 V^a
Rep. 77
Zentrales Staatsarchiv Potsdam:
Reichsministerium für die bes. Gebiete
Reichsministerium des Innern
Rheinische Volkspflege

2. Gedruckte Quellen

Abendland. Deutsche Monatshefte für Kultur, Politik und Wirtschaft, Jahrgänge 1925/26-1929/30

Arndt E.M., *Der Rhein. Teutschlands Strom, aber nicht Deutschlands Gränze*, o.O. 1913

Aubin H. (u.a.), *Geschichte des Rheinlandes von der ältesten Zeit bis zur Gegenwart*, 2 Bde., Essen 1922

– *Geschichtliche Landeskunde. Anregungen in vier Vorträgen*, Bonn 1925

Babelon E., *La Rive Gauche du Rhin. Les Revendications Françaises dans l'Histoire*, hrsg. vom Comité de la rive gauche du Rhin, Paris 1917

– *Le Rhin dans l'histoire*, 2 Bde., Paris 1916-1917
Barrès M., *L'Appel du Rhin. La France dans les pays rhénans*, Paris 1921
– *Le Génie du Rhin*, Paris 1921
Bertram E., *Rheingenius und Génie du Rhin*, Bonn 1922
Blondel G., *La doctrine pangermaniste*, Paris 1919
– *La Rhénanie, son passé, son avenir*, Paris 1921
Braubach M., *Zur Beurteilung der mittelalterlichen Kaiserpolitik*, in: *Vergangenheit und Gegenwart 15* (1925), S. 321-336
Coubé S., *Alsace, Lorraine et France rhénane. Exposé sur les droits historiques de la France sur toute la rive gauche du Rhin*, Paris 1915
Curtius E.R., *Maurice Barrès und die geistigen Grundlagen des französischen Nationalismus*, Bonn 1921
Darsy E., *Les Droits historiques de la France sur la rive gauche du Rhin*, Petite Bibliothèque de la Ligue des Patriotes Bd. 8, Paris 1919
Dessauer F., *Das Rheinproblem*, Köln 1924
L'Écho du Rhin, Jahrgänge 1919-1925
Französische Mordbrenner am Rhein, Berlin 1922
Funck-Brentano F., *La France sur le Rhin*, Petite Bibliothèque de la Ligue des Patriotes Bd. 7, Paris 1919
Göring H., *Die Großmächte und die Rheinlandfrage in den letzten Jahrhunderten*, Rheinische Schicksalsfragen Bd. 12, Berlin 1926
Hartmann P., *Französische Kulturarbeit am Rhein*, Leipzig 1921
Hankamer W., *Preußen und die Rheinlande im Spiegelbild der Wahrheit*, Essen o.J.
Hansen J., *Das linke Rheinufer und die französische Revolution 1789-1801*, Vortrag in der Jahresversammlung der Gesellschaft für Rheinische Geschichtskunde zu Köln am 15.3.1927, in: *Mitteilungen der Akademie zur wissenschaftlichen Erforschung und zur Pflege des Deutschtums 12* (1927), S. 421-455
– *Rheinland und Rheinländer*, Bonn/Leipzig 1925
Hashagen J., *Das Rheinland und die französische Herrschaft. Beiträge zur Charakterisierung ihres Gegensatzes*, Bonn 1908
– *Das Rheinland und die preußische Herrschaft*, Essen 1924
– *Rheinischer Volkscharakter und rheinische Geistesentwicklung*, Bonn/Leipzig 1922
Horion J. (Hg.), *Die rheinische Provinzialverwaltung. Ihre Entwicklung und ihr heutiger Stand*, Düsseldorf 1925
Hue de Crais R., *Handbuch der Verfassung und Verwaltung in Preußen und dem Deutschen Reiche*, Berlin 1927
Kaden H.-E., Springer M., *Der politische Charakter der französischen Kulturpropaganda am Rhein*, Berlin 1926
Kautsch R. (u.a.), *Frankreich und der Rhein. Beiträge zur Geschichte und geistigen Kultur des Rheinlandes*, Frankfurt 1925
Kern F., *Die Anfänge der französischen Ausdehnungspolitik – bis zum Jahre 1308*, Tübingen 1910
Kölnische Volkszeitung, Jahrgänge 1919-1930
Kölnische Zeitung, Jahrgänge 1919-1930
Levison W., *Der Sinn der rheinischen Jahrtausendfeier 925-1925*, Bonn 1925

Linnebach K., *Die gerechte Grenze im deutschen Westen – ein tausendjähriger Kampf*, Rheinische Schicksalsfragen Bd. 13/14, Berlin 1926

Metz F. (Hg.), *Probleme des deutschen Westens*, Eine Aufsatzfolge im Auftrage des Verbandes der deutschen Geschichtslehrer, Rheinische Schicksalsfragen Bd. 27/28, Berlin 1929

Nachrichtenblatt, Jahrgänge 1921-1925

Oncken H., *Die historische Rheinpolitik Frankreichs*, Stuttgart/Gotha 1922

Pange J. de, *La France et les Pays Rhénans*, Strasbourg 1921

– *Les Libertés rhénanes*, Paris 1922

– *Le rôle historique de la France dans les pays de la Moselle et du Rhin*, in: *La Rhénanie. Conférences organisées par la Société des anciens Élèves et Élèves de l'École libre des Sciences politiques*, Paris 1922, S. 3-61

Platz H., *Deutschland – Frankreich und die Idee des Abendlandes*, Köln 1924

– *Um Rhein und Abendland*, Burg Rothenfels 1924

Reclus O., *Le Rhin français. Annexion de la Rive Gauche – Sa moralité, sa nécessité, ses avantages*, Paris o.J.

Reismüller G., Hoffmann J., *Beschreibendes Verzeichnis des Schrifttums über die Westfragen mit Einschluß des Saargebietes und Eupen-Malmedys*, Breslau 1929

La Revue Rhénane, Jahrgänge 1920/21-1929/30

Rheinische Zeitung, Jahrgänge 1919-1930

Le Rhin Illustré, Jahrgänge 1919-1920

Rovère J., *La Rive Gauche du Rhin de 1792 à 1814*, Petite Bibliothèque de la Ligue des Patriotes Bd. 9, Paris 1919

Sagnac Ph., *La crise de l'Occident et la question du Rhin. Essai sur l'esprit public en France et en Allemagne (1830-1840)*, in: *Revue des études napoléoniennes 16* (1919), S. 282-300, und *17* (1920), S. 95-117

– *Le Rhin français pendant la Révolution et l'Empire*, Paris 1917

Schulte A., *Der Rhein und seine Funktionen in der Geschichte*, Köln 1923

– *Der deutsche Staat. Verfassung, Macht und Grenzen 919 bis 1914*, Stuttgart 1933

– *Frankreich und das linke Rheinufer*, Stuttgart/Berlin 1918

– (Hg.), *Tausend Jahre deutscher Geschichte und deutscher Kultur am Rhein*, Düsseldorf 1925

Sorel A., *L'Europe et la Révolution française*, 8 Bde., Paris 1874-1904

Stegemann H., *Der Kampf um den Rhein. Das Stromgebiet im Rahmen der großen Politik*, Berlin/Leipzig 1925

Steinbach F., *Geschichte der deutschen Westgrenze*, Separatdruck aus dem Bericht der 13. Hauptversammlung der Gesellschaft von Freunden und Förderern der Rheinischen Friedrich-Wilhelms-Universität zu Bonn und der Landwirtschaftlichen Hochschule zu Bonn-Poppelsdorf am 26.7.1930, Bonn 1930

Steiner W., *Französischer Geistesdruck am Rhein*, Rheinische Schicksalsfragen Bd. 16/17, Berlin 1927

Tirard P., *La France sur le Rhin*, Paris 1930

– *Les œuvres françaises intellectuelles et sociales en Rhénanie*, Paris 1925

Vogels W., *Die Verträge über Besetzung und Räumung des Rheinlandes und die Ordonnanzen der Interalliierten Rheinlandoberkommission in Koblenz*, Berlin 1925

Wentzcke P., *Frankreichs Ringen um Rhein und Ruhr. Eine Schriftenreihe zur Abwehr.* 12 Fasz., Berlin 1923
– *Gegenwartsbilder rheinischer Vergangenheit*, Frankfurt 1920
– *Rheinkampf*, 2 Bde., Berlin 1925
– *Rheinlande und Reich. Mahnworte eines ehrlichen Rheinländers*, Frankfurt 1920
Westdeutsche Monatshefte, Jahrgang 1925
Die Westmark. Rheinische Monatsschrift für Politik, Wirtschaft und Kultur, Jahrgänge 1921-1922

3. Literatur

Bach W., *Geschichte als politisches Argument. Eine Untersuchung an ausgewählten Debatten des Deutschen Bundestages*, Stuttgart 1977
Bariéty J., *L'administration des territoires rhénans occupés pendant la période de l'armistice. 11 Novembre 1918 – 18 Juin 1919*, in: *Centre de Recherches Relations Internationales de l'Université de Metz.* Travaux et Recherches 1973/2, Metz 1974
– *La Haute Commission Interalliée des Territoires Rhénans*, in: *Problèmes de la Rhénanie 1919-1930. Die Rheinfrage nach dem Ersten Weltkrieg.* Actes du Colloque d'Otzenhausen 1974, Metz 1975
– *Les Relations franco-allemandes après la Première Guerre Mondiale. 10 novembre 1918 – 10 janvier 1925. De l'exécution à la négociation*, Paris 1977
Becher U.A.J., *Geschichtsinteresse und historischer Diskurs. Ein Beitrag zur Geschichte der französischen Geschichtswissenschaft*, Stuttgart 1986
Bischof E., *Rheinischer Separatismus 1918-1924. Hans Adam Dortens Rheinlandbestrebungen*, Bern 1969
Boldt H., Hüttenberger P., Molitor H., Petzina D. (Hg.), *Der Rhein. Mythos und Realität eines europäischen Stromes*, Köln 1988
Bock H.M., *Tradition und Topik des populären Frankreich-Klischees in Deutschland von 1925-1955*, in: *Francia 14* (1986), S. 475-508
Braubach M., *Landesgeschichtliche Bestrebungen und historische Vereine im Rheinland. Überblick über ihre Entstehung und Entwicklung*, Düsseldorf 1954
Brunn G., *Französische Kulturpolitik in den Rheinlanden nach 1918 und die Wiesbadener Kunstausstellung des Jahres 1921*, in: Hüttenberger P., Molitor H. (Hg.), *Franzosen und Deutsche am Rhein 1789 – 1918 – 1945*, Essen 1989, S. 219-241
Christadler M., *Okkupationstrauma und Widerstand in Deutschland und Frankreich*, in: *Deutschland – Frankreich. Höhen und Tiefen einer Zweierbeziehung.* Ergebnisse eines dreitägigen Symposiums im Februar 1988 in Essen, hrsg. vom Deutsch-französischen Kulturzentrum Essen, Essen 1988, S. 40-57
Demandt A., *Geschichte als Argument. Drei Formen politischen Zukunftsdenkens im Altertum*, Konstanz 1972
Eimers E., *Das Verhältnis von Preußen und Reich in den ersten Jahren der Weimarer Republik (1918-1923)*, Berlin 1969
Ennen E., *Hermann Aubin und die geschichtliche Landeskunde der Rheinlande*, in: *Rheinische Vierteljahresblätter 34* (1979), S. 9-42

Erdmann K.D., *Adenauer in der Rheinlandpolitik nach dem Ersten Weltkrieg*, Stuttgart 1966

Faber K.-G., *Zum Einsatz historischer Aussagen als politisches Argument*, in: *Historische Zeitschrift 221* (1975), S. 265-303

Faulenbach B., *Ideologie des deutschen Weges*, München 1980

Febvre L., *Le Problème du Rhin*, Paris o.J.

Fränkel E., *Deutschland und die westlichen Demokratien*, Stuttgart 1964

Furet F., *Penser la Révolution française*, Paris 1978

Gerlich A., *Geschichtliche Landeskunde des Mittelalters. Genese und Probleme*, Darmstadt 1986

Gödde-Baumanns B., *Bild, Gegenbild, Botschaft. Preußen und die Deutschen in der französischen Historiographie der Jahre 1871-1914*, in: *Analele Universitatis Bucuresti. Seria stiinte, sociale, istorie 33* (1984), S. 39-72

– *Deutsche Geschichte in französischer Sicht. Die französische Historiographie von 1871 bis 1918 über die Geschichte Deutschlands und der deutsch-französischen Beziehungen in der Neuzeit*, Wiesbaden 1971

Grolle J., Grolle I., *„Der Hort im Rhein". Zur Geschichte eines politischen Mythos'*, in: Schulin E. (Hg.), *Studien zur europäischen Geschichte. Gedenkschrift für Martin Göhring*, Wiesbaden 1968, S. 214-238

Hippel W. von (Hg.), *Freiheit, Gleichheit, Brüderlichkeit? Die Französische Revolution im deutschen Urteil*, München 1989

Hobsbawm E.J., *Nations and Nationalism since 1780*, Cambridge 1990

Hüttenberger P., *Methoden und Ziele der französischen Besatzungspolitik nach dem Ersten Weltkrieg in der Pfalz*, in: *Blätter für deutsche Landesgeschichte 108* (1972), S. 105-122

Iggers G.G., *Deutsche Geschichtswissenschaft. Eine Kritik der traditionellen Geschichtsauffassung von Herder bis zur Gegenwart*, München 1971

Kern W., *Die Rheintheorie in der historisch-politischen Literatur Frankreichs im Ersten Weltkrieg*, Saarbrücken 1973

King J.C., *Foch versus Clemenceau*, Cambridge (Mass.) 1960

Köhler H., *Adenauer und die rheinische Republik. Der erste Anlauf 1918-1924*, Opladen 1986

– *Autonomiebewegung oder Separatismus. Die Politik der Kölnischen Volkszeitung 1918-19*, Studien zur Europäischen Geschichte Bd. 10, Berlin 1974

– *Novemberrevolution und Frankreich. Die französische Deutschlandpolitik 1918-1919*, Düsseldorf 1980

– *Paul Tirard*, in: Heyen F.-J. (Hg.), *Rheinische Lebensbilder*, Bd. 12, Bonn 1991, S. 257-273

König E., *Die politische Publizistik und Kulturpropaganda zu den Loslösungsbestrebungen im Rheinland nach dem 1. Weltkrieg*, Wien 1962

Koselleck R., *Historia Magistra Vitae. Über die Auflösung des Topos im Horizont neuzeitlich bewegter Geschichte*, in: *Natur und Geschichte. Festschrift für K. Löwith*, Stuttgart 1967, S. 196-219

Krüger P., *Die Außenpolitik der Republik von Weimar*, Darmstadt 1985

Krumeich G., *Der Rhein als strategische Grenze*, in: Hüttenberger P., Molitor H. (Hg.), *Franzosen und Deutsche am Rhein 1789 – 1918 – 1945*, Essen 1989, S. 67-79

Laqueur W., Mosse G.L. (Hg.), *Historians in Politics*, London 1974

Lebzelter G., *Die „Schwarze Schmach". Vorurteile – Propaganda – Mythos*, in: *Geschichte und Gesellschaft 11* (1985), S. 37-58

Mayeur J.-M., *La politique religieuse du Gouvernement français et l'affaire rhénane (1920-1923)*, in: *Problèmes de la Rhénanie 1919-1930. Die Rheinfrage nach dem Ersten Weltkrieg*, Actes du Colloque d'Otzenhausen 1974, Metz 1975

McDougall W.A., *France's Rhineland Diplomacy 1914-1924. The Last Bid for a Balance of Power in Europe*, Princeton 1978

Meyers R., *Das Rheinland in der Politik der europäischen Mächte der Zwischenkriegszeit. Anmerkungen zur neueren Literatur*, in: *Rheinische Vierteljahresblätter 44* (1980), S. 303-314

Miquel P., *La Paix de Versailles et l'opinion publique française*, Paris 1972

Mommsen W.J., *Die deutsche Geschichtswissenschaft jenseits des Historismus*, Düsseldorf 1971

Montant J.-C., *Une Tentative française d'infiltration dans la presse allemande: L'Affaire de la „Kölnische Volkszeitung" (Février-Décembre 1918)*, in: *Revue d'Histoire moderne et contemporaine 27* (1980), S. 658-685

Morsey R., *Die deutsche Zentrumspartei 1917-1923*, Düsseldorf 1966

– *Die Rheinlande, Preußen und das Reich*, in: *Rheinische Vierteljahresblätter 30* (1965), S. 176-222

Münkler H. (Hg.), *Niccolò Macchiavelli. Politische Schriften*, Frankfurt a.M. 1990

Nadler H.E., *The Rhenish Separatist Movements During the Early Weimar Republic 1918-1924*, New York/London 1987

Nietzsche F., *Vom Nutzen und Nachteil der Historie für das Leben*, in: ders., *Unzeitgemäße Betrachtungen*, Frankfurt a.M. 1981

Ohler N., *Deutschland und die deutsche Frage in der „Revue des deux Mondes" 1905-1940*, Frankfurt 1973

Pabst K., *Der Vertrag von Versailles und der deutsche Westen*, in: Düwell K., Köllmann W. (Hg.), *Rheinland – Westfalen im Industriezeitalter*, Bd. 2, Wuppertal 1984, S. 271-289

Petri F., Braubach M., Faber K.-G., Lademacher H. (Hg.), *Rheinische Geschichte*, Bd. 2: *Neuzeit*, Düsseldorf ^{3}1980

Pohl K.-H., *Rheinische Jahrtausendfeier und deutsche Locarnopolitik. Zu einigen innenpolitischen Voraussetzungen der Außenpolitik der Weimarer Republik*, in: *Rheinische Vierteljahresblätter 43* (1979), S. 279-317

– *Der „Rheinlandkommissar" und die besetzten deutschen Gebiete. Regionale Einflüsse bei den innenpolitischen Auseinandersetzungen um die „Rückwirkungen" von Locarno*, in: *Jahrbuch für die westdeutsche Landesgeschichte 5* (1979), S. 273-301

Rain P., *L'École libre des Sciences politiques 1871-1945*, Paris 1963

Reimer K., *Rheinlandfrage und Rheinlandbewegung (1918-1933)*, Frankfurt/Bern/Las Vegas 1979

Renouvin P., *Die Kriegsziele der französischen Regierung*, in: *Geschichte in Wissenschaft und Unterricht 17* (1966), S. 123-158

Romeyk H., *Verwaltungs- und Behördengeschichte der Rheinprovinz 1914-1945*, Dusseldorf 1985

Rürup R., *Der „Geist von 1914" in Deutschland. Kriegsbegeisterung und Ideologisierung des Krieges im Ersten Weltkrieg*, in: Hüppauf B. von, *Ansichten vom Krieg. Vergleichende Studien zum Ersten Weltkrieg in Literatur und Gesellschaft*, Königstein 1984
Schieder Th., *Politisches Handeln aus historischem Bewußtsein*, in: *Historische Zeitschrift 220* (1975), S. 4-25
Schieffer Th., *Wilhelm Levison*, in: *Rheinische Vierteljahresblätter 40* (1976), S. 225-242
Schmidt H., *Napoleon in der deutschen Geschichtsschreibung*, in: *Francia 14* (1986), S. 530-560
Schulin E., *Das Frankreichbild deutscher Historiker in der Zeit der Weimarer Republik*, in: *Francia 4* (1976), S. 659-673
Sieburg H.-O., *Aspects de l'historiographie allemande sur la France entre 1871 et 1914*, in: *Francia 13* (1985), S. 61-78
– *Deutschland und Frankreich in der Geschichtsschreibung des 19. Jahrhunderts*, 2 Bde., Wiesbaden 1958
– *Napoleon in der deutschen Geschichtsschreibung des 19. und 20. Jahrhunderts*, in: *Geschichte und Wissenschaft 21* (1970), S. 470-486
Simon Chr., *Staat und Geschichtswissenschaft in Deutschland und Frankreich 1871-1914. Situation und Werk von Geschichtsprofessoren an den Universitäten Berlin, München, Paris*, 2 Bde., Bern/Frankfurt a.M./New York 1988
Sontheimer K., *Antidemokratisches Denken in der Weimarer Republik. Die politischen Ideen des Nationalismus zwischen 1918 und 1933*, München 1962
Soutou G.-H., *La France et les Marches de l'Est 1914-1919*, in: *Revue historique 260* (1978), S. 341-381
– *L'Or et le Sang. Les buts de guerre économiques de la Première Guerre Mondiale*, Paris 1989
Steinmeyer G., *Die Grundlagen der französischen Deutschlandpolitik*, Stuttgart 1976
Sternhell Z., *Maurice Barrès et le nationalisme français*, Paris 1985
Stevenson D., *French War Aims against Germany 1914-1919*, Oxford 1982
Süss M., *Rheinhessen unter französischer Besatzung vom Waffenstillstand im November 1918 bis zum Ende der Separatistenunruhen 1924*, Stuttgart 1988
Veit-Brause I., *The Place of Local and Regional History in German and French Historiography*, in: *Australian Journal of French Studies 16* (1979), S. 447-478
Voss I., Voss J., *Die „Revue Rhénane" als Instrument der französischen Kulturpolitik am Rhein (1920-1930)*, in: *Archiv für Kulturgeschichte 64* (1984), S. 503-551
Wenger K., *Le Rhin, enjeu d'un siècle*, in: Ayçoberry F., Ferro M. (Hg.), *Une histoire du Rhin*, Paris 1981
Wilson S., *Les Historiens d'«Action française»*, in: *Actes du deuxième colloque Maurras. Tendances et perspectives d'études maurrassiennes.* Études maurrassiennes Bd. 2, Aix-en-Provence 1973, S. 195-202
Wippermann K.W., *Politische Propaganda und staatsbürgerliche Bildung. Die Reichszentrale für Heimatdienst in der Weimarer Republik*, Köln 1976
Wurm C.A., *Die französische Sicherheitspolitik in der Phase der Umorientierung 1924-1926*, Frankfurt a.M./Bern/Las Vegas 1971

